A Casa que Cura
Feng Shui Essencial

Booklas Publishing — 2025
Obra escrita originalmente em 2022

Haruki Nishimura

Título Original: *The Healing House - Essential Feng Shui*

Copyright © 2025, publicado por Luiz Antonio dos Santos ME.
Este livro é uma obra de não-ficção que explora práticas e conceitos no campo da harmonização dos espaços e bem-estar. Através de uma abordagem que une tradições orientais, design biofílico e psicologia ambiental, o autor oferece ferramentas práticas para transformar o lar em um ambiente de cura e equilíbrio.

1ª Edição
Equipe de Produção
Autor: Haruki Nishimura
Editor: Luiz Santos
Capa: Studios Booklas / Hanael Ribeiro
Consultor: Davi Nekomura
Pesquisadores: Solange Kitari / Marco Valtor / Brisa Elunai
Diagramação: Elías Montez
Tradução: Kira Menevi

Publicação e Identificação
A Casa que Cura
Booklas, 2025
Categorias: **Harmonização de Espaços / Espiritualidade / Design Consciente**
DDC: **133.3337** – Feng Shui
CDU: **133.5** – Ocultismo aplicado ao ambiente

Todos os direitos reservados a:
Luiz Antonio dos Santos ME / Booklas Publishing
Nenhuma parte deste livro pode ser reproduzida, armazenada num sistema de recuperação ou transmitida por qualquer meio — eletrônico, mecânico, fotocópia, gravação ou outro — sem a autorização prévia e expressa do detentor dos direitos autorais.

Sumário

Índice Sitemático 5
Prólogo 10
Capítulo 1   Espaço e Vida 14
Capítulo 2   Feng Shui 24
Capítulo 3   Design Biofílico 33
Capítulo 4   Energia Vital 43
Capítulo 5   Yin e Yang 52
Capítulo 6   Cinco Elementos 63
Capítulo 7   Tao e Natureza 72
Capítulo 8   Estética Wabi-Sabi 81
Capítulo 9   Zen e Espaço 90
Capítulo 10 Vastu Shastra 99
Capítulo 11 Observação Atenta 109
Capítulo 12 Sentidos do Espaço 117
Capítulo 13 Intenção e Propósito 126
Capítulo 14 Mapa Baguá 135
Capítulo 15 Luz e Cor 147
Capítulo 16 Materiais Naturais 156
Capítulo 17 Elementos Vivos 165
Capítulo 18 Som e Aroma 173
Capítulo 19 Arte Intencional 182
Capítulo 20 Espaço Livre 191
Capítulo 21 Limpeza Energética 199
Capítulo 22 Entrada Harmônica 208

Capítulo 23 Sala Harmoniosa 217
Capítulo 24 Cozinha Nutritiva 227
Capítulo 25 Quarto Tranquilo 236
Capítulo 26 Banheiro Revigorante 247
Capítulo 27 Escritório Produtivo 257
Capítulo 28 Espaço Sagrado 263
Capítulo 29 Jardim Vivo 273
Capítulo 30 Saúde e Vitalidade 283
Capítulo 31 Criatividade Fluida 293
Capítulo 32 Equilíbrio Emocional 300
Capítulo 33 Harmonia Duradoura 308
Epílogo 314

Índice Sitemático

Capítulo 1: Espaço e Vida - Aborda a conexão entre o espaço físico da casa e a vida interior dos seus habitantes, apresentando o lar como um reflexo da psique.

Capítulo 2: Feng Shui - Introduz os princípios do Feng Shui, a arte chinesa de harmonizar ambientes através do fluxo de energia vital (Chi).

Capítulo 3: Design Biofílico - Explora o Design Biofílico e a importância de integrar elementos naturais nos espaços para promover bem-estar e conexão com a natureza.

Capítulo 4: Energia Vital - Aprofunda o conceito de Chi (Energia Vital), explicando como seu fluxo ou bloqueio nos ambientes impacta a vida e como gerenciá-lo.

Capítulo 5: Yin e Yang - Detalha o princípio de Yin e Yang, explicando como o equilíbrio entre essas energias complementares é fundamental para a harmonia dos espaços.

Capítulo 6: Cinco Elementos - Apresenta os Cinco Elementos (Madeira, Fogo, Terra, Metal, Água), seus ciclos e como harmonizá-los nos ambientes para equilibrar a energia.

Capítulo 7: Tao e Natureza - Relaciona os princípios do Feng Shui com a filosofia do Taoismo, enfatizando a harmonia com o fluxo natural (Tao) e a integração da natureza no lar.

Capítulo 8: Estética Wabi-Sabi - Explora a estética japonesa Wabi-Sabi, que valoriza a beleza na imperfeição, impermanência e autenticidade dos espaços e objetos.

Capítulo 9: Zen e Espaço - Aborda a aplicação da filosofia Zen nos espaços, focando na simplicidade, minimalismo e na criação de ambientes que promovam a serenidade e a atenção plena.

Capítulo 10: Vastu Shastra - Apresenta o Vastu Shastra, a antiga ciência indiana do espaço, seus princípios de orientação cósmica, elementos e harmonização da moradia.

Capítulo 11: Observação Atenta - Enfatiza a importância da observação atenta e sensorial do lar como primeiro passo para identificar desequilíbrios e iniciar a harmonização.

Capítulo 12: Sentidos do Espaço - Explora como o lar interage com todos os sentidos (visão, audição, olfato, tato), mostrando como criar uma atmosfera sensorialmente harmoniosa.

Capítulo 13: Intenção e Propósito - Discute a importância de definir intenção e propósito para cada cômodo, alinhando o espaço físico com sua função emocional e existencial.

Capítulo 14: Mapa Baguá - Explica o Mapa Baguá do Feng Shui, ferramenta que relaciona áreas da casa a aspectos da vida, orientando a harmonização e ativação energética.

Capítulo 15: Luz e Cor - Detalha a influência da luz (natural e artificial) e das cores na energia e atmosfera dos ambientes, e como utilizá-las para harmonização.

Capítulo 16: Materiais Naturais - Advoga o uso de materiais naturais (madeira, pedra, fibras) nos ambientes, destacando seus benefícios energéticos, sensoriais e para o bem-estar.

Capítulo 17: Elementos Vivos - Ressalta a importância de incluir elementos vivos como plantas e água em movimento para vitalizar, purificar e conectar o lar com a natureza.

Capítulo 18: Som e Aroma - Explora o impacto sutil do som (música, silêncio, ruídos) e do aroma (óleos, incensos, plantas) na atmosfera e no estado emocional do lar.

Capítulo 19: Arte Intencional - Propõe o uso da arte e decoração de forma intencional, selecionando peças com significado pessoal para expressar identidade e apoiar propósitos.

Capítulo 20: Espaço Livre - Aborda a importância do espaço livre e do destralhamento, explicando como a eliminação do excesso permite o fluxo de energia e clareza mental.

Capítulo 21: Limpeza Energética - Apresenta métodos de limpeza energética (defumação, som, sal, luz) para purificar o ambiente de energias estagnadas ou negativas.

Capítulo 22: Entrada Harmônica - Destaca a importância da entrada principal como a 'boca do Chi', oferecendo dicas para criar um acesso acolhedor e energeticamente positivo.

Capítulo 23: Sala Harmoniosa - Oferece orientações para harmonizar a sala de estar, o coração do lar, focando na disposição, conforto e elementos que promovam convívio e relaxamento.

Capítulo 24: Cozinha Nutritiva - Aborda a cozinha como centro de nutrição e abundância, destacando a importância da limpeza, organização e da preparação consciente dos alimentos.

Capítulo 25: Quarto Tranquilo - Orienta sobre como criar um quarto tranquilo e restaurador, abordando posição da cama, cores, texturas e a minimização de eletrônicos.

Capítulo 26: Banheiro Revigorante - Trata o banheiro como espaço de purificação, enfatizando limpeza, organização e o uso de elementos que o tornem um ambiente revigorante.

Capítulo 27: Escritório Produtivo - Oferece dicas para criar um escritório em casa que seja produtivo e inspirador, abordando organização, ergonomia e elementos de foco.

Capítulo 28: Espaço Sagrado - Incentiva a criação de um espaço sagrado no lar para práticas de introspecção, meditação ou oração, nutrindo a conexão interior.

Capítulo 29: Jardim Vivo - Explora os benefícios de cultivar um jardim vivo (quintal, varanda ou vasos), fortalecendo a conexão com a natureza e o bem-estar.

Capítulo 30: Saúde e Vitalidade - Conecta diretamente a harmonia do lar (luz, ar, som, ordem, natureza) com a saúde física, emocional e a vitalidade dos moradores.

Capítulo 31: Criatividade Fluida - Discute como o ambiente doméstico pode estimular a criatividade fluida, oferecendo ideias para criar espaços que inspirem a imaginação e a expressão.

Capítulo 32: Equilíbrio Emocional - Explora a relação entre o ambiente do lar e o equilíbrio emocional, mostrando como elementos como luz, cor e ordem podem apoiar o bem-estar.

Capítulo 33: Harmonia Duradoura - Enfatiza que a harmonia duradoura é um processo contínuo de atenção, adaptação às mudanças da vida, cuidado e gratidão pelo espaço.

Prólogo

Há lugares que apenas se visitam. E há espaços que nos habitam.

Este livro é um mapa — não daqueles que nos levam a um destino, mas dos que nos conduzem de volta para casa. Não falo da casa como construção. Falo da morada essencial. Do refúgio interno que pulsa sob cada telha, dentro de cada parede, sob os ruídos silenciosos do cotidiano.

Você prestou atenção à sua casa hoje?

Talvez tenha notado a porta que range, a luz que insiste em não alcançar o canto mais sombrio, ou aquela planta que há dias pede por água. Mas será que percebeu o que tudo isso revela sobre você? Este livro afirma, com coragem e clareza: a casa não é um cenário onde a vida acontece — ela é a própria vida em forma concreta. Tudo o que vibra fora ecoa dentro. Tudo o que se organiza no espaço, se organiza também na alma.

Aqui, você não encontrará promessas vazias. Encontrará revelações. A cada capítulo, você será conduzido a decifrar mensagens silenciosas escondidas nos objetos, nos corredores, nas escolhas inconscientes.

A proposta não é decorar o lar, mas despertá-lo. E, ao despertá-lo, permitir-se ser tocado por ele.

Se permita compreender a profundidade de um espelho mal posicionado, o silêncio incômodo de uma parede sem vida, a energia estagnada de um canto entulhado. Tudo fala. E o que este livro faz, com uma delicadeza cortante, é ensinar a ouvir.

Há um código invisível que rege os espaços. Um ritmo secreto que conecta o som das folhas ao fluxo do Chi, que alinha a orientação da cama com a fluidez das emoções, que equilibra o caos de uma sala com o campo mental de seus habitantes. Dominar esse código é mais do que estética — é sabedoria vital.

Você será apresentado a tradições milenares como o Feng Shui, o Vastu Shastra e a filosofia Zen, não como exotismos orientais, mas como linguagens ancestrais de cura. Descobrirá que cada cômodo é um espelho arquetípico da psique: a cozinha nutre, o banheiro purifica, o quarto regenera, a entrada acolhe ou repele. Cada espaço contém uma energia primária, e entender isso é começar a curar, não só a casa — mas a história que nela se desenrola.

Este livro não ensina a morar. Ele ensina a habitar. Habitar com presença, com reverência, com escuta. Cada palavra aqui carrega um convite para o retorno ao essencial. Para resgatar o sagrado que existe no gesto de abrir uma janela, de acender uma vela, de retirar o excesso. Sim, há beleza no vazio. Há ordem na simplicidade. E há poder na intenção.

A sabedoria aqui contida não se limita a uma cultura ou tempo. Ela reverbera no cerne do que significa viver com sentido. É filosofia aplicada. Psicologia do espaço. Medicina do lar. Terapia da forma. É um conhecimento que transforma cada ambiente em um espelho curador, e cada movimento dentro dele, num rito de alinhamento.

Você sentirá o chamado para reorganizar a casa não como tarefa doméstica, mas como ato ritual. O destralhar não será mais sobre espaço físico, mas sobre liberar traumas e pesos invisíveis. A luz que penetra o quarto deixará de ser um fenômeno físico e se tornará um símbolo da consciência que deseja iluminar sua sombra. Este é o impacto real da obra que você tem nas mãos.

Mas atenção: este não é um livro para ser lido passivamente. É um livro-espelho. Um livro-porta. Um livro que pede coragem. Coragem para enxergar aquilo que foi ignorado, para escutar o que foi silenciado, para harmonizar o que estava em conflito. Porque ao harmonizar a casa, harmoniza-se a alma. Ao purificar o ambiente, purifica-se o destino.

A cada página, você notará algo despertar. Uma urgência sutil. Uma inquietação doce. Um chamado por leveza, por verdade, por pertencimento. Ao final, você não será o mesmo — porque a casa que habita também já não será.

Portanto, leitor, prepare-se. Respire fundo antes de iniciar esta leitura. Não porque ela é difícil, mas porque é verdadeira. E toda verdade, quando chega, exige espaço.

Abra-se. Observe. Sinta. E permita-se ser curado.

Você está prestes a adentrar A Casa que Cura — e, ao fazê-lo, descobrir que, talvez, quem mais precisava de cura, não era a casa.

Era você.

Capítulo 1
Espaço e Vida

A casa onde vivemos transcende a mera definição de um conjunto de paredes, portas e janelas, um palco físico onde os dias desenrolam suas rotinas pré-estabelecidas. Ela respira, pulsa, reage como um organismo vivo, sintonizada aos ritmos sutis, às alegrias contidas e às tempestades emocionais de quem a habita. Existe uma conexão profunda, quase etérea, mas inegavelmente concreta, que entrelaça o ambiente que nos cerca ao nosso estado interno mais íntimo. Não se trata de uma via de mão única; é um diálogo constante, uma troca silenciosa de energias e influências. Cada cômodo funciona como uma extensão palpável da nossa psique, um espelho tridimensional onde se refletem não apenas gostos estéticos, mas camadas profundas da nossa personalidade, nossos medos ocultos, nossos sonhos mais caros. Cada objeto ali disposto, desde a peça de arte cuidadosamente escolhida até o utensílio mais banal, revela histórias não contadas, escolhas feitas consciente ou inconscientemente, silêncios guardados, memórias que teimam em permanecer. A forma como tudo se organiza, ou desorganiza, no espaço físico é um mapa preciso de quem somos, uma biografia escrita sem palavras, legível para quem se dispõe a observar com atenção.

Nosso espaço externo é, nessa perspectiva, uma contínua e implacável revelação do nosso espaço interno. Aquela pilha de papéis esquecida sobre a mesa de trabalho, que cresce dia após dia sob o pretexto da falta de tempo, talvez simbolize muito mais do que desorganização superficial. Pode ser o reflexo de decisões adiadas, projetos engavetados por medo do fracasso ou do sucesso, conversas difíceis que evitamos ter, clarezas que tememos encontrar. O sofá afundado, com o tecido puído e as molas cansadas, não é apenas um testemunho do desgaste natural imposto pelo tempo; ele pode ser um espelho da nossa própria negligência com o descanso verdadeiro, um símbolo da dificuldade em nos permitirmos o conforto pleno, o relaxamento sem culpa. As paredes nuas, sem cor, sem quadros que contem histórias, sem a vibração de uma alma que se expressa, talvez falem mais alto do que gostaríamos sobre uma ausência de expressão pessoal, sobre uma vida vivida em tons neutros, suspensa numa espera indefinida por algo que a desperte.

O ambiente físico ao nosso redor não é um pano de fundo passivo; ele atua como um participante ativo na nossa experiência de vida. Psicólogos ambientais estudam há décadas como a arquitetura, o design de interiores, a presença ou ausência de natureza e a organização espacial afetam nosso humor, nossa cognição, nosso comportamento e nosso bem-estar geral. Um espaço caótico, por exemplo, com excesso de estímulos visuais e desordem, comprovadamente aumenta os níveis de cortisol, o hormônio do estresse, dificultando a concentração e promovendo sentimentos de ansiedade e sobrecarga. A mente humana busca padrões e ordem para se sentir segura; a desordem externa gera um ruído interno constante, um pano de fundo de tensão que mina a energia vital. Da mesma forma, ambientes escuros, mal iluminados ou sem acesso à luz natural podem contribuir para quadros de desânimo, letargia e até depressão, pois a luz solar é fundamental para a regulação do nosso relógio biológico e para a produção de neurotransmissores associados ao bem-estar, como a serotonina.

Um lar que respira, que acolhe a luz, que permite a circulação do ar e que flui sem obstáculos visuais ou físicos revela, quase invariavelmente, uma alma mais desperta, mais consciente de si e do seu entorno. Quando dedicamos atenção aos detalhes, quando cada canto da casa, por mais simples que seja, guarda uma intenção clara – seja de descanso, de trabalho, de convívio ou de contemplação –, a vida começa a se desenrolar com mais sentido, com mais propósito. Percebemos uma leveza inesperada nos dias, uma clareza maior nas decisões que precisamos tomar, uma presença mais intensa nos instantes que compõem nossa existência. Isso não se trata de misticismo vazio ou pensamento mágico; é uma constatação empírica que atravessa culturas e tempos. Sabedorias antigas, como o próprio Feng Shui que exploraremos mais adiante, já apontavam essa intrínseca conexão entre o homem e seu habitat, chegando até a psicologia ambiental contemporânea, que valida com dados científicos a profunda influência do ambiente sobre nossa saúde física e mental.

Tudo que nos cerca, cada objeto, cada cor, cada textura, cada som ou silêncio, nos influencia de maneira contínua e cumulativa. E, reciprocamente, tudo que tocamos, tudo que organizamos, tudo que escolhemos para compor nosso espaço carrega de volta a nossa energia, a nossa intenção, a nossa história. Há uma troca constante, um campo vibracional que se forma nessa interação. Por essa razão fundamental, compreender o ambiente não como um conjunto inerte de matéria, mas como uma linguagem viva, pulsante, é o primeiro passo essencial para quem deseja redesenhar a própria vida, começando de dentro para fora. A transformação do espaço externo atua como um catalisador poderoso para a transformação interna. Mudar um móvel de lugar pode, simbolicamente, destravar uma perspectiva mental que estava rígida. Limpar profundamente um armário esquecido pode abrir caminho para novos pensamentos, novas possibilidades que antes pareciam bloqueadas.

A filosofia oriental do Feng Shui, uma arte milenar chinesa dedicada à harmonização dos espaços para promover o fluxo da energia vital (o Chi), aponta com notável precisão essa conexão intrínseca entre o ambiente e o bem-estar. Seus princípios ensinam que cada elemento presente no nosso lar, cada escolha de disposição espacial, cada matiz de cor selecionada para uma parede, cada forma de um objeto decorativo, nada disso é fruto do acaso ou de mera preferência estética. Existe uma correspondência direta, um espelhamento energético, entre a maneira como organizamos nosso ambiente físico e os diversos aspectos da nossa existência – emocionais, mentais, relacionais e até espirituais. Viver imerso em um espaço caótico, escuro, abafado, onde o ar parece pesado e a energia estagnada, não configura apenas um incômodo físico ou visual; funciona como um impedimento real ao fluxo saudável da energia vital. É uma limitação silenciosa, muitas vezes inconsciente, que contamina o ânimo, a clareza mental, a produtividade e, em última instância, até a saúde física. A desordem externa gera um ruído interno que dificulta a paz e a concentração.

Habitar um ambiente que respira luz, que permite a circulação natural das energias, onde a beleza se manifesta na simplicidade e na intenção, onde a harmonia e a funcionalidade caminham juntas, não é apenas esteticamente agradável – representa uma forma profunda e poderosa de autocuidado. É como dar permissão explícita à alma para se expandir, para respirar livremente, para encontrar seu espaço de expressão no mundo. Quando começamos a olhar para a nossa casa com esses olhos mais atentos, mais sensíveis, descobrimos que ela nos observa de volta. Ela nos conta histórias sobre nós mesmos que talvez tenhamos preferido ignorar. Aquele canto esquecido no fundo da sala, onde sempre se acumulam objetos sem uso, caixas fechadas há anos, presentes que nunca foram abertos, pode estar nos revelando uma parte da nossa própria vida que também está abandonada, negligenciada, esperando por atenção e cuidado. Uma área de nossa psique que tememos explorar.

Um banheiro onde nunca se entra com prazer, que parece sempre frio, impessoal ou desorganizado, pode simbolizar uma relação difícil com o próprio corpo, com a autoaceitação, ou com os rituais necessários de purificação e renovação. A forma como tratamos o espaço dedicado à limpeza do corpo físico muitas vezes espelha como lidamos com nossa limpeza emocional e mental. O quarto mal iluminado, onde o sono é agitado e o despertar cansado, pode refletir uma resistência interna ao descanso verdadeiro, ao abandono das tensões acumuladas durante o dia, uma dificuldade em se entregar ao ciclo natural de regeneração noturna. E quando essa leitura simbólica do espaço se torna consciente, quando percebemos as mensagens que a casa nos envia silenciosamente, um novo ciclo de transformação pode finalmente começar. O poder reside em trazer à luz o que estava oculto na sombra do hábito.

    A força da transformação não reside necessariamente em grandes reformas ou investimentos vultosos. Ela começa, quase sempre, com pequenos gestos carregados de intenção. Mover um móvel de lugar, quebrando um padrão antigo de circulação, pode destravar uma estagnação mental ou emocional que parecia intransponível. Realizar uma limpeza profunda, não apenas superficial, mas abrindo armários, gavetas, esvaziando caixas, pode abrir caminho para novos pensamentos, novas ideias, uma sensação renovada de clareza. Trocar a posição da cama para uma que ofereça mais segurança e acolhimento, colocar uma planta viva e viçosa na sala para trazer a energia da natureza para dentro, permitir que a luz do sol inunde um cômodo que antes vivia na penumbra – são atitudes aparentemente simples, mas que carregam um potencial imenso de redefinir narrativas internas inteiras. A casa, então, deixa de ser um cenário fixo, imutável, e se torna uma aliada dinâmica, uma extensão viva e pulsante da nossa jornada pessoal de crescimento e autoconhecimento.

    O lar funciona como um espelho implacável. Reflete não apenas nossa estética preferida, mas aquilo que toleramos em nós e nos outros, o que valorizamos profundamente, o que alimentamos com nossa atenção e energia, e aquilo que, consciente ou inconscientemente, permitimos morrer por falta de cuidado. É também o nosso ponto de partida e o nosso porto de retorno seguro. Tudo o que vivemos lá fora, no palco do mundo, começa a ser gestado aqui dentro, na intimidade do nosso refúgio. As decisões mais importantes raramente são tomadas no tumulto da rua ou na agitação do escritório; elas nascem na calma reflexiva da cozinha enquanto preparamos um chá, no silêncio introspectivo do banheiro durante um banho demorado, na intimidade acolhedora do quarto antes de adormecer. O mundo lá fora é, em grande medida, uma consequência do mundo que cultivamos aqui dentro. E este mundo interior começa a tomar forma, a ganhar corpo, no espaço físico que chamamos de casa.

    Há, ressoando nesse tema, uma questão ancestral profunda, uma sabedoria que vibra através dos tempos. Povos antigos, em diversas culturas, sabiam instintivamente que a moradia era um espaço sagrado, um microcosmo que refletia o macrocosmo. Não se construía uma casa aleatoriamente, sem considerar as forças da natureza. Não se posicionava a entrada de qualquer jeito, ignorando os fluxos de energia. Não se dormia em qualquer canto, desalinhado com os ritmos cósmicos. A casa era orientada pelas estrelas, pela trajetória do sol, pela presença vital da água, pela direção predominante dos ventos. Era concebida e habitada como um templo. Hoje, ao resgatarmos essa sensibilidade perdida, ao voltarmos a olhar para nossa morada com reverência, damos a ela não apenas conforto funcional, mas dignidade existencial. Voltamos a tratá-la com o respeito que merece, e ela, em troca, nos devolve essa energia em forma de vitalidade, bem-estar, clareza e proteção.

Quando usamos a expressão "redesenhar o espaço e a vida", não estamos falando apenas de uma metáfora poética; estamos descrevendo uma verdade funcional, uma dinâmica psicossomática real. Reposicionar os objetos para criar um fluxo mais harmonioso, limpar o que está sujo e estagnado, iluminar o que vive na escuridão, abrir o que se encontra trancado há tempos – todas essas ações concretas no ambiente físico funcionam como um convite poderoso para que essas mesmas transformações ocorram dentro da alma. É um espelhamento direto. Há quem se queixe de não conseguir sair de um ciclo negativo, de sentir a vida travada, mas não percebe que vive imerso em um quarto desordenado, talvez malcheiroso, abafado pela falta de ar e luz. Como a mente pode se expandir, gerar novas ideias, encontrar soluções criativas, se o corpo físico habita um lugar que a reprime energeticamente? A conexão é direta.

Ao cuidar da casa com atenção e intenção, cuida-se da energia que a envolve, que a preenche. E essa energia renovada, equilibrada, começa a nutrir quem ali vive. Não há necessidade de grandes reformas dispendiosas ou da contratação de especialistas caros para iniciar esse processo. A transformação verdadeira começa com a consciência. Começa com o simples gesto de abrir uma janela e perceber, de fato, quanta luz realmente entra naquele cômodo. Começa com a atitude de sentar-se no chão, em silêncio, e observar o que a casa comunica através de suas formas, suas cores, seus sons, seus cheiros, seus vazios. E quando essa escuta atenta se instala, quando o diálogo silencioso entre o habitante e o habitat se restabelece, a mágica começa a acontecer. A beleza de uma abordagem como o Feng Shui existencial reside exatamente nesse ponto: ela une filosofia profunda e prática cotidiana. Ela não impõe fórmulas rígidas ou regras universais, mas convida à observação atenta, à sensibilidade, à intuição. Ela não fala de modismos decorativos passageiros, mas de coerência energética, de alinhamento entre o espaço e o ser. Mostra-nos que é perfeitamente possível criar ambientes onde o corpo encontra descanso reparador, a mente encontra clareza e o espírito se sente verdadeiramente em casa, pertencente, seguro. E, ao fazer isso, ao redesenhar o espaço com essa consciência, desenha-se, inevitavelmente, uma nova biografia, uma nova forma de caminhar pela vida.

A casa onde você vive hoje pode ser fisicamente a mesma de ontem, mas ela nunca mais será igual depois de ser tocada por um olhar consciente, por um gesto intencional de cuidado. E o mesmo princípio se aplica à sua vida. A mesma história pode ganhar novas cores, novos fluxos, novos significados – basta mudar o modo como se caminha por ela, a perspectiva com que se olha para os acontecimentos. Um ambiente reorganizado, harmonizado com os princípios da natureza, purificado de excessos e energias estagnadas, torna-se um território fértil para mudanças internas profundas e duradouras. Porque, no fundo, compreendemos que o lar não é apenas o espaço físico onde moramos. É o território simbólico onde a nossa vida se escreve, dia após dia. E todo espaço, assim como toda história, pode ser reescrito – com intenção clara, com respeito profundo, com escuta atenta. A casa é o lugar onde o ser encontra forma concreta, onde o invisível se torna visível, onde o nosso mundo interno ganha chão, estrutura, manifestação. Cuidar da casa, nesse sentido amplo e profundo, é um ato revolucionário de autocuidado, porque é, em última análise, cuidar do próprio destino, da própria jornada evolutiva.

Capítulo 2
Feng Shui

Nas raízes mais profundas e antigas da vasta civilização chinesa, floresceu uma sabedoria silenciosa, uma compreensão intuitiva do mundo que se transmitia entre gerações não primariamente através de textos escritos ou dogmas rígidos, mas pela observação delicada, paciente e reverente da natureza e da forma sutil, porém poderosa, como ela influenciava absolutamente tudo ao redor – o clima, as colheitas, a saúde dos animais e, crucialmente, o bem-estar e a fortuna dos seres humanos. Desta observação atenta, desta profunda sintonia com os ritmos terrestres e celestes, nasceu o Feng Shui, uma arte e ciência que transcende em muito a simples decoração de interiores ou o mero posicionamento estratégico de objetos dentro de um espaço. Feng Shui é, antes e acima de tudo, um modo abrangente de compreender o mundo como um sistema vivo e interconectado, e o lugar específico que nós, como indivíduos e como comunidade, ocupamos dentro desse complexo e dinâmico tecido existencial.

O próprio nome desta prática milenar revela muito sobre sua essência filosófica: "Feng" significa Vento, a força invisível, o sopro vital que carrega sementes, molda dunas, move nuvens e dispersa energias; "Shui" significa Água, o elemento fluido, adaptável, essencial à vida, que contorna obstáculos, nutre a terra, reflete o céu e acumula energia em seu repouso. Vento e Água são, portanto, duas das forças mais sutis e penetrantes da natureza, mas simultaneamente capazes de moldar montanhas ao longo de milênios e abrir vales profundos com sua persistência. No pensamento do Feng Shui, eles são vistos como os condutores primordiais da energia vital universal, a força que anima todas as coisas, conhecida como Chi (ou Qi). São os mensageiros invisíveis que distribuem essa energia pelo ambiente, influenciando a qualidade de vida em um determinado local.

Com uma história que remonta a mais de quatro mil anos, possivelmente entrelaçada com as práticas xamânicas e a observação astronômica das primeiras dinastias chinesas, o Feng Shui nasceu da constatação empírica de que a disposição dos elementos em um espaço – sejam eles naturais, como montanhas, rios e árvores, ou construídos, como edifícios, muros e mobílias – influencia diretamente o fluxo do Chi nesse local. E, consequentemente, essa qualidade do fluxo energético afeta profundamente a saúde física e mental, a prosperidade material, o equilíbrio emocional, a harmonia nos relacionamentos e até mesmo a dimensão espiritual dos indivíduos que ali habitam ou trabalham. Não se trata de uma crença supersticiosa, mas de um sistema complexo que busca entender e aplicar as leis naturais que regem o fluxo de energia no ambiente construído, em ressonância com o ambiente natural circundante.

No coração pulsante do Feng Shui reside o princípio fundamental da harmonia com a natureza. Em um mundo moderno onde, frequentemente, o ser humano tenta impor seu domínio sobre o ambiente, controlando, modificando e muitas vezes destruindo os ecossistemas em nome do progresso ou do conforto imediato, o Feng Shui ensina exatamente o caminho oposto: viver em sintonia, em diálogo respeitoso, em cooperação inteligente com as forças naturais. Isso implica observar atentamente os ciclos sazonais, os fluxos energéticos sutis, a presença e o movimento da luz solar ao longo do dia, os caminhos naturais preferenciais do vento, a forma como a água se move e se acumula na paisagem. E, a partir dessa observação profunda, criar espaços – casas, escritórios, jardins, cidades – que não se oponham a esse fluxo vital, mas que o acolham, o direcionem suavemente e o potencializem para o benefício de todos. É uma filosofia de integração, não de dominação.

A aplicação prática dessa sabedoria ancestral começa invariavelmente pelo olhar. Mas não um olhar superficial, treinado apenas para perceber formas e cores estéticas. É um olhar que busca perceber o que é invisível aos olhos comuns, que sente a energia do lugar, a atmosfera que paira em cada cômodo. Quando um ambiente parece desconfortável sem um motivo aparente, quando sentimos um cansaço inexplicável ao permanecer em certos cômodos da casa, quando as coisas na vida parecem estagnadas, bloqueadas, sem fluidez, o Feng Shui indica que o Chi naquele espaço provavelmente está obstruído, bloqueado ou desequilibrado. Essa obstrução pode ser causada por fatores aparentemente insignificantes: um móvel mal posicionado que interrompe a circulação, um acúmulo excessivo de objetos sem propósito que sufoca o ambiente, uma cor na parede que desequilibra energeticamente o espaço para sua função, uma porta que não abre completamente, simbolizando oportunidades perdidas ou limitadas. Pequenos detalhes que, reunidos e somados ao longo do tempo, criam grandes consequências no campo energético e, por extensão, na vida dos habitantes.

Essa sensibilidade à energia do espaço não é meramente subjetiva ou esotérica; ela se manifesta em resultados concretos e observáveis na vida das pessoas. Há inúmeros relatos de indivíduos que, após aplicarem conscientemente os princípios do Feng Shui em suas casas ou locais de trabalho, observaram melhorias significativas em aspectos diversos como aumento da concentração e foco, estímulo da criatividade, melhora na qualidade do sono e redução da insônia, maior clareza mental para tomar decisões importantes, e até mesmo alívio em questões de saúde física e emocional. Isso acontece porque, segundo a teoria do Feng Shui, ao remover os bloqueios e harmonizar o ambiente, a energia vital (Chi) volta a fluir com mais liberdade e vitalidade. E onde a energia circula de forma saudável e equilibrada, a vida floresce em todas as suas dimensões. O ambiente deixa de ser um obstáculo passivo e se torna um suporte ativo para o bem-estar e o desenvolvimento pessoal.

Entre as diversas ferramentas que o Feng Shui utiliza para diagnosticar e harmonizar os espaços, o posicionamento dos móveis é uma das mais conhecidas e impactantes. Uma cama que dá as costas diretamente para a porta de entrada do quarto, por exemplo, é considerada uma posição vulnerável, pois a pessoa deitada não tem controle visual sobre quem entra, o que pode gerar uma sensação inconsciente de insegurança, inquietude e dificuldade para relaxar profundamente. Uma escrivaninha voltada para uma parede sólida pode, simbolicamente, bloquear o fluxo de ideias, a visão de futuro e a inspiração criativa. Um sofá grande posicionado de forma a impedir a circulação livre das pessoas na sala não apenas dificulta o movimento físico, mas também pode interromper o fluxo da conversa, da interação social e da própria energia no ambiente. Reorganizar o espaço segundo os princípios do Feng Shui, como a "posição de comando" (onde se tem visão da porta, mas não se está diretamente alinhado a ela), não se trata de seguir regras estéticas arbitrárias, mas de permitir que o ambiente respire energeticamente, que ofereça segurança psicológica e que facilite os fluxos naturais da vida.

As cores também desempenham um papel fundamental na prática do Feng Shui. Cada tom, cada matiz, carrega uma vibração energética específica, e sua presença em um ambiente afeta diretamente o campo emocional, mental e energético de quem está ali. O vermelho vibrante, por exemplo, ativa a energia do elemento Fogo, estimulando a paixão, a ação, a celebração e o reconhecimento; deve ser usado com cautela, pois em excesso pode gerar agitação ou conflito. O azul profundo traz a calma e a introspecção do elemento Água, promovendo serenidade, reflexão e fluxo de comunicação; ideal para quartos ou espaços de meditação, mas em excesso pode levar à melancolia. O verde evoca a vitalidade e o crescimento do elemento Madeira, com sua energia de renovação, saúde e expansão; ótimo para salas, cozinhas ou áreas de estudo. A escolha consciente das cores em um ambiente vai muito além do mero gosto pessoal ou das tendências de decoração; ela está intrinsecamente ligada à intenção energética que se deseja nutrir e cultivar em cada espaço específico da casa, alinhando-o à sua função primordial.

Outro recurso simbólico e poderoso utilizado pelo Feng Shui é o uso estratégico de elementos representativos, que funcionam como âncoras para energias específicas no ambiente. Uma pequena fonte de água interna, com água limpa e corrente, não é apenas um objeto decorativo agradável; ela simboliza o fluxo da abundância, da prosperidade e da fluidez na vida, ativando a energia da riqueza quando posicionada corretamente (geralmente no Guá da Prosperidade). Um cristal multifacetado pendurado na janela não apenas reflete a luz do sol em arco-íris pelo cômodo; ele ativa o movimento do Chi, dispersa energias estagnadas e purifica a atmosfera sutil do local. Um espelho bem posicionado não serve apenas para refletir imagens físicas; ele também pode ser usado para expandir visualmente o espaço, duplicar simbolicamente intenções positivas (como refletir uma mesa de jantar farta ou uma bela vista), corrigir áreas faltantes na planta baixa ou redirecionar o fluxo de energia de forma benéfica. Cada objeto pode ser imbuído de significado e intenção.

No centro dessa prática milenar está o conceito profundo de que cada ambiente, cada casa, possui uma alma própria, uma espécie de campo energético individual que pode ser fortalecido através do cuidado e da intenção, ou enfraquecido pela negligência e desarmonia. Quando o espaço é tratado com respeito, com atenção aos detalhes, com consciência de sua influência, ele retribui com acolhimento, proteção e suporte energético. Por isso, o Feng Shui não deve ser reduzido a um conjunto de fórmulas prontas, a serem aplicadas mecanicamente, ou a modismos decorativos passageiros que rapidamente perdem o sentido. Ele exige escuta sensível, presença atenta e o desenvolvimento de uma relação íntima e pessoal com o espaço que se habita. É preciso sentir o lugar, dialogar com ele, perceber suas necessidades energéticas.

A filosofia por trás do Feng Shui é também profundamente espiritual, embora não necessariamente religiosa. Está intrinsecamente ligada à ideia de que tudo no universo é energia em diferentes estados de vibração – pessoas, animais, plantas, objetos, formas, cores, sons, aromas. Nada é neutro. Tudo emite e recebe energia constantemente. Tudo vibra em ressonância ou dissonância com o que está ao redor. E ao organizar o nosso ambiente físico, não estamos apenas movendo cadeiras, pintando paredes ou pendurando quadros; estamos, na verdade, reprogramando o campo sutil da nossa própria existência, realinhando as energias que nos cercam e, consequentemente, influenciando nossa trajetória de vida. O espaço se torna um reflexo e um catalisador da nossa jornada interior.

É crucial entender que o Feng Shui não impõe regras de forma autoritária. Ele propõe caminhos. Ele observa a dinâmica energética de um espaço, analisa os fluxos, identifica os desequilíbrios e sugere intervenções para que o ambiente se torne um aliado poderoso, e não um obstáculo silencioso, no caminho para uma vida mais plena, saudável e próspera. E ele o faz com base em princípios que respeitam tanto a lógica da observação da natureza quanto a intuição do praticante. Não se trata de seguir um manual rígido à risca, mas de aprender a linguagem sutil da casa, a ouvir o que ela nos diz através de seus sinais, e a responder a ela com sabedoria, intenção e respeito.

Alguns dos conceitos fundamentais que sustentam essa prática milenar, como o equilíbrio dinâmico entre as forças complementares Yin e Yang, a teoria dos Cinco Elementos (Madeira, Fogo, Terra, Metal e Água) e seus ciclos de geração e controle, e a aplicação do Mapa Baguá com seus nove Guás correspondentes às áreas essenciais da vida, serão aprofundados nos próximos capítulos, oferecendo ferramentas mais específicas para a harmonização. Mas antes de mergulhar nessas técnicas, o que precisa florescer internamente é uma disposição sincera, um desejo genuíno de viver em harmonia com o espaço, de reconhecer sua influência e de co-criar com ele uma atmosfera de bem-estar. Porque o Feng Shui, apesar de sua antiguidade, continua profundamente atual – talvez até mais necessário do que nunca em um mundo contemporâneo onde vivemos cada vez mais desconectados da natureza, imersos em ambientes artificiais, fechados, eletrônicos e energeticamente empobrecidos. Redescobrir essa arte ancestral é, em essência, reconectar-se com o ritmo natural das coisas, com a sabedoria intrínseca do universo refletida em nosso próprio lar.

A casa, vista através das lentes do Feng Shui, deixa de ser um recipiente passivo e neutro e se revela como um campo de força dinâmico, um organismo vivo que interage conosco. Cada objeto, cada parede, cada direção cardeal torna-se um ponto de energia pulsante, um vórtice sutil que influencia nosso estado de ser. E o morador deixa de ser apenas um ocupante passivo para se tornar um co-criador de atmosferas, um curador consciente do espaço, um verdadeiro jardineiro da energia que ali circula. Esse é o convite essencial do Feng Shui: viver com consciência ampliada, mover-se pelo espaço com intenção clara, habitar o lar com reverência e gratidão. Porque o lugar onde moramos é também o lugar onde nossa alma repousa, se regenera e sonha. E quando o lar vibra em harmonia com as leis sutis da natureza, tudo ao redor parece responder com mais beleza, fluidez, abundância e paz. A transformação do espaço se reflete, inevitavelmente, na transformação da vida.

Capítulo 3
Design Biofílico

Existe uma memória ancestral gravada profundamente em nossa pele, em nossos olhos que buscam o horizonte verde, em nossos pulmões que anseiam por ar puro e no ritmo primordial do nosso coração. É o chamado insistente da natureza, a lembrança indelével de que somos, antes de qualquer rótulo cultural ou definição social, criaturas intrinsecamente moldadas por milênios de convivência íntima com árvores que nos ofereciam sombra e abrigo, pedras que nos ensinavam sobre solidez e tempo, rios que saciavam nossa sede e guiavam nossos caminhos, céus vastos que inspiravam admiração e terra fértil que nos nutria. Quando nos afastamos drasticamente dessa matriz original, quando nos isolamos em caixas de concreto e vidro, desconectados dos ciclos naturais, algo essencial dentro de nós começa a adoecer – muitas vezes silenciosamente, manifestando-se como estresse crônico, ansiedade difusa, falta de vitalidade ou uma sensação persistente de vazio existencial. O design biofílico emerge, nesse contexto moderno de crescente urbanização e digitalização, como uma resposta consciente e necessária a essa profunda desconexão: é uma abordagem da arquitetura e do design de interiores que se lembra de onde viemos, que reconhece nossa necessidade inata de conexão com o mundo natural e que busca reintegrar elementos e padrões da natureza aos ambientes construídos onde passamos a maior parte de nossas vidas.

Ao contrário do que muitos podem imaginar, reconectar-se à natureza através do design biofílico não exige uma renúncia radical à vida urbana contemporânea, nem o abandono das tecnologias que facilitam e enriquecem nosso cotidiano moderno. O design biofílico não propõe uma oposição entre o construído e o natural, mas sim uma integração harmoniosa, uma simbiose inteligente. Ele não sugere que todos devam escapar para a floresta ou viver em cabanas isoladas, mas sim que podemos trazer a essência da floresta, os seus padrões, as suas texturas, a sua vitalidade, para dentro de nossas casas, escritórios, escolas e hospitais – ainda que em fragmentos cuidadosamente selecionados: a presença vibrante de uma folha verde, a solidez reconfortante de uma pedra lisa, a dança de um raio de sol atravessando a janela, o som relaxante da água em movimento, a textura orgânica da madeira crua. Trata-se de tecer a natureza de volta ao tecido da nossa vida diária.

Esse conceito, embora pareça intuitivo, funciona como uma ponte robusta entre a sabedoria ancestral, que sempre valorizou a harmonia com o ambiente, e as descobertas das ciências contemporâneas do bem-estar, como a psicologia ambiental, a neuroarquitetura e a medicina integrativa. O termo "biofilia", que significa literalmente "amor à vida" ou "afinidade inata com os sistemas vivos", foi popularizado pelo renomado biólogo americano Edward O. Wilson na década de 1980. Wilson postulou que existe uma tendência intrínseca e geneticamente determinada no ser humano de buscar conexão com a natureza e outros organismos vivos. Essa afinidade não seria apenas uma preferência estética, mas uma necessidade biológica fundamental para nossa saúde física e mental, um legado evolutivo de nossa longa história como espécie imersa no mundo natural. Desde então, uma crescente quantidade de pesquisas científicas realizadas por arquitetos, designers, médicos, psicólogos e neurocientistas vem comprovando, com dados concretos e mensuráveis, os múltiplos benefícios dessa reconexão deliberada com a natureza nos ambientes construídos. Os estudos demonstram consistentemente: redução significativa dos níveis de estresse e ansiedade, aumento da criatividade e da capacidade de resolução de problemas, melhora no humor e na sensação geral de bem-estar, reforço do sistema imunológico, aceleração de processos de cura física em ambientes hospitalares e até mesmo aumento da produtividade e satisfação em ambientes de trabalho. A natureza, ao que tudo indica, é um remédio poderoso e subutilizado.

Nas nossas casas, o design biofílico se manifesta através de escolhas conscientes que privilegiam o contato direto ou indireto com elementos e padrões naturais. A luz solar, por exemplo, é um dos protagonistas essenciais dessa abordagem. Em vez de nos contentarmos com iluminação artificial fria, estática e muitas vezes agressiva, a proposta biofílica é maximizar a entrada da luz do dia em todas as suas variações dinâmicas – o dourado suave e acolhedor da manhã, o branco vibrante e energizante do meio-dia, o alaranjado pacífico e relaxante do fim da tarde. Janelas amplas, claraboias, portas de vidro, espelhos posicionados estrategicamente para refletir a luz em cantos mais escuros são ferramentas para trazer o ciclo solar para dentro de casa. Esses ciclos naturais de luz e sombra são cruciais para sincronizar nosso relógio biológico interno (ritmo circadiano), regular a produção hormonal (como melatonina para o sono e cortisol para o estresse), afetar diretamente nosso humor e induzir estados mentais mais equilibrados e resilientes. Viver em sintonia com a luz do sol é viver em sintonia com nosso próprio corpo.

 O ar que respiramos também é tratado como um elemento sagrado no design biofílico. Ambientes mal ventilados, fechados e estanques acumulam não apenas poeira e poluentes químicos (muitas vezes liberados por materiais de construção e móveis sintéticos), mas também energia estagnada, o Sha Chi do Feng Shui. O design biofílico favorece e promove a ventilação natural cruzada, permite a entrada da brisa fresca, valoriza janelas que se abrem facilmente, varandas que funcionam como pulmões verdes da casa e sistemas de ventilação que priorizam a renovação constante do ar. Quando o ar flui livremente, as ideias também fluem com mais clareza. Quando o oxigênio é renovado, a mente se torna mais alerta, o corpo mais disposto, a sensação de vitalidade aumenta. Respirar ar puro dentro de casa deveria ser a norma, não a exceção.

Outro elemento essencial e talvez o mais visível do design biofílico é a presença abundante de plantas. E aqui não se trata apenas de usar o verde como um toque decorativo final; as plantas são organismos vivos complexos que interagem conosco e com o ambiente em tempo real, de maneiras sutis e profundas. Elas purificam o ar absorvendo dióxido de carbono e liberando oxigênio, além de filtrarem compostos orgânicos voláteis (COVs) prejudiciais. Elas ajudam a estabilizar a umidade relativa do ar, tornando o ambiente mais confortável. Suas folhas podem amortecer ruídos indesejados, criando uma acústica mais agradável. E, talvez o mais importante, elas nos ensinam visualmente sobre ritmo, paciência, resiliência e regeneração. Observar uma planta crescer, brotar, florescer e se adaptar às condições do ambiente é uma lição silenciosa sobre os ciclos da vida. Um vaso com uma samambaia exuberante emana mais vitalidade e sensação de bem-estar do que qualquer quadro caro ou objeto de design inerte. Uma pequena horta de ervas aromáticas cultivada na janela da cozinha transforma o ato de cozinhar e comer em rituais diários de conexão com o sabor autêntico, com o ciclo das estações, com a terra e com o próprio corpo.

Os materiais naturais também ganham protagonismo absoluto no design biofílico. Em vez de móveis plastificados, pisos vinílicos, superfícies laminadas e acabamentos sintéticos que muitas vezes emitem substâncias tóxicas e criam uma barreira sensorial entre nós e o ambiente, essa abordagem valoriza a beleza autêntica e a riqueza tátil da madeira crua ou com acabamentos naturais, do linho respirável, da palha trançada, do algodão orgânico, da cerâmica artesanal porosa, da pedra com suas veias únicas. São texturas que convidam ao toque, que carregam calor intrínseco, que despertam nossos sentidos adormecidos. Esses materiais respiram junto com o ambiente, respondem às variações de temperatura e umidade. Eles envelhecem com dignidade, mudam de cor com a exposição à luz, acumulam marcas de uso e contam histórias – e por isso mesmo nos remetem à própria vida, que também é imperfeita, impermanente, orgânica, viva. Tocar uma superfície de madeira maciça é sentir a história da árvore; vestir uma roupa de linho é sentir a leveza da fibra vegetal.

    Os sons do ambiente são igualmente levados em consideração com seriedade. O canto melodioso dos pássaros pela manhã, o murmúrio suave da água corrente em uma fonte, o farfalhar do vento entre as folhas de uma árvore próxima – todos esses sons naturais funcionam como bálsamos para o sistema nervoso, reduzindo a atividade do sistema simpático (luta ou fuga) e ativando o parassimpático (descanso e digestão). Mesmo em ambientes urbanos ruidosos, é possível criar essa atmosfera sonora restauradora com o uso de fontes de água internas ou externas, sinos dos ventos afinados harmonicamente, aquários com o borbulhar suave do filtro ou mesmo através da reprodução de trilhas sonoras naturais (como sons de floresta, chuva ou ondas do mar) em volume sutil. São estímulos auditivos que acalmam sem distrair, que preenchem o espaço com uma vibração positiva sem saturá-lo de informação desnecessária. O silêncio também é um som valorizado, a ausência de ruído que permite a introspecção.

O design biofílico, portanto, não pode ser reduzido a um mero estilo decorativo com estética orgânica. É uma filosofia profunda de habitar, uma forma de repensar nossa relação com os espaços que criamos e ocupamos. Ele não se limita a adicionar plantas ou usar madeira, mas propõe um modo de pensar os edifícios e interiores como ecossistemas vivos, interdependentes, que devem funcionar em harmonia com os ritmos biológicos humanos e com os sistemas naturais maiores. Um exemplo claro disso é a ideia de "vistas restauradoras": a importância de poder olhar de dentro de casa e contemplar algo verde, algo que se move com o vento, algo que lembre a vida pulsando lá fora. Mesmo que seja apenas uma única planta na sacada, uma árvore distante avistada pela janela do escritório ou um pequeno jardim interno visível da sala de estar, essa visão tem um poder terapêutico comprovado. Estudos demonstram que olhar para a natureza, mesmo que por apenas alguns minutos, pode baixar significativamente a pressão arterial, desacelerar a respiração, reduzir a tensão muscular e melhorar o humor de forma quase instantânea. Nossos olhos evoluíram para buscar e apreciar a complexidade fractal e a vitalidade do mundo natural.

Há também uma dimensão simbólica poderosa nos elementos naturais trazidos para dentro de casa. Pedras roladas de um rio, conchas encontradas na praia durante as férias, galhos secos com formas interessantes ou um pequeno recipiente com areia de um lugar especial não são apenas objetos decorativos inertes; são âncoras sensoriais e emocionais que nos reconectam com paisagens vividas, com memórias afetivas, com sonhos de viagens futuras. Uma pequena coleção de pedras trazidas de uma caminhada em família carrega a energia daquele momento, o sentimento de pertencimento, a história compartilhada. Um vaso de barro modelado à mão por um artesão local evoca a ancestralidade, a conexão com o trabalho manual, a ideia primordial de que tudo vem da terra e a ela retorna. Esses objetos contam histórias e trazem significado ao espaço.

Na prática cotidiana, não é preciso transformar a casa inteira de uma vez para começar a usufruir dos benefícios do design biofílico. Um pequeno "altar natural" pode ser o ponto de partida ideal: um espaço dedicado onde se reúnem elementos que representam a natureza para você – talvez uma vela para o elemento fogo, uma flor fresca ou uma planta para a vida, um cristal ou uma pedra para a terra, uma pequena concha para a água, um pedaço de madeira para o crescimento, uma imagem que remeta a uma paisagem natural que te traga paz. Pequenos gestos conscientes que restabelecem o diálogo perdido com a Terra, que nos lembram de nossa conexão intrínseca com o mundo vivo.

Esse reencontro deliberado com a natureza dentro de casa também gera, gradualmente, uma transformação mais profunda na nossa percepção: modifica a forma como vemos e sentimos o tempo. O design biofílico, por sua própria essência, desacelera nosso ritmo interno frenético. Ele convida à contemplação, à observação paciente do ciclo de crescimento de uma folha, à percepção sutil da mudança da luz ao longo das horas do dia, ao respeito pelo ritmo intrínseco das coisas vivas. E ao fazer isso, ao nos sintonizar com o tempo da natureza, o design biofílico convida o habitante a reencontrar e honrar seu próprio tempo interno – um tempo mais orgânico, menos pressionado pela urgência externa, mais autêntico e alinhado com suas necessidades reais de descanso, atividade e reflexão.

Ao trazer vida – plantas, luz natural, ar fresco, materiais orgânicos – para dentro do lar, o design biofílico também estimula, quase que por consequência natural, uma ética da responsabilidade e do cuidado. Quando se convive diariamente com plantas que precisam de água e luz, com materiais vivos que envelhecem e reagem ao ambiente, com ar que circula e luz que entra e sai, nasce espontaneamente o desejo de preservar, de cuidar, de manter esse equilíbrio delicado. A casa deixa de ser vista apenas como um local de consumo passivo e passa a ser percebida como um espaço de cuidado ativo, um pequeno ecossistema que depende da nossa atenção. E esse cuidado, essa consciência ecológica cultivada no microcosmo do lar, tende a se estender para fora: para o bairro, para a cidade, para o planeta. Viver em contato próximo com a natureza, mesmo que domesticada, ensina empiricamente sobre interdependência, sobre ciclos de vida e morte, sobre limites e sobre a generosidade da abundância quando há equilíbrio. Ensina, fundamentalmente, que tudo está conectado.

E assim, através da aplicação consciente dos princípios biofílicos, a casa transcende sua função de mero abrigo físico. Transforma-se num jardim habitado, num santuário cotidiano onde corpo, mente e espírito encontram nutrição, calma e inspiração. Cada gesto dentro desse espaço deixa de ser automático e mecânico, ganhando um novo sentido, uma nova profundidade. Tomar um banho de sol na varanda passa a ser um ritual consciente de cura e vitalidade. Regar as plantas pela manhã vira uma conversa silenciosa com o tempo e com a vida. Abrir a janela ao acordar é uma pequena oferenda de gratidão à luz e ao ar que nos sustentam. O design biofílico não promete uma casa perfeita, asséptica ou imutável. Promete, sim, uma casa viva – e, como tudo que é vivo, ela será imperfeita, mutável, cheia de alma e de histórias para contar. E uma vida que se desenvolve em sintonia com esse ambiente enriquecido pela natureza se torna, inevitavelmente, mais plena, mais sensível, mais enraizada e mais resiliente. Porque ao cultivar um pedaço de natureza dentro de casa, é a nossa própria natureza interior que permitimos renascer e florescer.

Capítulo 4
Energia Vital

A vida, em sua essência mais profunda e misteriosa, manifesta-se por meio de uma força invisível, porém extraordinariamente poderosa, que permeia, anima e conecta todas as coisas no universo. Essa força sutil, que flui como um rio cósmico através de paisagens, seres vivos e até mesmo objetos inanimados, é chamada de Chi na tradição do Feng Shui – ou Qi (pronuncia-se "tchi"), segundo a transliteração mais comum na medicina tradicional chinesa e em outras práticas orientais. O Chi não é algo que se possa ver com os olhos físicos, medir com instrumentos científicos convencionais ou tocar com as mãos, mas é uma realidade energética que se pode sentir com o corpo, perceber com o coração aberto e intuir com a mente aquietada. É o sopro silencioso que anima o mundo manifesto, a vibração primordial que se infiltra em cada espaço, que sustenta cada respiração, que pulsa em cada instante da existência. Onde o Chi circula livremente, de forma harmoniosa e equilibrada, florescem a saúde, a alegria, a criatividade, a prosperidade e a vitalidade. Onde, pelo contrário, ele se acumula excessivamente, estagna como água parada, ou se dissipa rapidamente, surgem o cansaço crônico, o desconforto físico e emocional, a confusão mental e o desequilíbrio em diversas áreas da vida. Compreender e cultivar o Chi é, portanto, fundamental para uma vida plena.

A casa, como uma extensão direta e sensível da vida que a habita, como um espelho tridimensional da nossa própria energia e consciência, também é atravessada e preenchida por esse campo energético dinâmico. Cada cômodo, cada objeto dentro dele, cada canto esquecido ou valorizado possui seu próprio fluxo particular de Chi – um fluxo que pode ser harmonioso, nutritivo e revitalizante, ou, inversamente, tumultuado, bloqueado e drenante. Quando entramos em um ambiente e sentimos um mal-estar inexplicável, uma sensação de peso no ar, uma opressão sutil que nos convida a sair rapidamente; quando nos percebemos ficando irritados sem motivo aparente, ansiosos ou subitamente drenados de energia ao permanecer em determinados locais da casa, muitas vezes a causa subjacente, segundo a perspectiva do Feng Shui, é que o Chi ali está interrompido, preso, estagnado ou contaminado por resquícios de energias emocionais densas (como discussões, tristezas ou medos) ou pelo excesso de acúmulo material e desordem. A energia vital é sutil, quase imperceptível para a maioria das pessoas no dia a dia, mas sua presença – ou sua ausência e qualidade – molda completamente a nossa experiência subjetiva de viver naquele espaço.

O Feng Shui compreende que o Chi, para promover saúde e bem-estar, deve fluir suavemente pelos ambientes, como um rio tranquilo que serpenteia pela paisagem, nutrindo as margens por onde passa. Esse fluxo ideal não deve ser nem rápido demais, como uma correnteza impetuosa que arrasta tudo consigo e gera instabilidade e agitação (conhecido como Sha Chi cortante), nem lento a ponto de se tornar um pântano estagnado, onde a energia fica parada, apodrecida, gerando letargia e falta de vitalidade. O ideal é um fluxo que nutra sem sufocar, que envolva sem aprisionar, que inspire sem dispersar. Para que isso aconteça, a casa precisa estar organizada de forma a permitir e incentivar esse movimento contínuo e suave da energia. As entradas (portas e janelas) devem estar desobstruídas e funcionando bem, as passagens (corredores, vãos entre móveis) devem ser livres e convidativas, os objetos presentes devem trazer leveza, beleza ou significado, e os elementos naturais (luz, ar, plantas, água) devem ser convidados a participar da dinâmica energética do lar, convidando à presença e ao bem-estar.

Ambientes que são muito escuros, cronicamente abafados por falta de ventilação, ou excessivamente sobrecarregados de móveis, objetos decorativos e tralhas acumuladas são especialmente propensos a criar zonas de estagnação do Chi. Um quarto com inúmeras caixas e objetos guardados sob a cama, armários entulhados com roupas e itens que não são usados há anos, corredores estreitos e obstruídos por móveis ou decorações que dificultam a passagem, prateleiras repletas de itens esquecidos, empoeirados ou quebrados – todos esses são sinais claros de energia parada, de Chi que não consegue respirar, circular, renovar-se. Essa estagnação energética não é apenas uma questão estética ou de organização;

ela interfere diretamente na nossa fisiologia e psicologia. O peso energético do ambiente se traduz frequentemente em cansaço mental persistente, dificuldade de concentração, falta de foco, insônia ou sono não reparador, dores físicas inexplicáveis (especialmente nas costas e ombros, onde a tensão se acumula) e uma sensação geral de estar "empacado" na vida. O ambiente externo reflete e reforça o estado interno.

Em nítido contraste, um ambiente que é arejado, que recebe generosamente a iluminação natural, onde a circulação física é fácil e intuitiva, e que contém elementos vivos como plantas ou água em movimento, transmite imediatamente uma sensação de alívio, leveza e bem-estar a quem nele entra. O corpo relaxa quase que instantaneamente, a respiração se aprofunda, a mente se aquieta, os sentidos se abrem para perceber a beleza do momento presente. Essa sensação agradável é o reflexo do Chi fluindo livremente, como uma brisa fresca e revitalizante num dia quente de verão. E o mais encorajador é que esse fluxo saudável de energia não depende necessariamente de grandes reformas arquitetônicas ou de investimentos financeiros elevados; depende, sobretudo, de desenvolvermos uma nova consciência sobre o espaço, uma atenção plena aos detalhes e uma disposição para fazer pequenas mudanças intencionais. Trata-se de observar o espaço com um novo olhar, um olhar energético, percebendo onde a energia parece se acumular e ficar pesada, onde ela é claramente bloqueada por obstáculos físicos ou simbólicos, e onde ela se dissipa rapidamente sem nutrir o ambiente.

Uma analogia útil e frequentemente utilizada no Feng Shui para compreender o comportamento do Chi é imaginá-lo como a água. A água, em seu estado natural, procura sempre os caminhos mais fáceis e fluidos, evita barreiras intransponíveis (ou as contorna com paciência), preenche os espaços vazios de forma equilibrada e traz vida e fertilidade por onde passa. No entanto, quando a água é represada de forma inadequada, bloqueada em seu curso ou desperdiçada, pode causar alagamentos, erosões, estagnação e doenças. O mesmo princípio se aplica à energia vital da casa. Se bloqueamos suas entradas principais – como portas que emperram ao abrir, janelas que permanecem sempre trancadas e fechadas, ou móveis grandes posicionados em passagens estreitas logo na entrada –, o Chi perde sua força vital ao ingressar no ambiente. Se permitimos que objetos quebrados, danificados ou energeticamente "mortos" ocupem espaço precioso – como relógios parados que simbolizam tempo estagnado, flores artificiais empoeiradas que representam vida falsa, ou aparelhos eletrônicos inutilizados que acumulam energia densa –, o Chi adoece, torna-se pesado e contaminado. Se entulhamos os ambientes com excessos desnecessários – móveis que não têm função clara, decorações sem propósito afetivo ou estético, acúmulo compulsivo de coisas que não usamos ou não amamos –, o Chi sufoca, perde seu espaço para circular e se renovar.

Por essa razão fundamental, uma das primeiras e mais poderosas práticas para restaurar o fluxo saudável de Chi em um lar é a liberação consciente e intencional daquilo que não serve mais. O famoso "destralhamento". A casa ideal, do ponto de vista energético, deve conter apenas aquilo que tem uso prático e frequente, beleza que inspira ou significado afetivo profundo. Cada objeto deve merecer seu lugar no espaço, e cada ambiente deve ter uma função clara e definida, alinhada com as necessidades e intenções dos moradores. O ar precisa circular livremente, a luz deve ter permissão para alcançar todos os cantos, mesmo os mais escondidos. E isso não deve ser encarado como uma regra rígida e opressora, mas como um gesto de profundo cuidado consigo mesmo, de escuta atenta às necessidades do espaço e de compromisso com a própria vitalidade e bem-estar. Liberar o velho é abrir espaço para o novo fluir em nossa vida.

Ao mesmo tempo em que removemos os bloqueios, existem diversas maneiras de ativar e fortalecer o Chi quando ele parece fraco, lento ou insuficiente em um determinado ambiente. As plantas vivas são aliadas extraordinárias nesse processo: sua simples presença atrai, movimenta e renova a energia do local, simbolizando crescimento, vitalidade e a força da natureza. Fontes de água pequenas e bem cuidadas, com água sempre limpa e em movimento suave, também revitalizam poderosamente o fluxo energético, especialmente quando relacionadas à prosperidade e ao fluxo financeiro. Cristais naturais, como quartzo transparente, ametista ou citrino, quando limpos e programados com intenção, podem captar a luz, ativar a energia de cantos escuros e distribuir vibrações positivas pelo ambiente. Sons suaves e harmônicos – como música instrumental calma, o tilintar melodioso de sinos de vento bem afinados, ou mesmo o canto natural dos pássaros vindo de fora – podem despertar a energia que estava dormente, trazendo leveza e alegria. E aromas naturais e puros – provenientes de ervas frescas ou secas, flores, incensos de boa qualidade ou óleos essenciais difundidos no ar – funcionam como sopros sutis que renovam e purificam o campo energético do lar, elevando a vibração e o humor dos habitantes.

Outro aspecto crucial a ser considerado sobre o Chi é sua extrema sensibilidade às emoções humanas. A energia vital de um espaço se impregna facilmente dos sentimentos e pensamentos que predominam naquele ambiente. Uma casa onde ocorrem discussões frequentes e intensas, onde há uma tensão constante no ar, ou onde reside uma tristeza profunda e não processada, tende a absorver essa vibração mais densa. Com o tempo, mesmo quando o conflito aparente já cessou ou a tristeza foi parcialmente elaborada, o espaço pode continuar a se sentir pesado, abafado, carregado, como se as próprias paredes guardassem ecos energéticos não resolvidos daquelas emoções. Por isso, além de realizar a limpeza física regular, é essencial também promover práticas de purificação energética do lar (como veremos em detalhes mais adiante), utilizando intenção clara, gratidão, elementos como sal, fumaça de ervas, som ou luz, para renovar o campo emocional da casa e liberar essas memórias sutis.

A atenção aos detalhes aparentemente pequenos também influencia significativamente a qualidade e o fluxo do Chi. A direção para a qual a cama está voltada, a forma como se entra pela porta principal, o que se vê imediatamente ao acordar pela manhã, a sensação ao atravessar um corredor estreito ou mal iluminado. Tudo importa no Feng Shui. Um espelho bem posicionado pode expandir visualmente um espaço apertado e ativar a circulação de energia; um tapete bonito, confortável e com cores harmoniosas pode estabilizar a energia de um cômodo, trazendo aconchego e segurança; uma obra de arte com cores vibrantes e formas ascendentes pode elevar o espírito do ambiente e inspirar criatividade. Nada é neutro no campo energético. Cada escolha que fazemos ao organizar e decorar nosso lar molda, sutilmente, a qualidade do Chi que respiramos ali diariamente.

E essa energia, uma vez harmonizada e equilibrada, reverbera positivamente em todos os aspectos da nossa vida. Os relacionamentos interpessoais tendem a se tornar mais leves e fluidos, com menos conflitos e mais compreensão. O corpo físico responde com mais vigor, disposição e resiliência. Os pensamentos se organizam com mais clareza e foco. E até mesmo as decisões importantes da vida parecem fluir com menos resistência, com mais intuição e confiança. Viver em um espaço com Chi equilibrado é como caminhar por um trilha onde o vento sopra suavemente a favor – há menos esforço desnecessário, mais prazer na jornada, mais presença no momento. É também uma forma profunda de respeitar a "alma" da casa, sua identidade energética única, sua história, seus silêncios. Ao cuidar do Chi, cuidamos dessa alma. Transformamos a casa de um mero cenário passivo em uma aliada ativa e consciente. De um espaço puramente utilitário em uma fonte constante de nutrição energética e emocional. De um simples abrigo físico em um verdadeiro santuário para o espírito. A energia vital é o fio invisível que conecta o mundo visível e o invisível, o material e o sutil. E quando aprendemos a senti-la, a escutá-la com o corpo e a intuição, e a guiá-la com intenção e sabedoria, todo o ambiente se transforma. E com ele, inevitavelmente, a nossa própria vida também se transforma. Porque não existe separação real entre a qualidade do espaço que nos cerca e a qualidade da energia que pulsa dentro de nós. Onde o Chi circula livre e harmonioso, o coração bate mais leve. E onde o coração bate leve, tudo encontra, naturalmente, o seu devido lugar.

Capítulo 5
Yin e Yang

A essência pulsante do universo, em sua dança incessante de criação e transformação, manifesta-se através de dois princípios fundamentais, aparentemente opostos em suas qualidades, mas absolutamente interdependentes e complementares em sua natureza. Yin e Yang não são apenas símbolos arcaicos de uma filosofia oriental distante e abstrata; são forças dinâmicas primordiais que moldam ativamente tudo o que existe – desde o macrocosmo, com o ciclo das estações e o movimento dos astros, até o microcosmo da nossa vida diária, influenciando nosso humor numa manhã nublada, a disposição dos móveis em nossa sala, ou o silêncio profundo de um quarto vazio à noite. No coração da prática do Feng Shui, esse princípio milenar do Yin e Yang funciona como o alicerce fundamental de toda e qualquer harmonização espacial: o equilíbrio dinâmico, fluido e sempre mutável entre essas duas forças é o que determina, em última instância, o bem-estar dos espaços e, consequentemente, a saúde e a harmonia dos seus habitantes. Compreender e aplicar essa polaridade complementar é chave para criar ambientes que nutrem em vez de drenar.

Yin, em sua natureza arquetípica, representa a noite, a escuridão fecunda, a introspecção, o frio, a umidade, a suavidade, a receptividade, a profundidade, a sombra que acolhe. Está presente nos momentos de repouso e quietude, nos recantos silenciosos e protegidos da casa, nos tecidos macios e fluidos que convidam ao toque, nas cores escuras, frias e suaves (como azul profundo, preto, cinza, tons pastéis), nas formas arredondadas, curvas e acolhedoras, nos sons baixos e contínuos, na energia descendente. É a força que nos convida à pausa necessária, ao recolhimento interior, ao sono reparador, à contemplação silenciosa, à gestação de novas ideias no útero da quietude. É a energia do feminino arquetípico, da intuição, do ser em detrimento do fazer.

Já Yang, em contrapartida complementar, é a luz brilhante do dia, a ação manifesta, o calor que expande, a extroversão, a vibração ascendente, a força que se projeta para fora. Ele se manifesta vibrantemente em ambientes amplos e bem iluminados (especialmente pela luz natural), em cores vivas, quentes e estimulantes (como vermelho, laranja, amarelo brilhante), em sons alegres, altos e ritmados, em linhas retas, formas pontiagudas e angulares, em materiais duros e superfícies brilhantes, em atividades constantes e estímulos visuais energéticos. É a força que impulsiona à ação, à comunicação, à celebração, à expressão no mundo. É a energia do masculino arquetípico, da lógica, do fazer em detrimento do ser.

É crucial entender que nenhum dos dois, Yin ou Yang, é intrinsecamente "melhor" ou "pior" que o outro.

Ambos são igualmente essenciais para a totalidade da existência, como as duas faces de uma mesma moeda, ou a inspiração e a expiração que compõem a respiração completa. O desequilíbrio surge não da presença de um ou outro, mas do excesso desproporcional ou da ausência significativa de um em relação ao outro, ou da rigidez na sua interação. Uma casa dominada excessivamente pela energia Yin pode parecer triste, sombria, sem vitalidade, carregada de uma atmosfera de melancolia, apatia, estagnação e dificuldade para iniciar projetos ou sentir entusiasmo pela vida. Pode haver excesso de umidade, pouca luz, acúmulo de objetos antigos e uma sensação geral de peso no ar. Já um lar onde predomina descontroladamente a energia Yang se torna agitado, inquieto, estressante, potencialmente caótico, com excesso de estímulos visuais e sonoros, pouca capacidade de oferecer acolhimento e descanso verdadeiro, levando os moradores a um estado de exaustão nervosa e dificuldade para relaxar e se regenerar.

    O segredo para um ambiente harmonioso, portanto, reside na dança fluida e equilibrada entre ambas as forças – em permitir que Yin e Yang convivam dinamicamente, que se alternem conforme a necessidade do momento e a função do espaço, que se sustentem mutuamente em um fluxo constante de transformação. O Feng Shui atua precisamente nesse ponto nevrálgico: seu objetivo é identificar, através da observação sensível, onde há excesso de Yin ou Yang em um determinado ambiente e o que está em falta, para então introduzir elementos que restaurem a fluidez desse equilíbrio vital. Não se trata de buscar uma neutralidade estática, mas um dinamismo harmônico.

Um quarto de dormir, por exemplo, por sua função primordial de descanso, regeneração e intimidade, deve favorecer predominantemente a energia Yin – precisa ser um espaço que convide ao relaxamento profundo, à entrega, ao silêncio interior. Cores claras, suaves e frias (como azuis, verdes-água, lavandas, beges rosados), tecidos naturais e macios (algodão, linho), iluminação difusa e indireta (abajures, luzes de baixa intensidade), ausência de aparelhos eletrônicos que emitem luz azul e campos eletromagnéticos perturbadores (como televisão, computador, celular), aromas calmantes (lavanda, camomila, sândalo) e, sobretudo, silêncio e privacidade são formas eficazes de fortalecer a energia Yin nesse ambiente sagrado. Um quarto excessivamente Yang, com cores vibrantes, muita luz, espelhos grandes ou aparelhos ligados, dificulta o sono reparador e a intimidade tranquila.

Já uma cozinha, local de transformação dos alimentos (elemento Fogo), ou um escritório, espaço dedicado à atividade mental e à produtividade, precisam de um certo dinamismo energético, e por isso devem conter uma proporção maior de energia Yang para sustentar suas funções. Boa iluminação natural e artificial (luz mais clara e focada), cores que estimulem o apetite (na cozinha, como amarelos e laranjas) ou o foco mental (no escritório, como verdes ou azuis mais vibrantes), objetos que tragam vitalidade e movimento, espaço para circulação ativa, e talvez até sons leves e estimulantes (como uma música ambiente energizante) podem contribuir para um ambiente Yang equilibrado e funcional. Um excesso de Yin nesses espaços poderia levar à lentidão, falta de apetite ou procrastinação.

    O primeiro passo para começar a trabalhar conscientemente com o equilíbrio Yin e Yang em sua casa é desenvolver a capacidade de observar a sensação que cada cômodo transmite. Confie na sua percepção corporal e intuitiva. Há espaços onde você entra e sente imediatamente um peso inexplicável, uma sonolência súbita, uma sensação de que o tempo ali parou, de que a energia está estagnada? Provavelmente há um excesso de Yin nesse local, talvez devido à falta de luz, ventilação, cores escuras, acúmulo de objetos ou memórias antigas. Por outro lado, existem ambientes na sua casa que cansam só de estar neles, que parecem acelerar seus pensamentos, com luzes fortes demais e diretas, excesso de informações visuais (muitos objetos, padrões complexos), barulhos constantes ou intermitentes? Nesse caso, é provável que a energia Yang esteja exacerbada, gerando um ambiente superestimulante e desgastante. O corpo e os sentidos são instrumentos extremamente precisos para essa leitura energética sutil. Não é preciso decorar teorias complexas – basta aprender a escutar a experiência visceral de estar presente em cada espaço.

    Trazer o equilíbrio necessário entre essas duas forças primordiais pode começar com gestos surpreendentemente simples e acessíveis. Um canto escuro, úmido e sem vida, claramente dominado pelo Yin estagnado, pode ganhar vitalidade Yang com a introdução de uma luminária de luz quente e direcionada, uma planta com flores coloridas e vibrantes, um objeto decorativo de cor quente (vermelho, laranja), ou até mesmo um espelho estrategicamente posicionado para refletir a luz de uma janela próxima. Um espaço muito Yang, como uma cozinha totalmente branca, com superfícies brilhantes e iluminação intensa, pode receber toques de Yin para suavizar e acolher, através da inclusão de plantas com folhas arredondadas, cestos de fibras naturais que trazem textura e calor, um tapete macio sob a mesa, ou uma cortina de tecido leve e fluido na janela. O segredo reside em identificar o que está em desequilíbrio (seja por excesso ou falta) e oferecer o elemento complementar na medida certa, como um alquimista que ajusta cuidadosamente os ingredientes de sua poção.

Formas e materiais também são portadores intrínsecos dessas energias Yin e Yang. Linhas curvas, sinuosas, orgânicas, texturas aveludadas, macias, fluidas, objetos de formato redondo ou oval evocam a suavidade e receptividade do Yin. Linhas retas, angulares, pontiagudas, superfícies duras, lisas, brilhantes, objetos de formato quadrado ou triangular invocam a assertividade e dinamismo do Yang. Equilibrá-los na composição de um ambiente é como compor uma melodia visual e tátil: busca-se evitar tanto a monotonia excessiva (muito Yin) quanto a estridência perturbadora (muito Yang), criando uma sinfonia harmoniosa de formas e texturas que favoreça o bem-estar e o conforto dos sentidos. Um sofá curvo (Yin) com almofadas de padrão geométrico (Yang), uma mesa de centro de madeira rústica (Yin) com um vaso de metal polido (Yang) sobre ela – são exemplos de como essas energias podem dialogar.

A posição dos móveis, como já mencionado, pode intensificar ou suavizar essas forças dentro de um cômodo. Uma cama diretamente alinhada com a porta, recebendo o fluxo energético de forma abrupta, está em uma posição considerada de "ataque" ou vulnerabilidade Yang. Reposicioná-la de forma que a porta seja visível, mas sem estar no fluxo direto de energia (a chamada "posição de comando"), traz mais sensação de proteção, controle e, consequentemente, mais qualidade Yin ao descanso. Uma mesa de trabalho voltada diretamente para uma parede pode reprimir o fluxo Yang da criatividade e da visão de futuro; voltá-la para uma janela com uma vista agradável ou para um espaço aberto dentro do cômodo pode ativar esse potencial expansivo. A disposição dos móveis não é apenas funcional, é energética.

As cores, como ferramentas vibracionais, são outro elemento-chave na modulação do Yin e Yang. O Feng Shui observa sua influência não apenas no nível estético, mas principalmente no nível energético e emocional. Cores quentes como vermelho, laranja, amarelo vibrante, rosa choque são consideradas Yang – elas energizam, estimulam, aquecem, atraem o olhar. Tons frios como azul, verde-água, violeta, cinza, preto, e também os tons pastéis e neutros claros (branco, bege) são predominantemente Yin – eles tranquilizam, acalmam, refrescam, promovem a introspecção. Escolher a paleta de cores ideal para cada cômodo significa alinhar a vibração do espaço com sua função energética primordial. Um espaço social como a sala de estar, por exemplo, geralmente se beneficia de uma combinação equilibrada de ambas as energias: talvez um sofá de cor neutra e clara (Yin) com almofadas decorativas em tons de vermelho, dourado ou laranja (Yang), criando uma composição que estimula o convívio e a alegria, mas também convida ao aconchego e ao relaxamento.

O próprio ciclo natural do dia nos oferece uma lição constante sobre a dança do Yin e do Yang. Pela manhã, a energia Yang do sol nasce, ativa a natureza, nos desperta para a ação. Ao longo do dia, essa energia atinge seu ápice. Ao entardecer e durante a noite, a energia Yin da escuridão e do frescor chega, convidando ao repouso, à regeneração, ao recolhimento. Alinhar conscientemente nossa casa com esse ciclo cósmico é uma prática poderosa de harmonização. Abrir as janelas e cortinas pela manhã para deixar o sol e o ar fresco entrarem ativa a energia Yang do lar, trazendo vitalidade para o início do dia. Fechar as cortinas, reduzir a intensidade da luz artificial e optar por iluminação mais quente e indireta ao entardecer favorece o retorno gradual da energia Yin, preparando o corpo e a mente para o descanso noturno. Não se trata apenas de uma questão de iluminação ou ventilação; é uma forma de sincronizar o microcosmo da nossa casa com os ritmos macrocósmicos do universo, promovendo um bem-estar mais profundo e natural.

Outro aspecto fascinante dessa filosofia é a compreensão de que o Yin e o Yang estão sempre em um processo dinâmico de transformação um no outro. O dia inevitavelmente se transforma em noite, a atividade culmina no descanso necessário, a luz brilhante cede lugar à sombra repousante. Nos espaços da nossa casa, essa transformação também pode e deve acontecer. Um escritório que é predominantemente Yang durante o dia, com luz focada e estímulos para a produtividade, pode se tornar um espaço mais Yin à noite, com uma luz suave, uma música tranquila e talvez um aroma relaxante, permitindo que a mente se desligue do trabalho. Um banheiro que é funcional e neutro durante o dia pode se transformar num verdadeiro spa restaurador à noite, com velas, óleos essenciais, sais de banho e silêncio, convidando a um momento de autocuidado e introspecção Yin. Essa fluidez permite que a casa acompanhe nossos diferentes estados emocionais e necessidades ao longo do dia e da vida. Quando estamos nos sentindo cansados e precisando de repouso, podemos conscientemente atenuar os elementos Yang do ambiente (reduzir luzes, sons, cores vibrantes) e trazer mais qualidades Yin (aconchego, silêncio, escuridão). Quando a energia está baixa e precisamos de um impulso, podemos aumentar os estímulos Yang com luz mais clara, cores mais vivas, música energizante ou abrindo as janelas para o sol. Assim, o lar se torna um espaço vivo, responsivo, que nos acolhe em nossas diversas fases, que não nos aprisiona em uma única vibração, mas nos liberta para sermos quem precisamos ser a cada momento.

Yin e Yang também nos ensinam sobre a importância fundamental do contraste para a percepção e o equilíbrio. Um ambiente totalmente claro e branco pode se tornar ofuscante, estéril e cansativo; um ambiente totalmente escuro e pesado pode oprimir e gerar melancolia. O equilíbrio e a beleza se alcançam na variação harmoniosa: luz e sombra dialogando, espaços cheios e vazios se complementando, superfícies firmes e texturas suaves convivendo. A casa que contém ambos os princípios em diálogo constante é aquela que consegue se adaptar com mais graça e resiliência às diferentes fases da vida de seus moradores. Porque a vida é feita de dias de recolhimento e silêncio (Yin), e também de dias de celebração, movimento e expressão (Yang). A sabedoria reside em criar um espaço que acolha e sustente todas essas nuances da experiência humana.

 E mais do que isso: quando aprendemos a observar e aplicar conscientemente os princípios do Yin e Yang no nosso espaço externo, esse entendimento sutil começa a se derramar sobre nossa vida interior. Passamos a perceber com mais clareza que há momentos para agir (Yang) e momentos para esperar e receber (Yin), que há valor intrínseco no descanso e na contemplação (Yin) tanto quanto na produtividade e na ação (Yang), que não existe luz sem sombra, nem sombra sem luz – ambos são partes integrantes da totalidade. A casa, então, torna-se uma mestra silenciosa, ensinando-nos diariamente sobre ritmo, ciclo, aceitação e equilíbrio. O Feng Shui, através da lente do Yin e Yang, não nos convida a escolher um em detrimento do outro, mas a perceber que um só existe e tem sentido graças à presença do outro. E que a beleza e a plenitude da vida residem justamente nesse balanço contínuo, nessa dança dinâmica onde tudo se move, se alterna, se complementa e se sustenta mutuamente. Quando a nossa casa consegue refletir essa dança cósmica em sua atmosfera, ela se torna um espelho do próprio universo – e o lar se transforma em uma constelação íntima e acolhedora, onde cada estrela, cada aspecto da nossa vida, tem seu tempo certo de brilhar e seu tempo necessário de repousar na escuridão fecunda.

Capítulo 6
Cinco Elementos

A antiga e profunda sabedoria chinesa, ao contemplar a natureza e o funcionamento do universo, não o percebia como um conjunto fragmentado de objetos e fenômenos isolados. Via-o, sim, como um sistema dinâmico e intrinsecamente interconectado, um organismo vivo onde tudo é energia (Chi) em constante transformação, fluindo e interagindo em ciclos perpétuos. Dentro desse sistema cósmico, cinco grandes forças arquetípicas, cinco qualidades energéticas primordiais, foram identificadas como moldadoras da matéria, dos ciclos temporais (estações, horas do dia), dos processos fisiológicos, dos estados emocionais e, crucialmente para o Feng Shui, da vibração e do equilíbrio dos espaços que habitamos: Madeira (Mu), Fogo (Huo), Terra (Tu), Metal (Jin) e Água (Shui). Estes são os Cinco Elementos – compreendidos não apenas como substâncias físicas literais, mas como expressões vibracionais distintas da energia vital, manifestando-se em cores, formas, materiais, sons, sabores, emoções, comportamentos e, de forma muito prática, na composição e harmonização dos nossos ambientes.

Cada um desses cinco elementos representa um tipo específico de energia, com qualidades, características e correspondências próprias. A Madeira é a energia da primavera, do nascimento, do crescimento vigoroso, da¹ expansão, da flexibilidade e da criatividade. Simboliza o impulso vital que se lança para cima e para fora, como o broto que rompe a terra em busca da luz. Está associada à cor verde (em suas diversas tonalidades) e também ao azul claro, às formas retangulares e verticais (como colunas ou árvores altas), aos materiais como madeira natural e bambu, ao sabor azedo, ao vento, à direção Leste, ao órgão Fígado e à emoção da raiva (em desequilíbrio) ou da assertividade e planejamento (em equilíbrio). No espaço, manifesta-se em plantas vivas e saudáveis, móveis altos e esguios, pisos de madeira, objetos de bambu, quadros com paisagens florestais. É a energia que impulsiona novos começos, que promove o desenvolvimento, que se estende em busca de novos horizontes. Um ambiente que carece da energia da Madeira pode parecer estagnado, sem vida, sem iniciativa, com dificuldade para mudanças e crescimento. Para ativá-la de forma equilibrada, pode-se incluir uma planta viçosa, uma estante vertical, objetos decorativos verdes ou azuis, ou uma peça de arte que evoque a natureza em expansão. Contudo, o excesso de Madeira pode gerar impulsividade, irritabilidade, impaciência e dispersão.

O Fogo é o elemento do verão, do calor, da transformação rápida, da paixão, da alegria contagiante, da fama e do reconhecimento. É a energia que atinge o ápice, que brilha intensamente, que aquece, ilumina e conecta as pessoas. Está ligado ao meio-dia, à direção Sul, ao coração e ao intestino delgado, à emoção da alegria (em equilíbrio) ou da euforia e ansiedade (em desequilíbrio), ao sabor amargo. No espaço, aparece vibrantemente através de cores quentes como vermelho, laranja, rosa forte, púrpura; formas triangulares, pontiagudas ou estreladas; a presença literal de fogo em velas acesas, lareiras; iluminação intensa e brilhante; objetos que remetem à celebração e ao entusiasmo. É a energia que aquece relacionamentos, que promove visibilidade social, que estimula a ação e a celebração. Um ambiente totalmente sem Fogo tende à frieza emocional, ao isolamento, à falta de entusiasmo e motivação, à apatia. Em contrapartida, o excesso de Fogo pode gerar agitação excessiva, impulsividade, estresse, conflitos, ansiedade e até burnout. Um bom uso do Fogo em casa pode ser feito através de toques pontuais: almofadas vermelhas, velas decorativas acesas com intenção, iluminação quente e direcionada, ou uma peça de arte com cores intensas e vibrantes, especialmente na área do Sucesso (Guá do Fogo).

A Terra representa a estabilidade, o centro, o cuidado maternal, a nutrição, a segurança e o suporte. É o elemento que sustenta, que acolhe, que enraíza, que permite a digestão e a assimilação (tanto física quanto mental). Está ligada ao final do verão (a canícula), ao centro (e também às direções Sudoeste e Nordeste), ao baço-pâncreas e estômago, à emoção da preocupação ou ruminação (em desequilíbrio) ou da empatia e confiança (em equilíbrio), ao sabor doce. No espaço, manifesta-se através de tons terrosos como bege, marrom, amarelo ocre, terracota; formas quadradas, retangulares baixas ou planas; materiais como cerâmica, barro, argila, pedras, cristais; objetos pesados e sólidos; tapetes grossos. É a energia que gera sensação de segurança, pertencimento, conforto e estabilidade. Um ambiente pobre em Terra pode parecer frio, instável, inseguro, sem aconchego, "aéreo" demais. Ao incluir elementos de Terra, como vasos de cerâmica robustos, um tapete de fibra natural espesso, uma mesa de centro sólida de madeira, ou pintar uma parede em tom terracota, devolve-se solidez, grounding e nutrição ao espaço. O excesso de Terra, porém, pode levar à estagnação, teimosia, peso excessivo e dificuldade de mudança.

O Metal é o elemento do outono, da contração, da precisão, da clareza mental, da organização, da disciplina e da introspecção refinada. Representa a capacidade de discernir, de definir limites, de cortar o excesso, de valorizar a beleza na estrutura e na ordem. Resoa com o final da tarde, a direção Oeste (e também Noroeste), com os pulmões e o intestino grosso, com a emoção da tristeza ou melancolia (em desequilíbrio) ou da coragem e retidão (em equilíbrio), com o sabor picante. Nos ambientes, aparece em cores como branco, cinza, tons metálicos (prateado, dourado, cobre, bronze); em formas circulares, ovais ou esféricas; em objetos feitos de metal, esculturas minimalistas, superfícies lisas e refletivas, pedras polidas. É a energia que organiza o caos, que traz foco e disciplina, que promove a justiça e a comunicação clara. Um ambiente sem a presença equilibrada do Metal pode ser percebido como confuso, disperso, desorganizado, sem limites claros. O excesso de Metal, por sua vez, gera rigidez excessiva, frieza emocional, distanciamento, crítica severa e dificuldade de expressar sentimentos. O equilíbrio pode ser alcançado com toques sutis e elegantes – uma luminária metálica de design limpo, uma moldura dourada em um quadro, um objeto decorativo em forma de esfera, ou o uso estratégico do branco e cinza em combinação com outros elementos.

A Água, por fim, é o elemento do inverno, da fluidez, da adaptabilidade, da intuição profunda, da emoção, da comunicação e da sabedoria ancestral. Está ligada à noite, à direção Norte, aos rins e à bexiga, ao inconsciente, à emoção do medo (em desequilíbrio) ou da calma e sabedoria (em equilíbrio), ao sabor salgado. No espaço, surge através de formas orgânicas, assimétricas, onduladas; cores escuras como preto e azul profundo; superfícies espelhadas ou reflexivas (vidro, espelhos); a presença literal de água em fontes, aquários, vasos com água; tecidos fluidos e brilhantes (seda, cetim). É a energia que conecta os mundos (interno e externo, consciente e inconsciente), que permite a adaptação às mudanças, que escava as profundezas da alma, que promove o fluxo da comunicação e da prosperidade. Um espaço sem a energia da Água pode parecer superficial, seco, rígido, sem profundidade emocional ou espiritual. Um excesso de Água, porém, pode gerar dispersão mental, instabilidade emocional, sensação de descontrole, melancolia excessiva ou falta de limites. Pequenos gestos como pendurar uma cortina de tecido leve que balança suavemente ao vento, incluir uma pequena fonte com água corrente limpa (especialmente na área da Carreira ou Prosperidade), usar espelhos com cautela e intenção, ou adotar uma paleta com detalhes em preto ou azul marinho podem ativar esse elemento de forma harmoniosa e benéfica.

Crucialmente, esses cinco elementos não existem isoladamente no universo ou em nossos lares. Eles interagem constantemente em ciclos dinâmicos – principalmente o ciclo produtivo (Sheng) e o ciclo de controle (Ke). Compreender esses ciclos é vital para aplicar o Feng Shui de forma eficaz. No ciclo produtivo, cada elemento nutre e gera o próximo, criando um fluxo de apoio e continuidade: a Madeira alimenta o Fogo (madeira queima e produz fogo); o Fogo gera cinzas, que se tornam a Terra; da Terra se extrai o Metal (minérios); o Metal, quando resfriado (ou em superfícies frias), condensa e atrai a Água (formação de orvalho); e a Água, por sua vez, nutre o crescimento da Madeira (plantas precisam de água). Este ciclo representa a criação, o crescimento harmonioso, o suporte mútuo. Utiliza-se este ciclo para fortalecer um elemento que está em falta: se falta Fogo, adiciona-se Madeira; se falta Terra, adiciona-se Fogo, e assim por diante.

Já o ciclo de controle (ou destrutivo, embora o termo "controle" seja mais adequado, pois sua função é manter o equilíbrio) representa a contenção, a regulação, o estabelecimento de limites para que nenhum elemento se torne excessivo e domine o sistema: a Madeira rompe e consome os nutrientes da Terra (como as raízes das árvores); a Terra absorve e represa a Água; a Água apaga o Fogo; o Fogo derrete o Metal; e o Metal corta a Madeira (como um machado). Esse ciclo não é inerentemente negativo; ele é essencial para manter o equilíbrio dinâmico do sistema, impedindo que um elemento cresça descontroladamente e suprima os outros. Utiliza-se este ciclo para enfraquecer um elemento que está em excesso: se há excesso de Fogo, adiciona-se Água (que o controla); se há excesso de Madeira, adiciona-se Metal (que a controla). Existe também um ciclo de enfraquecimento (Xie), onde um elemento "cansa" o que o produziu (ex: Fogo queima Madeira até consumi-la), usado para ajustes mais sutis.

Aplicar esses princípios na harmonização da casa é muito mais do que simplesmente decorar com cores ou objetos associados a cada elemento. É aprender a ler os ambientes como expressões energéticas complexas, a sentir qual elemento predomina ou está em falta em cada espaço, e a usar os ciclos de forma inteligente para restaurar o equilíbrio. Um quarto com excesso de elementos metálicos (muito branco, cinza, objetos de metal, formas redondas) pode parecer frio, impessoal e até gerar tristeza, mesmo com uma decoração sofisticada. Talvez esteja faltando um toque de Fogo (uma almofada vermelha, uma vela) para aquecer e controlar o Metal, ou de Madeira (uma planta, um objeto verde) para trazer vitalidade e suavizar a rigidez. Uma cozinha muito carregada de Terra (azulejos marrons, móveis pesados de madeira escura, objetos quadrados) pode parecer pesada e estagnada, precisando talvez de um toque de Metal (utensílios de inox brilhantes, detalhes em branco) para trazer organização e clareza, ou de Água (um vaso de vidro com flores, um detalhe em azul escuro) para adicionar fluidez e frescor.

O diagnóstico é, em grande parte, sensorial e intuitivo. Como você se sente naquele espaço? Ele te energiza, te acalma, te irrita, te deprime? Que cores, formas e materiais predominam? Com a prática e a observação atenta, começa-se a perceber o que falta, o que sobra, o que precisa ser transformado para que o ambiente se torne mais equilibrado e nutritivo. A harmonia ideal se revela na diversidade equilibrada dos cinco elementos. Um lar onde todos os cinco elementos estão presentes em proporções adequadas e em diálogo harmonioso é como um corpo saudável, onde todos os órgãos funcionam bem; como um jardim bem cuidado, onde diferentes plantas coexistem e florescem; como um rio que corre sereno e límpido entre margens firmes e nutridas.

 Cada elemento, em sua essência, representa também uma necessidade humana fundamental e uma qualidade psicológica: a necessidade de crescer, se expressar e ter flexibilidade (Madeira); a necessidade de paixão, alegria e conexão social (Fogo); a necessidade de estabilidade, segurança e nutrição (Terra); a necessidade de ordem, clareza e limites (Metal); e a necessidade de fluidez emocional, intuição e conexão profunda (Água). Negligenciar ou suprimir um desses elementos no ambiente externo muitas vezes reflete e reforça uma negação ou desequilíbrio dessa mesma qualidade dentro de nós mesmos.

 Ao incorporar conscientemente os Cinco Elementos no espaço, não se busca uma fórmula matemática rígida, mas sim uma escuta profunda e sensível. Observar como cada canto da casa se comporta energeticamente, como cada objeto vibra em ressonância ou dissonância com o todo, como cada cor afeta o humor e a disposição. E, a partir dessa percepção aguçada, introduzir de forma sutil e intencional aquilo que equilibra, que nutre, que eleva a energia do espaço e, por consequência, a energia de quem ali vive. Essa é a verdadeira alquimia do Feng Shui – transformar matéria em energia e energia em bem-estar, qualidade de vida, harmonia. A casa se torna, então, um organismo dinâmico, em constante adaptação e diálogo, onde os elementos se alternam, se apoiam, se regulam mutuamente. Um lugar que respira junto com o habitante, que o fortalece nos momentos de desafio e o acolhe nos momentos de silêncio e recolhimento. Porque quando o espaço que habitamos reflete a dança sábia e equilibrada dos elementos da natureza, ele deixa de ser um cenário artificial e passa a ser parte integrante da própria natureza. E viver em harmonia com a natureza é, no fim das contas, viver em paz e harmonia consigo mesmo, reconhecendo que os mesmos elementos que compõem o universo também compõem nosso corpo, nossa mente e nosso espírito. Harmonizar o lar é harmonizar o ser. E quando isso acontece, a vida floresce – com raízes firmes na Terra, coração ardente como o Fogo, mente clara como o Metal, emoções fluidas como a Água e espírito expansivo como a Madeira.

Capítulo 7
Tao e Natureza

Na origem silenciosa e insondável de tudo o que existe, antes das formas, dos nomes e das dualidades, repousa o mistério do Tao. O Tao não é uma ideia conceitual que possa ser plenamente compreendida pela mente racional, não é uma crença religiosa que exija fé cega, nem uma doutrina filosófica com regras fixas a serem seguidas. O Tao é o Caminho sem nome, o fluxo espontâneo e natural da existência em sua forma mais pura e primordial, anterior a qualquer linguagem humana que tente capturá-lo. A filosofia taoista, com sua sabedoria profunda e paradoxal, não pretende explicar o universo ou dissecá-lo em partes; ela propõe algo muito mais radical e transformador: que se aprenda a caminhar *com* ele, a fluir *junto* com ele, a dançar em sintonia com seus ritmos sutis e inevitáveis. Viver segundo o Tao é viver em profunda harmonia com a ordem natural das coisas, aceitando com equanimidade os ciclos inescapáveis da vida e da morte, as marés do tempo que trazem e levam, os ritmos sazonais da natureza que se manifestam dentro e fora de nós. E é exatamente esse princípio fundamental de fluidez, aceitação e sintonia com o natural que sustenta a arte milenar do Feng Shui e transforma o simples ato de habitar um lar em um espelho da sabedoria do próprio universo.

No coração do pensamento taoista reside a compreensão de que o ser humano não está, de forma alguma, separado da natureza – ele *é* natureza. A ilusão da separação, a crença arrogante de que podemos controlar, dominar e explorar o mundo natural sem consequências, é vista como a raiz de grande parte do conflito, do sofrimento e do desequilíbrio que experimentamos individual e coletivamente. Quando alguém resiste ao fluxo natural das coisas, quando tenta impor sua vontade tacanha sobre o espaço ou sobre os outros, quando tenta forçar o que não quer ser forçado – seja um rio a mudar de curso, uma planta a crescer fora de época, ou uma emoção a ser reprimida –, a energia vital (Chi) estagna, bloqueia-se, adoece. Mas quando se aprende a viver em sincronia com os ventos que sopram, com a luz que nasce e se põe, com o calor que expande e o frio que contrai, com a sombra que acolhe e a água que flui, tudo na vida começa a se desenrolar com mais leveza, menos esforço, mais graça. O Tao, então, revela-se não como uma entidade externa ou um deus pessoal, mas como uma direção sutil, um alinhamento interno com a inteligência imanente do próprio cosmos.

Aplicar os princípios do Tao na configuração e na vivência do nosso lar não exige, portanto, nenhuma técnica esotérica complicada ou conhecimento arquitetônico especializado. Exige, antes e acima de tudo, escuta. Uma escuta profunda, paciente, atenta, não apenas com os ouvidos, mas com todo o corpo, com toda a sensibilidade. Escutar o espaço que habitamos é, em essência, escutar o próprio Tao se manifestando ali. Um quarto que permanece cronicamente escuro, onde a luz natural nunca consegue penetrar plenamente, talvez esteja pedindo mais abertura, mais conexão com o exterior, mais energia Yang para equilibrar a quietude. Um corredor longo, estreito e abafado, onde a energia parece ficar presa, pode estar clamando por um respiro, por um ponto de luz, por um espelho que amplie, por uma mudança que o revitalize. Uma cozinha excessivamente iluminada por luzes artificiais frias durante a noite talvez esteja impedindo o corpo de relaxar e entrar no modo de descanso necessário para uma boa digestão e sono. Aquele canto ignorado da sala, onde objetos aleatórios se acumulam sem sentido aparente, pode estar falando simbolicamente sobre emoções negligenciadas, aspectos da vida que não queremos ver ou lidar. O espaço físico sussurra constantemente; o Tao ensina a arte de ouvir esses sussurros.

O Tao ensina através da simplicidade e da naturalidade. "Wu Wei" – um dos conceitos centrais e mais paradoxais do taoismo, frequentemente traduzido como "não-ação" ou "ação sem esforço" – é o coração da prática taoista aplicada à vida. Isso não significa inércia, passividade ou preguiça, mas sim agir em perfeita harmonia com o fluxo natural das coisas, sem esforço desnecessário, sem forçar resultados, sem lutar contra a correnteza. É como o velejador experiente que ajusta as velas para usar a força do vento a seu favor, em vez de remar contra ele. Na casa, isso se traduz por aceitar e valorizar as características naturais do ambiente

– sua orientação solar, sua ventilação, seus materiais originais, sua história – em vez de lutar constantemente contra elas. Uma sala que recebe uma iluminação naturalmente suave e indireta pode ser acolhida e potencializada como um espaço de introspecção, leitura e calma, em vez de ser forçada a parecer um ambiente super iluminado e vibrante que não condiz com sua natureza intrínseca. Um canto mais escuro e protegido pode se tornar um recanto meditativo perfeito, um lugar para o silêncio e o recolhimento, ao invés de se tentar artificialmente transformá-lo no centro das atividades sociais da casa. Wu Wei é a arte de trabalhar *com* a energia existente, não *contra* ela.

Esse princípio de naturalidade também nos convida a não projetar excessos desnecessários sobre nossos espaços. A modernidade, frequentemente movida pela lógica da produtividade incessante e pelo apelo ao consumo constante, muitas vezes impõe sobre os ambientes uma ansiedade estética e funcional: cada canto precisa ser preenchido com algo, cada parede precisa ser decorada com a última tendência, cada metro quadrado precisa ser funcionalizado ao máximo. O Tao se afasta radicalmente dessa mentalidade de preenchimento compulsivo. Ele aponta, ao contrário, para a beleza e a potência do vazio fértil – o "Ma" japonês –, para o espaço *entre* as coisas, para a importância daquilo que não se vê, mas que permite que o visível exista e respire. Um ambiente com espaço livre para circulação, com paredes que podem respirar, com áreas de "vazio" visual, é como a pausa silenciosa numa melodia – é essa pausa que permite que a música seja apreciada, que haja respiro, contemplação, inspiração. O vazio não é ausência, é potencialidade.

    A natureza, em sua complexidade, simplicidade e ciclos perfeitos, é o modelo supremo do Tao em ação. E por isso, uma casa que busca se alinhar ao Tao inevitavelmente se reconecta com o mundo natural, mesmo que esteja localizada no coração de uma cidade. Isso não exige ter uma floresta ao redor ou uma vista privilegiada para o mar. Significa, sim, desenvolver a sensibilidade para observar a dança da luz do dia pelas janelas, as sombras que se movem lentamente pelas paredes ao longo das horas, a direção sutil dos ventos que entram e saem, a textura viva da madeira sob os dedos, a forma como a chuva toca suavemente a janela criando uma melodia efêmera. Significa cultivar o hábito de colocar os pés descalços no chão para sentir a temperatura e a textura da terra ou do piso, sentir o calor do sol da manhã entrando pela janela e aquecendo a pele, perceber o frescor que se instala no ar durante a noite. É trazer a consciência de volta aos sentidos, à experiência direta e não mediada do ambiente.

    Na prática, integrar o Tao ao lar pode significar, por exemplo, valorizar e respeitar a orientação solar natural dos ambientes ao decidir suas funções. Um quarto voltado para o Leste, que recebe o primeiro sol da manhã, pode ser excelente para acordar com suavidade e energia renovada. Uma área de descanso ou leitura voltada para o Oeste pode ser abençoada pela luz dourada e tranquila do sol do entardecer, convidando à calma e à reflexão. Não se trata necessariamente de forçar mudanças estruturais na casa, mas de alinhar o *uso* dos espaços com a energia natural que eles já possuem intrinsecamente, observando como a luz e a temperatura variam ao longo do dia e das estações.

O respeito à natureza também se manifesta profundamente nas escolhas de materiais para a construção e decoração. O Tao favorece o natural, o simples, o autêntico, o essencial. Tecidos de fibras naturais como algodão, linho ou cânhamo, que respiram e permitem a troca de energia com o corpo. Madeira que envelhece com dignidade, mostrando suas marcas e sua história. Cerâmica moldada à mão, com suas irregularidades que contam sobre o toque humano. Pedras que carregam a memória geológica do tempo em suas veias e texturas. Não é o luxo ostensivo ou a perfeição industrial que definem um ambiente taoista, mas sim a autenticidade, a honestidade dos materiais. O objeto que revela sua origem, sua função e sua natureza intrínseca é considerado mais valioso e energeticamente mais rico do que aquele que se esconde sob vernizes sintéticos, imitações ou acabamentos excessivamente polidos. A verdadeira beleza, para o Tao, nasce do contato direto com o real, com o que é genuíno.

Esse olhar taoista sobre o espaço também nos ensina sobre a virtude da humildade. A casa não está à nossa inteira disposição como um palco para exibição de status ou como um objeto a ser controlado e modificado ao nosso bel-prazer. Ela é uma extensão do mundo natural, um organismo vivo com o qual coabitamos. E como tal, merece reverência, respeito, escuta. Assim como o jardineiro sábio observa a terra, sente sua umidade, analisa sua composição antes de plantar a semente, o habitante consciente observa a casa, sente sua energia, percebe seus fluxos naturais antes de intervir de forma drástica. O Tao é contra a imposição arbitrária – ele favorece o ajuste sutil, a escuta paciente, o fluir conjunto. Por isso, antes de decorar impulsivamente, organiza-se o que já existe. Antes de pintar uma parede, limpa-se profundamente o espaço. Antes de adicionar novos objetos, remove-se o que é excessivo ou não tem mais função. Esse é o ritmo da própria natureza: criar a partir do que é essencial, podar para fortalecer, esvaziar para renovar.

O Tao também se revela no fluxo do tempo. Uma casa viva, assim como um organismo, muda constantemente. E o Tao ensina a arte de não se apegar excessivamente às formas passadas, a aceitar a impermanência como parte intrínseca da existência. Há momentos em que é preciso esvaziar um cômodo, desapegar de objetos que já cumpriram seu ciclo, mover móveis para criar novas configurações, trocar cores que já não ressoam com o momento presente. Não por modismo superficial ou tédio passageiro, mas porque a energia do lugar mudou, porque um ciclo se encerrou e outro precisa começar. Algo em você mudou profundamente, então a casa também precisa mudar para refletir e apoiar essa nova fase. Assim como as estações do ano, que não pedem licença para se transformarem umas nas outras, a casa também tem seus ciclos de renovação. Viver com o Tao é aceitar que sua casa de hoje não precisa ser – e provavelmente não será – igual à de ontem. E que sua vida também não precisa. A mudança é a única constante.

Essa filosofia se estende aos hábitos mais simples do cotidiano. O modo como se caminha pela casa – com pressa e distração, ou com passos conscientes e presentes? Como se toca os objetos – com descuido ou com reverência? Como se prepara o alimento – mecanicamente ou como um ritual de nutrição? O Tao está potencialmente presente em cada gesto. Acender uma vela com presença e intenção. Abrir uma janela pela manhã com gratidão pela luz e pelo ar. Sentar-se no chão por alguns instantes e apenas ouvir o som do vento lá fora ou o silêncio dentro de casa. Pequenas ações carregadas de atenção plena transformam a rotina banal em rito sagrado, o espaço físico em templo vivo, o instante fugaz em portal para a eternidade. A casa, então, deixa de ser apenas uma estrutura física de tijolos e cimento e se torna uma paisagem interior viva, pulsante, cheia de significado. E você, mais do que um mero morador ou proprietário, torna-se um participante ativo e consciente desse delicado ecossistema energético. Cada cômodo passa a ser um elemento do seu vasto mundo interior. Cada objeto desempenha um papel no teatro sutil da sua energia pessoal. Cada luz que se acende ou se apaga é como um sol nascendo ou se pondo dentro de você, marcando os ciclos internos.

Viver com o Tao é, fundamentalmente, abandonar o esforço exaustivo de tentar controlar tudo. É cultivar a confiança na inteligência intrínseca da vida. É perceber que a natureza já sabe o que faz – que o vento já sopra para onde deve soprar, que a luz já entra onde é preciso que entre, que o silêncio tem sua própria sabedoria profunda a oferecer, que as coisas se resolvem muitas vezes quando paramos de tentar resolvê-las à força. E quando a nossa casa se alinha com essa confiança básica no fluxo da existência, tudo ganha uma nova coerência, uma nova harmonia. O corpo relaxa mais profundamente, a mente tagarela silencia com mais frequência, o coração se abre com mais facilidade para a beleza do momento presente. E assim, o Tao deixa de ser apenas uma ideia filosófica distante e se encarna concretamente na casa, no modo como ela respira, como ela acolhe, como ela nos transforma silenciosamente. Porque o Tao, em sua essência última, é o lar primordial de todas as coisas, a fonte de onde tudo emerge e para onde tudo retorna. E ao fazer da sua casa um reflexo consciente desse princípio eterno de harmonia natural, você não está apenas decorando um espaço físico – você está, enfim, aprendendo a habitar, com reverência e alegria, a sua própria natureza essencial.

Capítulo 8
Estética Wabi-Sabi

Há uma forma de beleza que não se anuncia com estardalhaço, que não busca o brilho ofuscante nem se impõe pela simetria perfeita ou pela grandiosidade das formas. Ela não reside na perfeição matemática, mas floresce sutilmente no desgaste natural provocado pelo tempo e pelo uso. Não se encontra naquilo que foi fabricado em série para impressionar massas, mas se revela na singularidade daquilo que foi vivido com sinceridade, que carrega as marcas da história em sua pele. Essa beleza discreta, profunda, melancólica e ao mesmo tempo serenamente alegre tem um nome que ecoa a sabedoria japonesa: Wabi-Sabi. De origem intrinsecamente ligada ao Zen Budismo e à cerimônia do chá, essa filosofia estética transcende em muito a simples decoração de interiores – ela é, fundamentalmente, um modo de olhar o mundo, uma forma de aceitar com graça a impermanência de todas as coisas, de reverenciar a beleza contida no imperfeito, no inacabado, no modesto, e de encontrar um encanto profundo e silencioso naquilo que o tempo tocou com sua pátina gentil.

Enquanto grande parte da estética ocidental historicamente persegue formas exatas, linhas retas e precisas, superfícies lisas e polidas, acabamentos impecáveis e a eterna juventude dos materiais, o Wabi-Sabi celebra deliberadamente os traços da imperfeição, a beleza da assimetria natural, a textura irregular que convida ao toque, a sugestão do incompleto que abre espaço para a imaginação. Uma xícara de cerâmica artesanal com um leve defeito na borda, uma mesa de madeira maciça com as marcas deixadas por copos e conversas ao longo dos anos, um pano de linho antigo que já perdeu a rigidez original e ganhou uma maciez acolhedora – todos esses elementos, sob o olhar sensível do Wabi-Sabi, não são vistos como falhas a serem corrigidas ou descartadas, mas como testemunhos preciosos da passagem do tempo, da interação humana, da vida que aconteceu ali. São cicatrizes que contam histórias, sinais de que o objeto foi usado, amado, integrado à dança da existência.

Trazer essa visão de mundo para dentro do nosso lar é um gesto de profunda reconciliação com a verdade inescapável da existência: tudo é transitório, tudo muda, tudo passa, tudo envelhece. O Wabi-Sabi nos convida gentilmente a parar de lutar contra essa natureza impermanente e fluida das coisas – e das nossas próprias vidas – e a, finalmente, abraçá-la com aceitação e até mesmo com apreciação. A casa, então, deixa de ser um cenário estático que tentamos congelar no tempo, um palco de perfeição inatingível, e passa a ser um espaço orgânico que respira junto com o tempo, que se transforma visivelmente com o uso cotidiano, que carrega e honra a história dos que ali vivem em suas próprias superfícies e estruturas. Aceitar as marcas do tempo na casa é aceitar as marcas do tempo em nós mesmos.

No espaço físico, a estética Wabi-Sabi manifesta-se claramente na escolha consciente por materiais naturais, autênticos, que revelam sua origem e sua essência. Valoriza-se a madeira crua ou com acabamentos mínimos que permitam sentir sua textura e ver seus veios, a pedra em seu estado bruto ou lapidada de forma simples, o barro cozido que retém o calor das mãos que o moldaram, o ferro que enferruja poeticamente com a ação do tempo e da umidade, os tecidos rústicos como linho, cânhamo, algodão não branqueado, as paredes de cal ou argila que respiram e mudam de tonalidade com a luz, os móveis antigos ou de segunda mão que carregam as marcas do tempo e as histórias de outras vidas. Busca-se tudo que carrega memória, tudo que conta uma história silenciosa de uso e afeto. Não se busca primordialmente o novo, o brilhante, o fabricado em massa, mas sim o autêntico, o singular, o que tem alma. Não se persegue o ideal de perfeição inatingível, mas se valoriza o essencial, o simples, o funcional com beleza intrínseca.

Cada objeto, sob esse olhar peculiar, ganha uma nova dignidade. Aquela cadeira antiga herdada dos avós, que range suavemente quando alguém se senta, não é vista como um incômodo a ser consertado ou substituído, mas como um elo tangível com o passado, uma ponte sonora que conecta gerações. O vaso de cerâmica que se quebrou numa queda acidental e foi cuidadosamente colado com uma resina especial, talvez até com pó de ouro (na técnica do *kintsugi*), longe de ser descartado como imprestável, torna-se um símbolo poderoso de reparo, de resiliência, de aceitação da história da quebra como parte da beleza do objeto. Há uma beleza profunda na sobrevivência das coisas. Há uma poesia silenciosa na matéria que continua existindo, transformada, mesmo depois da fratura, da perda, do desgaste. As cicatrizes, no Wabi-Sabi, não são escondidas, são celebradas como parte da identidade única do objeto.

Essa filosofia de aceitação da imperfeição e da passagem do tempo também nos ensina, paradoxalmente, sobre a importância do desapego. Porque, ao reconhecer profundamente que tudo é transitório, que nada dura para sempre em sua forma original, torna-se mais fácil e natural deixar ir aquilo que já cumpriu seu ciclo em nossa vida, aquilo que já não ressoa com quem somos no presente. A casa Wabi-Sabi não é uma casa cheia, abarrotada de objetos acumulados por apego ou medo da escassez. Pelo contrário, ela valoriza imensamente o espaço vazio, o silêncio visual, o intervalo entre as coisas que permite que cada elemento respire e seja apreciado em sua singularidade. Cada peça que permanece tem seu lugar definido, não por uma convenção estética rígida, mas por seu significado intrínseco ou sua função essencial. O que não serve mais ao propósito atual da vida, o que já não traz alegria ou utilidade, parte com gratidão pelo serviço prestado. O que permanece, tem sentido profundo. O essencial é suficiente.

A paleta de cores na estética Wabi-Sabi tende naturalmente ao neutro, ao apagado, ao derivado diretamente da natureza em seus tons mais sóbrios e terrosos. Tons de cinza que lembram pedras e nuvens, marrons da terra e da madeira envelhecida, beges da areia e das fibras secas, verdes musgo ou oliva, azuis acinzentados como o céu antes da tempestade. São cores que não gritam por atenção, que não disputam o olhar, mas que acolhem a visão com suavidade, criando uma atmosfera de calma, introspecção e repouso. A luz também é tratada com sutileza – prefere-se a luz natural sempre que possível, filtrada talvez por cortinas de tecido leve ou painéis de papel de arroz (*shoji*), criando sombras suaves e cambiantes. A iluminação artificial é usada com parcimônia, geralmente com temperatura de cor quente (amarelada), difusa, indireta, como a luz de uma lanterna de papel ou de uma vela, que mais sugere do que revela, deixando áreas na penumbra, convidando ao mistério e à quietude. Não se usa o excesso, nem para iluminar, nem para decorar. Tudo é mínimo, essencial, mas nunca frio ou estéril. É o mínimo que possui alma, que carrega calor humano e história.

Wabi-Sabi é também, intrinsecamente, sobre a relação com o tempo. O tempo não como inimigo a ser combatido com produtos anti-idade e restaurações que apagam a história, mas como um escultor silencioso e sábio dos objetos, das superfícies, das emoções. Uma casa que envelhece com dignidade, que mostra suas marcas sem vergonha, é uma casa que viveu, que foi palco de histórias, que acumulou experiências. O piso de madeira gasto nos locais de maior passagem, onde os pés sempre trilham o mesmo caminho. O puxador da gaveta que já perdeu o brilho original pelo toque repetido das mãos. A almofada que se deformou suavemente pelo uso constante, moldando-se ao corpo que ali repousa. Todos esses são testemunhos preciosos da convivência, da interação entre o ser humano e seu ambiente. Nada precisa parecer perpetuamente novo, desde que esteja limpo, funcional, inteiro em sua essência e, acima de tudo, amado.

Esse respeito profundo pelo tempo se estende naturalmente às práticas de cuidado com a casa e seus objetos. A manutenção, o reparo, a conservação são valorizados em detrimento do descarte fácil e da substituição constante. Não se joga fora o que pode ser restaurado com cuidado e intenção. Não se substitui automaticamente um objeto só porque ele apresenta sinais de uso. O cuidado Wabi-Sabi é um gesto de atenção amorosa e paciente ao que já existe, um reconhecimento do valor intrínseco das coisas que nos servem. Costura-se um pequeno rasgo no tecido. Lixa-se suavemente a madeira para revelar sua beleza sob a camada superficial. Reencera-se uma peça antiga de mobiliário para nutri-la e protegê-la. E ao fazer isso, não apenas se prolonga a vida útil dos objetos – prolonga-se também o vínculo afetivo que temos com eles, aprofundando a relação e a história compartilhada.

O Wabi-Sabi é, igualmente, uma profunda lição sobre humildade e simplicidade. Nada em um ambiente Wabi-Sabi é feito para ostentar riqueza, status ou poder. Não há luxo aparente, não há design chamativo ou materiais excessivamente caros e raros. O luxo, se é que existe, reside no invisível: na qualidade do tempo compartilhado naquele espaço, na memória afetiva acumulada nos objetos, na simplicidade conquistada através do desapego do supérfluo. Uma tigela de chá feita à mão por um ceramista local, com uma leve imperfeição na forma ou no esmalte, carrega muito mais verdade, beleza e energia Wabi-Sabi do que um objeto industrialmente perfeito, produzido em massa e sem alma. Porque ela foi feita por alguém, com intenção e toque humano. Porque ela é única em suas nuances. Porque ela vive e respira através de sua materialidade imperfeita.

Esse modo particular de habitar o espaço se alinha naturalmente com um estado de espírito mais tranquilo e contemplativo. Quem adota conscientemente a estética Wabi-Sabi dentro de casa tende a adotar também um ritmo de vida mais calmo, uma apreciação mais aguçada pelas pequenas coisas do cotidiano, uma gratidão sincera pelo que simplesmente *está*, aqui e agora. O momento de preparar e tomar uma xícara de chá se torna um ritual de presença. O silêncio da noite se torna acolhedor e fértil, não ameaçador. A tarefa de arrumar a casa se transforma em uma forma de meditação em movimento, uma contemplação dos objetos e do espaço. Não se trata de fazer *mais* coisas – trata-se de estar *mais presente* naquilo que já é.

Na perspectiva energética do Feng Shui, a estética Wabi-Sabi contribui significativamente para a harmonia do espaço porque reduz o ruído visual e emocional. Ambientes carregados de objetos novos, chamativos, com brilhos excessivos, cores vibrantes e ângulos agressivos, tendem a causar uma excitação sensorial constante, que acelera a mente, fragmenta a atenção e exige um esforço contínuo de processamento. Já uma casa com objetos simples e significativos, com cores suaves e naturais, com formas orgânicas e com as marcas tranquilas do tempo, convida à interiorização, ao silêncio, à escuta profunda dos sentidos e do coração. É uma casa que acolhe a alma, e não que a exige ou a agita.

A estética Wabi-Sabi também contribui naturalmente para o equilíbrio dos Cinco Elementos. Os elementos Terra (através da cerâmica, pedra, cores terrosas), Madeira (madeira natural, bambu, plantas) e Água (formas fluidas, cores escuras sutis, a própria impermanência) são especialmente valorizados e frequentemente presentes. Os elementos Fogo (cores quentes, luz intensa) e Metal (brilho, perfeição formal, linhas retas) tendem a aparecer de maneira mais sutil, contida, sem dominar a composição. O resultado é, geralmente, um ambiente mais centrado, introspectivo, com energia Yin predominante, mas de forma equilibrada, fluida e gentil.

E mais do que tudo isso, talvez a maior lição do Wabi-Sabi seja sobre a aceitação radical. Aceitar a casa como ela é, com suas rachaduras, suas marcas, sua história. Aceitar a vida como ela se apresenta, com seus ciclos de alegria e tristeza, de ganho e perda. E, fundamentalmente, aceitar a si mesmo no ponto exato do caminho onde se está, com todas as imperfeições, cicatrizes e belezas singulares. A pequena rachadura que aparece inesperadamente na parede não precisa ser escondida com urgência e vergonha – ela pode ser vista como uma linha do tempo, um registro natural da vida da casa. A marca de água deixada por um copo esquecido sobre a mesa de madeira pode ser o registro silencioso de uma tarde agradável de conversa com alguém querido, uma memória afetiva impressa na matéria. Tudo é memória. Tudo é testemunho. Tudo faz parte.

    Ao habitar conscientemente uma casa que respira Wabi-Sabi, a pessoa se reconcilia com o tempo, com o silêncio, com a beleza humilde do cotidiano, com o próprio ser imperfeito e transitório. Aprende que a beleza verdadeira não é algo que se impõe de fora, mas algo que emerge de dentro, da autenticidade, da simplicidade, da aceitação. E que a harmonia profunda não está em esconder ou negar o que é imperfeito, mas em acolhê-lo com reverência, com curiosidade, até mesmo com ternura. Porque, no fundo, é assim também conosco, seres humanos. Somos feitos de marcas do tempo, de dobras na alma, de imperfeições que contam nossa história única e irrepetível. E se há beleza nisso tudo – e o Wabi-Sabi nos garante que há, e muita –, então há beleza em cada casa que simplesmente vive. Em cada objeto que resistiu ao tempo e ao uso. Em cada canto que já viu o sol nascer e se pôr inúmeras vezes. O Wabi-Sabi nos lembra, com sua elegância discreta, que não é preciso muito para viver bem – apenas olhos que saibam ver a beleza onde ela se esconde. E um coração disposto a encontrar plenitude e encanto onde o mundo, apressado e obcecado pela perfeição, muitas vezes só consegue enxergar desgaste, falha ou fim.

Capítulo 9
Zen e Espaço

No coração pulsante do Japão, entre o aroma etéreo do chá, o sussurro do vento dançando com folhas de bambu e a cadência firme dos passos sobre o tatame, desabrochou uma filosofia singular, uma arte silenciosa de habitar o silêncio: o Zen. Esta senda espiritual não se anuncia com estardalhaço, não se pavoneia em vitrines, tampouco se impõe com dogmas. O Zen simplesmente é, reside nos intervalos sutis entre os gestos cotidianos, na pausa reflexiva que separa as palavras, na quietude profunda que se revela quando o supérfluo é delicadamente afastado. Essa corrente de pensamento, com raízes fincadas no Budismo, transcendeu a esfera da mente oriental para moldar também a percepção e a configuração dos espaços. Sua simples menção tornou-se quase sinônimo de serenidade, clareza mental e uma paz que parece emanar das próprias paredes.

A essência do Zen reside numa simplicidade radical, quase despojada. Essa simplicidade não deve ser confundida com ausência ou vazio estéril; ela é, na verdade, uma forma de presença límpida, desobstruída, essencial. Tal princípio permeia a arquitetura tradicional japonesa, a organização meticulosa dos ambientes e até mesmo a maneira como se caminha dentro da casa, com passos conscientes, reverentes. O espaço Zen não almeja impressionar os sentidos com opulência ou complexidade. Seu propósito é outro: dissolver. Dissolver a pressa que acelera o coração, a confusão mental que obscurece o discernimento, os ruídos incessantes do mundo que nos desconectam de nós mesmos. Ele estende um convite silencioso ao corpo para que repouse verdadeiramente, à respiração para que se aprofunde e encontre seu ritmo natural, ao olhar para que se aquiete, encontrando beleza naquilo que simplesmente é. Este convite sutil não se faz por meio de uma acumulação de objetos, por mais belos que sejam, mas paradoxalmente, pela ausência calculada deles, pela cuidadosa curadoria do que permanece.

O conhecido preceito minimalista "menos é mais" encontra no Zen sua expressão mais refinada e espiritualmente significativa. Uma casa inspirada por essa filosofia não se preenche com adornos supérfluos; ela se esvazia criteriosamente de distrações visuais e mentais. Cada objeto que permanece tem uma razão clara para estar ali, uma função definida, uma história que ressoa com a alma do morador. Cada linha arquitetônica, cada escolha de material, cada vazio intencional respeita e promove a leveza da mente, a clareza do espírito. Existe espaço visível entre os poucos móveis cuidadosamente escolhidos, existe espaço nas paredes que respiram sem excesso de quadros, existe espaço nos armários onde as coisas não se amontoam. É precisamente nesse espaço físico, nesse *Ma* – o conceito japonês para o intervalo, o vazio significativo – que o silêncio interior encontra condições para respirar, para se manifestar.

No Zen, o espaço físico não é preenchido aleatoriamente por coisas; ele é habitado por intenção pura. Um único vaso contendo uma flor solitária, arranjada com cuidado e atenção plena (*ikebana*), pode conter mais significado e beleza que um arranjo exuberante. Um tatame estendido no chão transforma o piso num palco para o tempo presente, um convite à postura digna, sentada ou deitada. Uma almofada de meditação (*zafu*) sobre o assoalho de madeira clara não é apenas um assento; é um portal onde o corpo repousa e a mente se cala para escutar o que realmente importa. A iluminação, elemento crucial, é quase sempre difusa, sutil, como se emanasse de dentro das próprias paredes através de painéis de papel de arroz (*shoji*), filtrando a luz externa e criando uma atmosfera de suavidade e introspecção. Os sons permitidos são mínimos, naturais: o estalar quase imperceptível da madeira que trabalha com o tempo, o gotejar ritmado da água numa fonte de bambu (*shishi-odoshi*) no jardim, o leve farfalhar de um tecido de linho na janela aberta.

Essa estética despojada é profundamente funcional, permite que a vida flua sem obstáculos. Contudo, ela é também profundamente espiritual, pois o Zen compreende que o ambiente externo é um reflexo direto, quase imediato, do estado da mente. Uma casa desordenada, abarrotada de objetos, cheia de excessos materiais, inevitavelmente ativa e amplifica os ruídos internos, a agitação mental, a ansiedade latente. Por outro lado, uma casa clara, limpa, livre de obstruções físicas e visuais, conduz naturalmente a um estado meditativo, a uma clareza de pensamento, a uma paz interior. O lar, sob essa perspectiva, deixa de ser apenas um abrigo físico para se tornar um templo cotidiano. Não um templo no sentido estritamente religioso, com dogmas e rituais fixos, mas um lugar sagrado de prática da atenção plena (*mindfulness*), onde cada ato – varrer o chão, lavar a louça, sentar-se para o chá – pode ser uma forma de meditação em movimento.

O design Zen privilegia linhas predominantemente horizontais. Elas alargam o olhar, criam uma sensação de estabilidade, acalmam a percepção visual, contrastando com a verticalidade muitas vezes agitada do mundo exterior. As cores escolhidas são invariavelmente naturais, retiradas da paleta da própria Terra: tons variados de cinza que lembram pedras de rio, beges que remetem à areia seca, brancos que evocam a neve ou as nuvens, a madeira clara em sua tonalidade original, e o preto usado com parcimônia, como contraponto, como sombra necessária à luz. As texturas também remetem à natureza em seu estado mais puro: a aspereza suave da pedra, a organicidade da madeira não excessivamente tratada, a translucidez do papel de arroz, a trama respirável do algodão cru, do linho. As formas dos objetos e móveis são simples, puras, desprovidas de ornamentos desnecessários, focadas na essência da função e na beleza da linha. O resultado dessa combinação cuidadosa é um espaço onde o olhar pode repousar sem ser capturado por detalhes excessivos, onde a energia vital (Chi ou Ki) pode circular sem tropeços, sem bloqueios, e onde a mente encontra uma ressonância natural com a calma, com o silêncio, com o vazio fértil.

Importante ressaltar que essa busca pela simplicidade não visa criar uma casa estéril, fria ou impessoal. O Zen não busca o vazio pelo vazio, a ausência pela ausência. Ele busca o vazio fértil, o espaço potencial onde algo genuíno pode acontecer, onde a contemplação pode surgir espontaneamente, onde o essencial, tantas vezes sufocado pelo excesso, finalmente se revela. Cada objeto escolhido para habitar esse espaço depurado deve possuir alma, deve contar uma história silenciosa. Uma chaleira de ferro antiga com as marcas indeléveis do tempo e do uso (*Wabi-Sabi*). Um livro de poesia que repousa sobre a mesa baixa não como decoração, mas como um convite constante à reflexão. Uma planta solitária, talvez um bonsai ou um bambu, que estabelece um diálogo mudo e profundo com a luz cambiante que entra pela janela.

Esse modo de habitar, tão focado no essencial e no presente, exige também um outro modo de viver, uma postura interna correspondente. O Zen convida a uma desaceleração consciente do ritmo frenético da vida moderna. Convida a cozinhar com atenção plena a cada ingrediente, a cada corte, a cada aroma. A lavar a louça não como tarefa árdua, mas como um ritual de limpeza e purificação. A sentar-se com a coluna ereta, seja na almofada de meditação ou numa cadeira simples, e observar a luz mudando sua tonalidade e direção ao longo do dia. Nesse contexto, tudo pode se tornar prática espiritual. Tudo pode se tornar caminho de autoconhecimento. O espaço físico se torna, então, um espelho fiel da consciência que o habita e o anima.

A criação de um pequeno canto de meditação dentro de casa é uma das expressões mais claras e acessíveis dessa filosofia no cotidiano. Não são necessários grandes aparatos ou investimentos. Uma almofada confortável no chão, talvez sobre um tapete de fibra natural. Uma vela acesa para simbolizar a luz da consciência. Talvez um incenso de aroma suave e natural para purificar o ar e elevar a vibração. Uma imagem que inspire serenidade – uma paisagem, um símbolo abstrato, uma figura espiritual, ou simplesmente a parede vazia. Mais importante que a estética desse canto é o uso que se faz dele. Que seja um lugar reservado para parar. Para respirar conscientemente. Para escutar o próprio ser para além do ruído dos pensamentos. Esse canto de silêncio, mesmo que pequeno, torna-se um núcleo de paz que, gradualmente, irradia sua influência serena para o restante da casa.

No aspecto energético, a filosofia Zen alinha-se quase que perfeitamente com os princípios fundamentais do Feng Shui. Ambos buscam o fluxo livre e harmonioso da energia vital, a clareza nas formas e na organização, o equilíbrio dinâmico entre as forças Yin (repouso, sombra, suavidade) e Yang (ação, luz, vigor), e a harmonia entre os elementos naturais. Um espaço concebido sob a inspiração Zen é, por sua natureza, energeticamente harmonioso. Ele não exige muitas correções ou curas energéticas complexas, pois já está, em sua concepção, em consonância com as leis sutis da vida, com o fluxo natural do universo.

Há, no Zen, uma profunda reverência ao tempo e à impermanência. A casa não é vista como um palco estático para exibir novidades constantes, mas como um campo vivo de presença, onde o passado é honrado, mas não aprisiona, e o futuro é acolhido, mas não gera ansiedade. O móvel antigo, herdado, convive pacificamente com a parede recém-pintada em tom neutro. A pequena imperfeição na madeira ou na cerâmica não é escondida ou descartada – ela é aceita, às vezes até celebrada como parte da história do objeto, como testemunho da passagem do tempo (*Wabi-Sabi*). O envelhecimento natural dos materiais é visto como parte integrante e bela do processo da vida. Assim como as pessoas que ali vivem mudam, amadurecem, silenciam com a idade, a casa também se transforma, ganha pátina, conta histórias em suas superfícies. E esse silêncio carregado de tempo torna-se eloquente, profundo. Uma casa Zen não precisa gritar aos quatro ventos que é bela. Ela simplesmente é. Não porque segue uma tendência passageira de decoração, mas porque reflete uma mente em paz consigo mesma. A beleza verdadeira, afinal, sempre nasce da paz interior, da serenidade que se expressa no exterior. Da sobriedade que não entedia, mas convida à contemplação. Da ordem que não oprime, mas liberta a mente. Do essencial que não cansa o olhar, mas o nutre.

    A transformação de um espaço convencional para um espaço inspirado no Zen não exige, necessariamente, grandes reformas estruturais ou investimentos financeiros vultosos. Exige, antes e acima de tudo, um processo interno de desapego, clareza e intenção.

Começa com a coragem de escolher o que fica e o que parte. Com a disciplina de eliminar o que ocupa espaço físico e mental sem propósito real. Com a decisão de deixar a luz natural entrar e o ar circular. Com o gesto de abrir espaço físico para que o espaço interior possa se expandir. Requer limpar com presença, não de forma automática. Mover os poucos móveis que restam com cuidado, sentindo seu peso e seu lugar. Habitar cada canto com reverência, como se pisa um solo sagrado. Ao final desse processo, que é contínuo, a casa deixa de ser apenas um lugar onde se vive mecanicamente – ela se torna um lugar que sustenta a vida consciente. Cada passo dado dentro dela é um passo no caminho espiritual. Cada canto silencioso se torna um convite à respiração profunda, à pausa regeneradora. Cada silêncio que paira dentro dela ecoa o silêncio primordial do ser, aquele lugar de paz que existe para além dos pensamentos e das emoções.

Viver em um espaço Zen é, em essência, viver com menos coisas, mas com mais profundidade. É trocar o excesso material e sensorial pela essência do ser e do viver. É permitir que o próprio ambiente se torne um mestre silencioso, ensinando sobre impermanência, simplicidade e atenção plena. É fazer com que o cotidiano, com seus gestos simples, se transforme numa meditação contínua. Porque, no fim das contas, o Zen não é uma filosofia para ser apenas pensada ou discutida – é uma experiência para ser vivida, sentida, incorporada. E o espaço, quando está afinado com essa experiência, torna-se um poema vivo escrito em madeira, em ar, em luz e sombra. Um poema que não precisa de palavras para comunicar sua mensagem. Porque ele já diz tudo com seu silêncio eloquente, com sua presença calma e límpida. Ele é a própria paz manifesta em forma de lar.

Capítulo 10
Vastu Shastra

Muito antes que os princípios do Feng Shui começassem a ser sussurrados nas montanhas da China, uma sabedoria ainda mais antiga florescia na vasta e mística terra da Índia. Ali, templos grandiosos e moradas humildes eram desenhados e construídos com base numa ciência sagrada do espaço conhecida como Vastu Shastra. Este conhecimento ancestral não se configura apenas como um sistema arquitetônico ou um guia de construção; ele é, em sua essência, uma profunda ciência espiritual que investiga e harmoniza a relação entre o ser humano, seu habitat e o cosmos. A própria etimologia do termo revela sua profundidade: a palavra sânscrita "Vastu" refere-se ao local, à morada, à estrutura física que habitamos, enquanto "Shastra" significa escritura, tratado, ciência ou conhecimento revelado. Vastu Shastra é, portanto, o tratado ancestral sobre o modo correto, harmonioso e auspicioso de habitar o espaço terrestre, vivendo em sintonia com as leis universais e as energias cósmicas que nos permeiam.

Com raízes que mergulham fundo nos Vedas – os textos sagrados milenares que formam a base da tradição hindu e de grande parte da filosofia oriental –, o

Vastu carrega consigo um conhecimento profundo e detalhado sobre a interconexão invisível, porém poderosa, entre o microcosmo (o ser humano e sua casa) e o macrocosmo (a natureza e o universo). Em sua essência filosófica, o Vastu parte da convicção fundamental de que cada lugar na Terra, cada pedaço de chão, possui uma alma própria, uma vibração energética única, uma entidade sutil conhecida como *Vastu Purusha*. Este ser cósmico, segundo a tradição, habita cada lote de terra e sua posição e energia influenciam diretamente a vida daqueles que ali constroem ou habitam. Quando se ergue uma construção ou se organiza uma casa sem o devido respeito a essa alma do lugar, sem considerar as direções cardeais e os fluxos energéticos naturais, cria-se uma dissonância, um desequilíbrio que pode se manifestar em diversos aspectos da vida dos moradores – saúde, prosperidade, relacionamentos, paz mental. Quando, ao contrário, se alinha a morada com as forças universais codificadas no Vastu, estabelece-se uma ponte energética harmoniosa entre a Terra e o céu, entre o indivíduo e o Todo, permitindo que a energia vital, ou *Prana*, flua livremente, nutrindo e sustentando a vida em plenitude.

Embora frequentemente comparado ao Feng Shui chinês, devido ao objetivo comum de harmonizar os espaços para promover bem-estar, o Vastu Shastra possui características distintas e uma abordagem particular. Enquanto o Feng Shui trabalha primordialmente com o fluxo dinâmico do Chi (energia vital) em constante movimento e adaptação, utilizando ferramentas como o Mapa Baguá para mapear áreas simbólicas da vida sobre a planta da casa, o Vastu adota uma abordagem mais geométrica, estruturada e, em certo sentido, fixa. Seus princípios baseiam-se fortemente na orientação precisa segundo as direções cardeais e em cálculos matemáticos e proporções consideradas sagradas. Em vez do Baguá, o Vastu utiliza como guia principal o *Vastu Purusha Mandala*, um diagrama quadrado e sagrado que representa graficamente a entidade cósmica (Vastu Purusha) deitada sobre o terreno, com sua cabeça voltada para o Nordeste e os pés para o Sudoeste. Cada parte do corpo do Vastu Purusha, alinhada com setores específicos do Mandala e, consequentemente, com as direções cardeais e intermediárias, rege diferentes aspectos da vida e indica a localização ideal para cada função da casa.

A orientação espacial, portanto, é um dos pilares mestres do Vastu. Sua doutrina ensina que cada uma das oito direções (Norte, Sul, Leste, Oeste, Nordeste, Sudeste, Sudoeste, Noroeste) carrega uma energia específica, governada por uma deidade particular e associada a um planeta regente, influenciando diretamente aspectos distintos da vida e da funcionalidade da casa. O Norte (Uttara), por exemplo, é associado a Kuber, o deus da riqueza, e ao planeta Mercúrio; é considerado extremamente auspicioso para finanças, negócios e oportunidades, razão pela qual a entrada principal da casa é idealmente voltada para esta direção, ou pelo menos que haja aberturas significativas nesse setor. O Leste (Purva), ligado ao nascer do sol, ao deus Indra e ao Sol, representa a energia da vida, da saúde, do conhecimento e do renascimento; é uma direção excelente para entradas secundárias, locais de meditação, estudo, ou mesmo para a sala de estar, onde a luz da manhã pode banhar o ambiente. O Sul (Dakshina), regido por Yama, o deus da morte (ou da disciplina), e pelo planeta Marte, é considerado uma direção de energia intensa, que precisa ser tratada com cautela; recomenda-se que este setor seja mais fechado, com paredes mais espessas ou menos aberturas, e que abrigue ambientes de menor permanência ou que exijam solidez, como depósitos ou, em alguns casos, o quarto do chefe da família, desde que outras regras sejam observadas. O Oeste (Paschima), associado a Varuna, o deus das águas (no contexto cósmico), e ao planeta Saturno, é uma direção ligada ao fim do dia, ao recolhimento; pode abrigar espaços de armazenamento, salas de jantar (onde a família se reúne ao final do dia) ou áreas de serviço. As direções intermediárias também possuem grande importância: o Nordeste (Ishanya), regido por Shiva e Júpiter, é a direção mais sagrada, ligada à água, à espiritualidade, à meditação e à clareza mental – ideal para altares, salas de oração, fontes de água ou jardins contemplativos; o Sudeste (Agneya), do deus do fogo Agni e de Vênus, é a morada natural do elemento fogo, sendo a localização perfeita para a cozinha; o Sudoeste (Nairutya), regido pelo demônio Nairuti e pelo nodo lunar Rahu, comanda o elemento Terra e a estabilidade, sendo ideal para o quarto principal do casal, pois favorece solidez e segurança, mas exige cuidado para não se tornar pesado ou estagnado; e o Noroeste (Vayavya), do deus do vento Vayu e da Lua, rege o elemento Ar e o movimento, sendo favorável a quartos de hóspedes, garagens ou armazenamento leve.

Além da importância crucial da orientação, o centro exato da casa ou do terreno – chamado de *Brahmasthan*, o lugar de Brahma, o Criador – é considerado o coração energético da residência, o ponto de equilíbrio cósmico. Este espaço central deve, idealmente, permanecer livre, aberto, limpo e bem iluminado, sem obstruções como paredes pesadas, pilares, móveis grandes, banheiros ou escadas. O Brahmasthan é o ponto onde a energia sutil proveniente de todas as direções converge e de onde se distribui para o restante da casa. Um Brahmasthan obstruído ou contaminado compromete a vitalidade de todo o espaço, podendo causar sensação de peso, pressão, dificuldade na tomada de decisões, confusão mental e até desequilíbrios físicos nos moradores. Manter o centro livre é garantir que o "pulmão" energético da casa possa respirar.

Os cinco elementos fundamentais da natureza, os *Pancha Mahabhutas*, também estão presentes e são essenciais no Vastu, embora com algumas nuances em relação à tradição chinesa do Feng Shui. No Vastu, os elementos são: Terra (Prithvi), Água (Jala), Fogo (Agni), Ar (Vayu) e Éter ou Espaço (Akasha). Cada um desses elementos possui uma localização ideal dentro do mapa da casa, correspondendo às direções cardeais e intermediárias e às suas qualidades energéticas. O equilíbrio desses cinco elementos no ambiente é fundamental para a saúde e o bem-estar. A Terra (solidez, estabilidade) predomina no Sudoeste; a Água (fluidez, espiritualidade) no Nordeste; o Fogo (transformação, energia) no Sudeste; o Ar (movimento, comunicação) no Noroeste; e o Éter (espaço, conexão) reina no centro, no Brahmasthan. A correta distribuição das funções da casa segundo a localização desses elementos (cozinha no Sudeste, altar no Nordeste, quarto principal no Sudoeste, etc.) é um dos objetivos centrais do Vastu para criar um ambiente energeticamente equilibrado.

Há ainda no Vastu Shastra uma minuciosa preocupação com proporções matemáticas consideradas harmônicas, com a simetria da construção, com a inclinação natural do terreno (idealmente mais baixo no Norte e Leste, e mais alto no Sul e Oeste), com a localização correta de escadas (evitando o centro e o Nordeste), a posição adequada de banheiros (idealmente no Noroeste ou Oeste, nunca no Nordeste, Sudeste ou centro), as alturas das paredes e tetos, e até mesmo as formas dos cômodos (preferencialmente quadrados ou retangulares, evitando formas irregulares ou cortes). Tudo no espaço físico é visto como um reflexo direto da ordem (ou desordem) da energia universal. Contudo, essa aparente rigidez não significa um engessamento impraticável. O Vastu reconhece que nem toda casa pode ser construída ou modificada para seguir perfeitamente todos os princípios, especialmente em ambientes urbanos modernos ou em construções já existentes. Por isso, a ciência do Vastu também oferece um vasto repertório de correções sutis, ajustes energéticos, conhecidos como *Vastu remedies*. Estes podem incluir o uso estratégico de espelhos para corrigir cortes ou expandir áreas, a instalação de fontes de água em locais específicos, o posicionamento de plantas auspiciosas, o uso de cristais energizados, a aplicação de cores corretivas, a instalação de *Yantras* (diagramas geométricos sagrados) em pontos específicos, ou a realização de rituais de purificação e energização para harmonizar aquilo que não pode ser fisicamente modificado.

Aplicar os princípios do Vastu em casas e apartamentos já construídos é, portanto, perfeitamente possível e muitas vezes surpreendentemente eficaz. Pequenos deslocamentos de móveis para liberar o centro ou melhorar o fluxo, a alteração no uso de determinados cômodos para alinhá-los melhor com as direções, o posicionamento cuidadoso de espelhos para "trazer" luz ou energia para uma área deficiente, a introdução de fontes de água no Nordeste para ativar a espiritualidade e a prosperidade, a colocação de plantas específicas para absorver energias negativas ou ativar setores auspiciosos, ou o uso de objetos feitos de metais específicos (como cobre no Sudeste para potencializar o Fogo de forma equilibrada) podem restabelecer significativamente o fluxo de *Prana* no ambiente. O importante, como em toda prática energética sutil, é a combinação da técnica com a intenção clara e o coração presente no gesto de harmonização.

Outra diferença fundamental entre o Feng Shui e o Vastu reside no fato de que o Vastu atribui qualidades e influências energéticas não apenas aos ambientes em si, mas também considera a relação entre a astrologia védica (*Jyotish*) dos moradores e o local onde habitam.

É possível, segundo essa visão, que uma configuração espacial ideal para uma pessoa, de acordo com seu mapa astral, seja desequilibrada ou até prejudicial para outra. Isso introduz uma camada adicional de personalização e complexidade na análise, reforçando a importância da escuta sensível do espaço aliada a um profundo autoconhecimento e, idealmente, à consulta com um especialista que possa integrar essas diferentes camadas de informação.

No aspecto simbólico, o Vastu Shastra vê a casa como uma réplica em miniatura do universo, um microcosmo que reflete o macrocosmo. O telhado corresponde ao céu (Akasha); o chão, à terra (Prithvi); as paredes representam a estrutura e os limites, alinhadas aos pontos cardeais; e o centro, o Brahmasthan, é o ponto de conexão com o divino, com a fonte criadora. Ao construir e habitar um espaço respeitando essa cosmologia sagrada, cria-se um lar onde o indivíduo está em constante diálogo e ressonância com o Todo. Cada passo dado dentro de casa alinha-se, simbolicamente, com as energias dos planetas, com as qualidades das deidades direcionais, com a dança dos cinco elementos. Cada ação cotidiana – dormir na direção correta, comer voltado para o Leste, trabalhar com a luz adequada, meditar no canto Nordeste – torna-se uma oferenda sagrada, um ato de participação consciente na ordem cósmica.

Adicionalmente, a filosofia do Vastu valoriza enormemente a pureza, a ordem e a limpeza no ambiente. Uma casa desorganizada, com acúmulo de objetos inúteis ou quebrados (*clutter*), bloqueia o fluxo de *Prana* e atrai energias negativas. O excesso de estímulo visual, o acúmulo de aparelhos eletrônicos (especialmente nos quartos ou no centro), a negligência com a manutenção física do imóvel (rachaduras, infiltrações, pintura descascada) – tudo isso desarmoniza o Vastu e enfraquece a energia vital do lar. Por isso, tão importante quanto a correta posição das paredes e a orientação da casa é a presença viva de consciência e cuidado em cada detalhe do cotidiano. O morador deve cuidar da casa como se estivesse cuidando de um templo sagrado – porque, na visão do Vastu, ela de fato o é.

Na prática contemporânea, muitas pessoas encontram benefícios em utilizar os dois sistemas – Feng Shui e Vastu Shastra – de forma complementar e integrada. Enquanto o Feng Shui pode oferecer ferramentas valiosas para ajustar o fluxo sutil do Chi no dia a dia, equilibrar as energias Yin e Yang nos ambientes e trabalhar com as áreas da vida através do Baguá de forma mais flexível, o Vastu oferece um mapa profundo de orientação cósmica, uma estrutura energética baseada em princípios universais e uma conexão espiritual com as forças da natureza e do cosmos. Juntos, esses dois sistemas milenares oferecem uma visão holística e abrangente do espaço como uma poderosa ferramenta de autoconhecimento e transformação da vida. Uma casa alinhada aos princípios do Vastu não promete apenas conforto físico ou funcionalidade prática. Ela favorece o *Dharma* – o caminho correto do ser, o propósito de vida de cada indivíduo. Ela funciona como um espelho da ordem cósmica, um campo energético onde o ser humano pode lembrar-se constantemente de que é parte integrante de algo muito maior, de uma inteligência universal que rege tudo o que existe. E quando a casa se torna esse lembrete constante, viver transcende o mero cumprir de tarefas ou a conquista de metas materiais: torna-se um ritual contínuo de alinhamento entre o céu, a terra e o coração. O Vastu Shastra nos recorda, com sua sabedoria ancestral, que não basta apenas ocupar um lugar no mundo. É preciso habitar esse lugar com reverência, consciência e respeito. Alinhar paredes, portas e janelas não é apenas um ato de arquitetura – é um ato sagrado de alinhar o corpo com o espírito, o espaço físico com a alma que o habita, o cotidiano com o eterno. E nesse alinhamento silencioso e profundo, tudo na vida encontra melhores condições para florescer.

Capítulo 11
Observação Atenta

Antes que qualquer transformação genuína possa ocorrer num espaço, antes mesmo do impulso de mover um móvel de lugar ou escolher uma nova tonalidade para a parede, existe um passo primordial, frequentemente esquecido: o ato de ver. Ver de verdade. Isso implica observar, sentir, escutar o espaço que nos rodeia com uma presença rara, inteira, despida de julgamentos apressados e dos véus do hábito. A maioria das pessoas atravessa os próprios cômodos da casa como quem repete um trajeto conhecido de cor, uma coreografia automática desprovida de alma e de atenção. O olho desliza por cima da desordem acumulada como se ela fosse parte integrante e imutável da paisagem habitual. O corpo, resiliente, acostuma-se ao incômodo de um móvel mal posicionado, de uma cadeira desconfortável, e simplesmente deixa de notar o desconforto. O ar pode estar pesado, carregado, estagnado, mas quase ninguém mais respira com atenção suficiente para verdadeiramente perceber sua densidade ou sua leveza.

A observação atenta surge, então, como o primeiro gesto fundamental de reconexão entre o habitante e seu habitat. Ela é a chave que reabre um diálogo há muito interrompido pela rotina e pela distração. Para praticá-la, é imprescindível desacelerar o ritmo interno. É necessário interromper o piloto automático que nos guia pelos cômodos sem que realmente estejamos presentes neles. Exige a coragem de entrar em cada ambiente – na sala, no quarto, na cozinha, no banheiro – como se fosse a primeira vez que ali pisamos. Como quem visita um templo antigo e desconhecido, cheio de mistérios a serem desvendados. Como quem pisa com os pés nus, sensíveis, sobre o solo sagrado da própria alma refletida no espaço.

Esse olhar proposto não é o olhar técnico do arquiteto ou do decorador, nem o olhar objetivo do cientista. É um olhar primordialmente sensorial, intuitivo, profundamente emocional. Trata-se de desenvolver a capacidade de perceber o que o ambiente comunica, não através de palavras explícitas, mas por meio de seus silêncios eloquentes, de suas sombras, de suas luzes, de seus arranjos e de suas ausências. Aquela cadeira abandonada num canto escuro do quarto, acumulando poeira e roupas esquecidas, certamente diz algo sobre abandono ou procrastinação. Um corredor que está sempre trancado, escuro ou cheio de obstáculos, guarda uma história de bloqueio ou medo. Uma parede inteiramente vazia que já não inspira vitalidade, mas apatia; um armário tão abarrotado de coisas que parece prestes a sufocar – tudo no espaço tem uma voz própria, uma mensagem sutil, se houver a disposição interna para a escuta atenta e paciente.

O convite, neste capítulo, é a um verdadeiro mergulho sensorial nos detalhes íntimos do lar.

Experimente caminhar devagar por cada espaço, sentindo o chão sob os pés. Faça pausas deliberadas diante de cada janela, observando a vista e a luz que entra. Pare diante de cada espelho, notando não apenas seu reflexo, mas o que ele reflete do ambiente ao redor. Contemple cada móvel principal, sentindo sua textura, sua forma, sua história. Sente-se em pontos diferentes da sala, do quarto, da cozinha – lugares onde você normalmente não se senta. Permaneça ali por alguns instantes, em silêncio. Sinta o que esses lugares provocam no seu corpo: há relaxamento ou tensão? Que memórias ou emoções eles despertam? Que pensamentos surgem espontaneamente? Quais tensões físicas ou emocionais parecem se acumular naquela área específica? Muitas vezes, descobre-se que não é o ambiente em si que está "errado", mas sim o modo como ele foi esquecido, negligenciado, deixado de ser visto e sentido em sua totalidade.

A luz é, invariavelmente, uma das primeiras e mais reveladoras coisas a se observar com atenção. Qual é o caminho que a luz natural percorre dentro da casa ao longo das horas do dia? Que cômodos são banhados pela luz suave da manhã? Quais permanecem mais ensombrecidos durante a tarde? Existe luz suficiente para as atividades que se realizam em cada ambiente? A luz é adequada à função do espaço – suave demais para uma área de trabalho que exige foco, ou um clarão demasiado agressivo onde se busca descanso e relaxamento? A luz natural narra a história do tempo dentro da casa, conecta o interior com os ciclos cósmicos. Escutá-la, observando suas nuances e movimentos, é um ato de respeito ao ritmo solar do espaço e à nossa própria biologia.

Depois da luz, o ar. Como ele circula pelos ambientes? Ele se renova com frequência ou parece parado, viciado? Há janelas que são abertas regularmente, permitindo a troca com o exterior? Algum cômodo específico sempre cheira a mofo, a umidade, a poeira acumulada, a abandono? O ar tem uma temperatura equilibrada ou há pontos muito frios ou muito quentes? Ele parece ressecar a pele ou pesar nos pulmões quando se respira mais profundamente? Parar em cada ambiente e fazer algumas respirações profundas e conscientes é uma forma poderosa de sentir a qualidade da energia vital, do *Prana* ou Chi, que ali habita – ou que ali se encontra estagnada, precisando de movimento.

Observe também os sons que compõem a paisagem auditiva do lar. Existem ruídos constantes, de baixa frequência, que já foram tão naturalizados pela mente que mal são percebidos conscientemente? A geladeira vibra sem parar? Um ventilador de teto estala ritmicamente? O som incessante do trânsito invade a sala ou o quarto? O silêncio, quando presente, é agradável, acolhedor, ou desconfortável, opressor? A casa canta melodias suaves ou grita com ruídos estridentes? Há cantos específicos onde o som parece ficar preso, abafado, engasgado, sem ressonância? Ou, ao contrário, há pontos onde o eco assusta de tão vazio e impessoal? A qualidade sonora do ambiente impacta diretamente o sistema nervoso e o estado emocional.

A observação atenta deve estender-se, crucialmente, à organização (ou desorganização) dos objetos. O que está exposto nas prateleiras, nos aparadores, sobre as mesas? São coisas que ainda possuem um sentido real para você, que provocam afeto, que inspiram ou trazem boas lembranças? Ou são apenas enfeites esquecidos, acumulados por hábito, presentes indesejados ou símbolos de fases que já passaram? A mesa de centro ou de jantar acumula pilhas de papéis, correspondências não lidas, objetos aleatórios? A cozinha carrega gavetas cheias de utensílios nunca ou raramente usados? As roupas guardadas no armário ainda vestem quem você é hoje, ou vestem uma versão de quem você foi no passado? A atenção minuciosa a esses detalhes revela aquilo que o hábito cotidiano habilmente escondeu: os excessos que sufocam, os vazios que clamam por preenchimento significativo, os símbolos que se tornaram obsoletos e já não representam mais sua verdade atual.

Uma prática preciosa e reveladora neste processo de reconexão é o "tour meditativo" pela casa. Com um caderno ou diário em mãos, percorra cada cômodo lentamente, como se estivesse explorando um território novo e sagrado. Sente-se em diferentes pontos de cada ambiente. Observe em silêncio por alguns minutos. Permita-se sentir. E então, anote tudo que surgir: sensações físicas (calor, frio, aperto, relaxamento), pensamentos espontâneos, lembranças que afloram, emoções que se manifestam (alegria, tristeza, irritação, paz). Neste momento, o mais importante é não julgar, não tentar corrigir ou consertar nada ainda. Apenas perceba. Apenas registre. Apenas acolha o que o espaço e seu corpo estão comunicando. Essa escuta profunda e sem filtros permite compreender que tipo de energia cada espaço carrega atualmente – e, mais importante, que tipo de energia ele está sutilmente pedindo para ser transformada, liberada ou nutrida.

O corpo físico é a bússola mais confiável nesse percurso de observação. Onde o corpo relaxa espontaneamente, onde a respiração flui fácil, é geralmente onde o espaço acolhe, onde a energia está equilibrada. Onde o corpo se contrai, onde os ombros se tensionam, onde surge um desconforto inexplicável, há algo a ser olhado com mais atenção, com mais cuidado. Talvez a cor das paredes naquele local esteja carregada demais para a sensibilidade do morador. Talvez a mobília seja desproporcionalmente grande para o tamanho do cômodo, gerando sensação de opressão. Talvez a circulação esteja bloqueada por móveis mal posicionados, impedindo o fluxo natural do movimento e da energia. Ou, muitas vezes, o que causa o desconforto é um simples, porém poderoso, acúmulo de coisas – visíveis ou escondidas – que impede o ar de fluir livremente e a mente de encontrar descanso.

Observar atentamente inclui também direcionar o olhar para os objetos quebrados, parados no tempo, escondidos nos fundos de armários ou gavetas. Relógios que não funcionam mais, lâmpadas queimadas que nunca são trocadas, gavetas emperradas que exigem força para abrir, aparelhos eletrônicos obsoletos guardados "para um dia". Cada um desses detalhes, por menor que pareça isoladamente, carrega uma mensagem energética significativa. Um relógio parado é um símbolo potente de tempo estagnado, de dificuldade em avançar. Uma lâmpada queimada representa uma área escura na vida, um aspecto que não está recebendo luz ou atenção. Uma gaveta trancada ou emperrada pode espelhar uma emoção reprimida, um segredo guardado, algo que não se quer acessar.

Por essa razão profunda, a observação atenta transcende um mero exercício estético ou de organização. Ela se revela como um poderoso diagnóstico existencial. A casa, em sua totalidade – com suas luzes e sombras, seus acúmulos e vazios, sua beleza e suas feridas – é um reflexo direto e preciso do estado interno de quem a habita. E ao observá-la com coragem e honestidade, sem filtros ou justificativas, pode-se enxergar com nitidez surpreendente onde residem os bloqueios energéticos, as tensões emocionais não resolvidas, os esquecimentos inconscientes que moldam a experiência diária. O lar se torna espelho. E o espelho, quando visto com clareza e compaixão, transforma-se numa preciosa oportunidade de cura, de autoconhecimento e de realinhamento.

O aspecto mais importante em todo esse processo inicial de observação é não se apressar para mudar, para consertar, para transformar imediatamente. Antes da ação, vem a compreensão. É preciso primeiro escutar a casa como quem escuta um velho amigo sábio, que tem muito a dizer se lhe dermos tempo e espaço. É preciso saber o que ela precisa verdadeiramente. O que ela carrega em suas paredes e objetos. O que ela protege com seus cantos escuros. O que ela já não suporta mais carregar. Mudar sem escutar é correr o risco de repetir os mesmos padrões de desarmonia sob uma nova roupagem. Transformar sem perceber a raiz do problema é apenas decorar a superfície, sem tocar na essência.

Por tudo isso, a observação atenta, praticada com regularidade e profundidade, é o primeiro passo sagrado e indispensável em qualquer jornada de harmonização do lar e da vida. Ela inaugura um vínculo novo, mais íntimo e respeitoso, entre morador e morada. Um vínculo onde o respeito mútuo e o cuidado consciente substituem a pressa, a negligência e o automatismo. Onde cada gesto posterior – mover um sofá, escolher uma nova cor, abrir uma janela, doar um objeto – nasce da escuta profunda e não do capricho momentâneo ou da influência externa. É nesse gesto silencioso, porém imensamente poderoso, de parar, olhar e sentir, que o processo de renovação começa de fato a acontecer. Antes de mudar a casa, muda-se o olhar sobre ela. Antes de alterar os objetos, transforma-se a percepção sobre si mesmo. E quando essa mudança interna acontece, quando a consciência se expande para incluir o espaço como parte integrante do ser, tudo dentro e fora começa a vibrar de maneira diferente, mais coerente, mais viva. Porque onde há observação verdadeira, há presença. E onde há presença autêntica, há sempre um começo de cura.

Capítulo 12
Sentidos do Espaço

A casa que habitamos não é meramente uma construção visual, um conjunto de formas, cores e objetos que se apresentam aos olhos. Ela é uma entidade viva que dialoga conosco através de múltiplos canais, envolvendo todos os nossos sentidos em uma dança constante e muitas vezes inconsciente. A casa também é sentida na pele através de suas texturas e temperaturas, ouvida em seus silêncios e ruídos, cheirada em seus aromas sutis ou marcantes, tocada em cada superfície que nossas mãos encontram. Ela está intensamente viva nos detalhes que frequentemente escapam à análise puramente visual, mas que moldam a experiência cotidiana de forma profunda, invisível e determinante. Cada espaço que ocupamos, cada cômodo que atravessamos, comunica-se incessantemente com a totalidade dos nossos sentidos, despertando reações físicas, memórias esquecidas, respostas emocionais e percepções sutis que definem nossa relação com o ambiente. Reconhecer essa complexa interação sensorial é perceber que o verdadeiro bem-estar ambiental, a sensação genuína de estar "em casa", não se constrói apenas com base na aparência estética, mas sim na criação de uma atmosfera acolhedora e equilibrada. E essa atmosfera intangível é, em essência, a orquestra silenciosa de todos os nossos sentidos tocando em harmonia.

O olhar, embora frequentemente dominante na nossa cultura ocidental focada no visual, representa apenas uma das portas de entrada para a experiência completa do espaço. A visão nos guia pelas cores que nos cercam, pelas formas que definem os objetos, pela organização (ou falta dela) do ambiente, pela intensidade e qualidade da luz que o banha. Ela nos permite apreciar a beleza, identificar a funcionalidade, perceber a ordem. Contudo, mesmo um ambiente visualmente deslumbrante, decorado com apuro estético impecável, pode tornar-se profundamente desagradável se, por exemplo, tiver um cheiro persistente e desagradável, se for preenchido por um som perturbador e constante, ou se as texturas predominantes forem frias, ásperas ou desconfortáveis ao toque. A harmonia visual sozinha não garante o bem-estar. Para realmente harmonizar um espaço de forma integral, é necessário ativar e refinar uma percepção sensorial mais ampla, mais delicada, que inclua e valorize todos os sentidos como vias de conhecimento e conexão com o lar.

O olfato, dentre os sentidos, é talvez uma das vias mais diretas e primitivas de acesso à memória profunda e ao centro das emoções. Um simples aroma, muitas vezes inesperado, possui o poder quase mágico de transportar a mente instantaneamente para momentos esquecidos da infância, de acalmar a respiração agitada em poucos segundos, de energizar o corpo cansado ou, inversamente, de provocar um mal-estar físico e emocional intenso. Uma casa que cheira persistentemente a mofo, a gordura velha acumulada na cozinha, a produtos químicos de limpeza agressivos ou a poeira pode ser uma fonte contínua de desconforto e até de problemas de saúde, ainda que a causa não seja percebida conscientemente pelos moradores que se habituaram a esses odores. Por outro lado, aromas naturais, sutis e agradáveis, como o perfume delicado de flores frescas num vaso, o cheiro característico da madeira limpa, a fragrância de ervas secas penduradas ou o aroma etéreo de incensos de boa qualidade, criam uma camada invisível, porém poderosa, de acolhimento, bem-estar e elevação espiritual. Cada cômodo da casa pode, inclusive, ter um aroma específico que reflita e reforce sua função e a intenção depositada nele. No quarto, por exemplo, aromas como lavanda, camomila ou sândalo são conhecidos por favorecerem o sono reparador, a calma e a introspecção. Na sala de estar, aromas cítricos como laranja ou bergamota, ou especiarias quentes como canela, podem promover energia positiva, alegria e estimular o convívio social. Na cozinha, o cheiro reconfortante de especiarias sendo usadas, de pão assando ou de alimentos preparados com afeto fortalece a memória afetiva e a sensação primordial de lar, de nutrição. No banheiro, óleos essenciais como hortelã-pimenta, eucalipto ou tea tree oferecem uma sensação imediata de frescor, limpeza e purificação. É importante notar que esses aromas benéficos não precisam vir exclusivamente de velas caras ou difusores elétricos; muitas vezes, eles emanam naturalmente das plantas vivas presentes no ambiente, das frutas frescas dispostas em um cesto na cozinha, das ervas aromáticas cultivadas na janela ou da própria madeira crua dos móveis.

A audição é outro sentido frequentemente ignorado ou subestimado na composição e harmonização dos ambientes domésticos. E, no entanto, os sons presentes – ou ausentes – em um espaço moldam de maneira significativa o estado mental, emocional e até físico dos moradores. O ruído constante e muitas vezes monótono de aparelhos eletrônicos em funcionamento (geladeiras, ar condicionado, computadores), ventiladores barulhentos, o som persistente do trânsito vindo da rua, ou mesmo a televisão ligada constantemente em segundo plano, mesmo sem que se preste atenção a ela, podem gerar tensão muscular crônica, cansaço mental, dificuldade de concentração e ansiedade generalizada. Em contrapartida, sons sutis, ritmados, preferencialmente naturais e harmoniosos – como o murmúrio suave de água corrente numa pequena fonte, o tilintar delicado de sinos de vento afinados, o canto distante dos pássaros ao amanhecer ou uma música instrumental suave e relaxante – criam uma vibração sonora de tranquilidade, presença e conexão com o momento. Um lar energeticamente saudável é, muitas vezes, aquele onde se pode escutar e apreciar o silêncio. Não um silêncio opressor ou vazio, mas um silêncio pleno, vivo, que não incomoda, mas acolhe, permitindo que a mente se aquiete e o corpo relaxe. Esse silêncio não implica ausência total de som, mas sim a ausência de ruído desnecessário, de poluição sonora que agride os sentidos. Criar esse ambiente sonoro mais equilibrado pode significar tomar decisões conscientes como reorganizar o uso dos eletrodomésticos para minimizar ruídos em horários de descanso, posicionar melhor os móveis para abafar ecos indesejados em salas amplas, usar tapetes espessos ou cortinas pesadas que absorvam o som, ou, ainda, introduzir sons positivos e curativos como uma fonte de mesa com água circulante, um rádio tocando música clássica ou instrumental em volume baixo, ou simplesmente desfrutar do som natural do vento entrando por uma janela aberta.

O tato talvez seja o sentido mais íntimo e direto na nossa relação com o espaço. Ele está presente em cada toque, em cada contato da pele com o ambiente. Está nas texturas das superfícies que nos cercam – paredes, móveis, objetos. Está na temperatura do ar que sentimos na pele. Está na maciez ou aspereza dos tecidos com os quais nos envolvemos – roupas de cama, toalhas, sofás, mantas. Está na sensação que temos sob os pés ao caminhar pela casa. Uma casa que se revela desconfortável ao toque, dominada por materiais frios como metal polido ou vidro em excesso, por superfícies ásperas ou por plásticos e sintéticos que não respiram, tende a repelir a permanência prolongada, o descanso verdadeiro, a entrega corporal. Em contraste marcante, superfícies agradáveis ao toque, tecidos naturais como algodão, linho ou lã, almofadas generosas e convidativas, mantas de trama suave, a madeira aquecida pelo sol, tapetes macios e espessos – todos esses elementos convidam o corpo a relaxar, a repousar, a se entregar ao momento presente, a sentir-se seguro e nutrido. Experimentar percorrer a casa descalço é um exercício sensorial revelador e simples. Perceber onde o chão é frio e desagradável, onde o passo faz um barulho oco ou estridente, e onde, ao contrário, os pés se sentem acolhidos, amparados. Tocar as paredes, sentir sua textura. Tocar os móveis, os objetos decorativos. Sentir com as mãos se há vida, calor e organicidade, ou se há rigidez, frieza e artificialidade. O conforto tátil não é um mero luxo supérfluo – é uma necessidade biológica fundamental que comunica ao nosso sistema nervoso mais primitivo que estamos seguros, protegidos, pertencentes àquele lugar.

Até mesmo o paladar – ainda que de forma mais indireta – tem seu lugar na experiência sensorial do espaço. A qualidade dos alimentos que preparamos e consumimos, a forma como esses alimentos são organizados e apresentados na cozinha e na mesa, a beleza da louça escolhida, a textura dos guardanapos, o próprio ritual de dispor a mesa com cuidado e intenção antes de uma refeição – tudo isso contribui significativamente para o sentido de prazer, nutrição e bem-estar associado ao lar. Uma casa que alimenta o paladar com respeito, presença e beleza é uma casa que nutre também a alma, que celebra a abundância e a conexão com os ciclos da terra através do alimento.

A luz, por sua vez, estabelece um diálogo constante e interativo com todos os outros sentidos. Ela é a grande regente da percepção espacial. A qualidade e a intensidade da luz determinam as cores que percebemos, revelam ou escondem as texturas das superfícies, definem a sensação térmica do ambiente e, em conjunto sinérgico com o som e o aroma, criam as atmosferas completas que nos envolvem. Uma luz branca, fria e intensa num quarto, por exemplo, contradiz fisiologicamente qualquer tentativa de gerar calma e relaxamento, mesmo que os móveis sejam extremamente confortáveis e os aromas no ar sejam suaves e calmantes. O corpo reage à luz fria com um estado de alerta. Por outro lado, uma luz amarela, quente e suave, posicionada com intenção através de abajures ou luminárias de piso, pode transformar até mesmo um canto simples e sem muitos atrativos visuais em um espaço convidativo de repouso, leitura e recolhimento.

    Ao começar a observar conscientemente os diversos "sentidos" do espaço, como eles se manifestam em cada cômodo, começa-se também a notar com mais clareza quais áreas da casa precisam de mais calor (talvez mais texturas, cores quentes, luz amarela), quais pedem mais frescor (talvez mais ventilação, plantas, cores claras, aromas cítricos), quais clamam por silêncio ou, ao contrário, por um toque de alegria sonora. E, a partir dessa percepção aguçada, pode-se então começar a agir de forma mais direcionada e eficaz. Trocar um tecido sintético por outro mais agradável e natural. Arejar melhor um cômodo que parecia estagnado. Adicionar uma pequena fonte de água para trazer o som relaxante do fluxo. Plantar um vaso de lavanda na janela do quarto. Colocar uma música suave para tocar no início do dia ou ao final da tarde. Acender um incenso natural antes de dormir ou meditar. São gestos, muitas vezes pequenos e simples, mas que, quando guiados pela escuta sensorial atenta, possuem o poder de transformar o ambiente por inteiro, camada por camada.

Esse refinamento da percepção sensorial em relação ao espaço é, também, um caminho fascinante de autoconhecimento. Pois, ao ajustar conscientemente os estímulos sensoriais do ambiente que nos cerca, ajustamos também, inevitavelmente, nosso próprio estado interno. Se há agitação ou ansiedade predominando, busca-se instintivamente o macio, o escuro suave, o silêncio, o aroma calmante. Se há apatia ou falta de energia, busca-se o aroma fresco e cítrico, a luz clara e natural, o som sutil e estimulante do mundo lá fora entrando pela janela. O espaço passa a funcionar como um espelho sensorial da alma – e a alma, por sua vez, como um reflexo vibrátil e sensível do espaço que a acolhe.

Cultivar os sentidos do espaço é, em última análise, tornar a casa um organismo vivo e responsivo, onde cada cômodo tem sua função sensorial específica e contribui para o todo, cada textura tem um porquê, cada cheiro carrega uma intenção, cada som compõe uma melodia. É reconhecer que o bem-estar profundo e duradouro não reside apenas nos metros quadrados ou no valor dos objetos, mas na qualidade da presença que se estabelece com o ambiente. E que essa presença começa, invariavelmente, pela abertura e pela escuta atenta de todos os sentidos. Quando todos os sentidos são acolhidos, respeitados e nutridos pelo espaço, o corpo relaxa profundamente, a mente desacelera seu fluxo incessante, o coração se abre com mais facilidade. E o lar se torna, finalmente, um lugar onde é genuinamente bom estar – não apenas porque está bonito aos olhos, mas porque está vivo, está verdadeiro, está em profunda ressonância com o que somos na nossa essência sensorial mais primordial.

Capítulo 13
Intenção e Propósito

A casa onde moramos, assim como o corpo que habitamos, pode existir meramente como uma estrutura física, funcional, um conjunto de paredes que nos abriga das intempéries. Ou pode florescer, transcender sua materialidade e tornar-se um verdadeiro templo, um espaço sagrado que nutre a alma e espelha nossa jornada interior. A diferença fundamental entre essas duas realidades não reside na qualidade das paredes, no luxo dos móveis ou no tamanho dos cômodos. Reside, sim, no sentido que se imprime sobre esses elementos, na consciência que se deposita em cada canto. Um espaço fisicamente vazio pode se tornar vibrante e sagrado quando impregnado de um propósito claro e elevado. Um canto comum, antes esquecido, pode se converter num refúgio acolhedor e restaurador quando carregado de uma intenção amorosa e consciente. Intenção e propósito são os alicerces invisíveis, porém absolutamente essenciais, de um lar vivo, coerente, significativo e alinhado com quem o habita. Sem eles, o espaço pode até se encher de coisas, de objetos, de informações visuais, mas permanecerá vazio de alma, desprovido daquela qualidade sutil que transforma uma casa em um verdadeiro lar.

Cada cômodo da casa possui, por sua natureza e localização, uma vocação energética inerente, uma função primordial sugerida pelos princípios do Feng Shui ou do Vastu Shastra, ou simplesmente pela lógica funcional. A cozinha é naturalmente um lugar de nutrição, o quarto de descanso, a sala de convívio. Ao mesmo tempo, cada morador carrega consigo necessidades únicas, desejos particulares, sonhos específicos e uma história de vida singular. Quando essas duas forças – a vocação natural do espaço e a intenção consciente do habitante – se alinham harmoniosamente, o ambiente começa a vibrar em consonância, revela sua potência máxima e passa a apoiar ativamente quem ali vive em seus objetivos e bem-estar. Contudo, quando essas forças estão desalinhadas, quando se usa um espaço de forma contraditória à sua natureza ou à intenção desejada, instala-se a confusão energética. O cômodo passa a ser usado de forma fragmentada ou inadequada, o fluxo de energia (Chi) se dispersa ou estagna, e um desconforto sutil, porém persistente, começa a se instalar, muitas vezes de forma quase imperceptível no início, mas minando gradualmente a vitalidade e a clareza dos moradores.

A prática de imbuir o lar de intenção começa com uma pergunta fundamental, a ser feita para cada ambiente principal: para que serve este espaço na minha vida, neste momento? E, num nível mais profundo: o que desejo verdadeiramente viver e sentir aqui? Qual emoção quero que predomine ao entrar neste cômodo? Que tipo de experiência quero que este lugar me ofereça e ofereça aos outros que o compartilham comigo? Descobrir o propósito essencial de cada ambiente é um processo íntimo de escuta interna, de autoconhecimento aplicado ao espaço. Não se trata de simplesmente aplicar regras externas aprendidas em livros ou seguir fórmulas prontas de design de interiores. Trata-se, sim, de alinhar a função prática do espaço à sua função emocional, simbólica e existencial na sua vida atual.

Um quarto, por exemplo, pode ser visto apenas como um lugar funcional para dormir. Mas, com intenção, ele pode ser transformado num santuário de descanso profundo e regenerador, num ninho de afeto e intimidade para o casal, num espaço seguro para sonhar e acessar o inconsciente, num refúgio silencioso para o recolhimento e a leitura. Uma sala de estar pode ser meramente um local para assistir televisão passivamente. Ou pode ser conscientemente designada como um ponto de encontro vibrante da família, um cenário acolhedor para conversas significativas e trocas verdadeiras, um palco para risadas compartilhadas e celebrações, ou mesmo um espaço para silêncios confortáveis e contemplativos a dois ou em grupo. Uma cozinha pode ser apenas um lugar pragmático para preparar comida rapidamente. Ou pode se tornar um laboratório vivo de nutrição consciente, de alquimia afetiva onde o amor é o principal ingrediente, de resgate e celebração da memória familiar através de receitas e aromas.

Quando a intenção para cada espaço se torna clara, definida e sentida no coração, a organização física desse espaço torna-se surpreendentemente simples e intuitiva. Tudo passa a girar em torno daquilo que é verdadeiramente essencial para sustentar aquele propósito declarado. Itens que não servem a essa intenção principal perdem o sentido de ali permanecer e, naturalmente, são eliminados ou realocados. A escolha da decoração, da iluminação, das cores, dos móveis – tudo se orienta como satélites girando ao redor do centro de sentido que foi estabelecido para aquele ambiente. E é justamente esse centro de propósito claro que sustenta o equilíbrio energético e a harmonia do lugar, dando coerência a cada escolha feita.

Estabelecer a intenção de um ambiente é como traçar um mapa interno para a energia que se deseja cultivar ali. E cada escolha posterior – desde a cor de uma almofada até a posição de um quadro – torna-se um passo consciente nessa direção traçada. Se o propósito primordial do quarto é o descanso profundo, então todas as possíveis interferências visuais (excesso de objetos, cores vibrantes) e tecnológicas (televisão, celular na cabeceira) devem ser cuidadosamente revistas e, idealmente, eliminadas ou minimizadas. Se a intenção principal da sala é o convívio e a conexão, então a disposição dos assentos deve favorecer o encontro olho no olho, a conversa circular, e não a alienação individual diante de uma tela centralizadora. Se o escritório doméstico é designado como um espaço de criação e foco, então ele deve ser organizado de forma a inspirar, a provocar a mente, a instigar novas ideias – e não a oprimir com acúmulos de papéis, desordem e ruídos visuais ou sonoros.

Essa clareza de propósito também permite que os ambientes não acumulem funções contraditórias que geram conflito energético. Quantas vezes observamos um mesmo cômodo – especialmente em casas ou apartamentos menores – servindo simultaneamente como dormitório, escritório, depósito de objetos variados e até área de passar roupas? Essa multiplicidade funcional pode até ser inevitável em alguns contextos de espaço limitado, mas se não for muito bem organizada e delimitada (física e energeticamente), tende a gerar uma sobreposição de energias conflitantes e um consequente cansaço psíquico nos moradores. Cada atividade humana exige uma vibração energética distinta para ser realizada com plenitude. Trabalhar exige foco (Yang), dormir exige relaxamento (Yin), guardar coisas exige organização (Metal), conviver exige abertura (Fogo/Madeira). Quando todas essas atividades e suas respectivas energias convivem misturadas no mesmo espaço físico, sem uma divisão clara ou uma transição consciente, a mente se confunde, o corpo se exaure tentando se adaptar a estímulos contraditórios, e o espaço perde sua eficácia em apoiar qualquer uma dessas funções adequadamente.

Por isso, o ato de definir a intenção de cada cômodo pode ser acompanhado e reforçado por pequenos rituais simbólicos que ancoram essa decisão no campo energético do espaço. Escrever a intenção principal para aquele ambiente em uma folha de papel e colocá-la discretamente numa gaveta ou sob um objeto significativo. Escolher um objeto específico (uma pedra, uma imagem, uma planta) que represente visualmente esse propósito e colocá-lo em lugar de destaque, mas harmonioso. Criar um pequeno altar, por mais simples que seja, com elementos (velas, cristais, flores, símbolos) que lembrem constantemente o que se quer viver e cultivar ali. Esses gestos, embora sutis, possuem um grande poder de ativar o espaço como um campo de manifestação daquela intenção. A intenção, assim, enraíza-se não apenas na mente do morador, mas no próprio corpo energético do ambiente.

A coerência entre a intenção definida e a organização física do espaço também facilita enormemente a limpeza energética periódica. Ambientes sem um propósito claro e definido tendem a se tornar ímãs para o acúmulo de objetos aleatórios, sentimentos não processados, memórias obsoletas e energias estagnadas de pessoas que por ali passaram. Eles se transformam, muitas vezes, em depósitos de passado não digerido, em porões da alma. Já um espaço com propósito claro se renova energeticamente de forma mais contínua e natural, pois é constantemente habitado com presença e consciência. Cada vez que se entra nele, a mente reconhece seu significado, o corpo responde à sua vibração específica, a energia circula de forma mais fluida e direcionada. A própria presença intencional do morador atua como um agente de limpeza e renovação constante.

A prática da definição da intenção espacial também pode ser uma ferramenta poderosa para fortalecer os laços familiares ou entre os moradores de uma casa. Reunir todos que compartilham o lar e, juntos, conversar sobre e decidir qual será o propósito principal de cada ambiente compartilhado (sala, cozinha, varanda). Esse diálogo não apenas ajuda a harmonizar o espaço físico de acordo com as necessidades de todos, mas também alinha as relações, promove o entendimento mútuo e a colaboração. Quando todos compartilham o mesmo entendimento sobre a função e a energia de um cômodo, o uso desse espaço tende a se tornar mais respeitoso, mais funcional para o grupo e, consequentemente, mais afetivo e harmonioso.

É fundamental compreender que essa definição de propósito não precisa – e não deve – ser rígida ou imutável. A casa é um organismo vivo porque a vida é dinâmica. As necessidades mudam, as fases da vida se sucedem, as prioridades se transformam. E a intenção para cada espaço precisa acompanhar essa dança da existência. Um quarto que antes era infantil pode se transformar num ateliê de pintura quando os filhos crescem. Um escritório que era essencial pode virar um quarto de hóspedes quando a aposentadoria chega. Uma varanda antes esquecida e usada como depósito pode se tornar um espaço sagrado de meditação e yoga. O importante é que, a cada nova configuração, a cada mudança significativa na vida dos moradores, a pergunta fundamental retorne: qual é a função viva e essencial deste lugar para mim (ou para nós) *agora*?

Este exercício de definir e redefinir intenções, embora possa parecer simples ou até óbvio, representa uma verdadeira revolução silenciosa no modo como habitamos nossos espaços. Porque a grande maioria das casas, infelizmente, não é habitada com intenção clara. São ocupadas por inércia, por necessidade funcional, por padrões herdados ou impostos pela sociedade de consumo. Os objetos estão onde sempre estiveram, muitas vezes sem que se questione sua real utilidade ou significado. Os móveis seguem a disposição que foi herdada ou que pareceu mais conveniente no momento da mudança. As funções dos cômodos não foram pensadas ou sentidas – apenas se impuseram pela praticidade ou pelo hábito. Trazer intenção consciente para o lar é, portanto, um ato poderoso de devolver à casa sua dignidade como extensão sagrada do ser, como parceira na jornada da vida.

Quando cada cômodo da casa tem um propósito claro e sentido, e cada propósito é vivido com presença e coerência no dia a dia, a casa inteira se transforma energeticamente. De cenário passivo e neutro, ela se torna uma colaboradora ativa do bem-estar, da clareza e da realização dos moradores. De espaço fragmentado e desconexo, ela se converte num sistema integrado e inteligente, onde cada parte contribui para a harmonia do todo. E cada gesto cotidiano – preparar o café da manhã, estender um lençol na cama, acender uma luz ao entardecer, sentar-se para ler – deixa de ser um ato mecânico para se tornar a expressão material de um sentido mais profundo, de uma intenção cultivada. A casa passa, então, a servir verdadeiramente ao que é essencial para a alma. E não ao acúmulo vazio. Não à aparência superficial. Não à distração constante. O que sobra, após esse processo de clareza, é o que sustenta. O que permanece é o que realmente importa. O que vibra é o que tem propósito genuíno. E nessa vibração consciente e alinhada, nasce uma nova e mais profunda forma de morar: habitar não apenas um espaço físico delimitado por paredes, mas um campo intencional de acolhimento, criação, crescimento e conexão espiritual. Assim, não importa o tamanho da casa, nem o valor monetário dos móveis que a preenchem. O que realmente importa é a clareza cristalina do propósito. A nitidez luminosa da intenção. Porque é isso que molda a atmosfera sutil do lar. E é essa atmosfera que, dia após dia, silenciosamente, constrói e sustenta a qualidade da vida que se deseja viver.

Capítulo 14
Mapa Baguá

Existe uma cartografia sutil, um mapa invisível que reside na sabedoria milenar do Feng Shui, capaz de desvelar as conexões profundas entre o espaço que habitamos e as diversas áreas que compõem nossa existência. Essa ferramenta, silenciosa em sua aplicação, porém de um poder transformador imenso, é conhecida como Mapa Baguá. Ele não se apresenta como um conjunto de regras inflexíveis ou imposições arbitrárias sobre como devemos organizar nossos lares. Sua natureza é mais delicada, mais reflexiva. O Baguá funciona como um espelho simbólico, um oráculo espacial que, ao ser sobreposto à planta da nossa casa, revela como a energia vital, o Chi, flui – ou deixa de fluir – através dos setores correspondentes à carreira, espiritualidade, família, prosperidade, sucesso, relacionamentos, criatividade, amigos e saúde. O próprio termo "Baguá" desvenda parte de seu mistério, significando literalmente "oito trigramas". Esses trigramas são símbolos ancestrais derivados do I Ching, o Livro das Mutações, um dos textos clássicos mais antigos e reverenciados da China. Cada trigrama é composto por uma combinação de três linhas, que podem ser contínuas (Yang) ou partidas (Yin), representando as forças fundamentais do universo e suas interações dinâmicas. O Baguá organiza esses oito trigramas ao redor de um centro, formando um diagrama octogonal ou, em adaptações mais modernas para plantas quadradas ou retangulares, uma grade de três por três, totalizando nove setores ou palácios energéticos. Cada um desses setores, chamados de Guás, pulsa com uma energia específica, ressoando diretamente com um aspecto fundamental da jornada humana.

Aplicar o Baguá sobre o espaço que chamamos de lar é um convite a um exercício de escuta profunda, uma forma de diálogo silencioso com a alma da casa. Não se trata apenas de identificar onde cada Guá se localiza, mas de sentir, observar e compreender como a energia se manifesta naquela área específica. O mapa atua como um guia, apontando quais setores da residência estão vibrando em harmonia com seus propósitos intrínsecos, nutrindo as áreas correspondentes da vida, e quais podem estar necessitando de atenção, de cuidado, de uma intervenção consciente para liberar bloqueios ou ativar potenciais adormecidos. A casa, como já exploramos em capítulos anteriores, funciona como um organismo vivo, uma extensão sensível do nosso próprio ser. Cada canto, cada parede, cada objeto nela contido ressoa, de forma sutil ou evidente, com uma faceta da nossa experiência. O Baguá nos oferece uma linguagem para decifrar essa ressonância. Imagine, por exemplo, que a área correspondente ao Sucesso em sua casa – aquele setor que rege o reconhecimento, a reputação, o brilho pessoal – está localizada num canto escuro, talvez um depósito esquecido ou uma área de passagem raramente utilizada e repleta de objetos sem função. O Baguá sugere que essa configuração espacial pode estar espelhando, simbolicamente, uma dificuldade em sentir-se reconhecido pelo mundo, uma hesitação em mostrar seus talentos ou uma sensação de invisibilidade em sua trajetória profissional ou pessoal. Da mesma forma, se o canto associado aos Relacionamentos abriga objetos quebrados, lembranças de vínculos dolorosos não resolvidos, ou simplesmente uma desordem persistente, mesmo que oculta dentro de armários, a harmonia nos relacionamentos íntimos – sejam amorosos, familiares ou de amizade – tende a ecoar esse mesmo padrão de desequilíbrio, de fragmentação ou de dificuldade em manter a conexão fluida e saudável. O espaço físico e o espaço emocional dançam juntos, e o Baguá nos ajuda a perceber os passos dessa coreografia invisível.

A aplicação prática do Baguá, felizmente, não exige conhecimentos técnicos complexos ou habilidades arquitetônicas avançadas. O ponto de partida é um mapa simples da casa ou apartamento. Pode ser a planta baixa oficial, se disponível, ou mesmo um esboço desenhado à mão, desde que mantenha as proporções gerais do espaço. O elemento crucial para a orientação do mapa, especialmente na escola de Feng Shui conhecida como Escola do Chapéu Negro (ou Budismo Tântrico Tibetano – BTB), que é muito popular no Ocidente, é a porta de entrada principal – aquela pela qual a energia primordial, o Chi, adentra o lar. Posicionando-se na porta de entrada, olhando para dentro do imóvel, o Baguá é mentalmente (ou fisicamente, sobre o desenho) sobreposto ao espaço, alinhando a base do mapa (onde se encontram os Guás da Espiritualidade, Carreira e Amigos) com a parede da porta principal. A partir dessa referência, o espaço é dividido nos nove setores energéticos. É importante notar que existe outra abordagem, a da Escola da Bússola (ou Feng Shui Clássico), que utiliza as direções cardeais reais (Norte, Sul, Leste, Oeste, etc.), determinadas com uma bússola, para posicionar os Guás. Ambas as escolas são válidas e eficazes, mas a Escola do Chapéu Negro é frequentemente preferida pela sua simplicidade e adaptabilidade a diferentes tipos de construção, especialmente em ambientes urbanos onde a orientação cardeal pode não ser ideal. Uma vez que o Baguá está posicionado, cada setor identificado passa a carregar uma assinatura energética específica, um simbolismo profundo que pode ser conscientemente trabalhado. Podemos ativar um Guá que desejamos fortalecer, harmonizar um que parece desequilibrado ou curar um que apresenta bloqueios evidentes, utilizando cores, formas, elementos, objetos e, acima de tudo, intenção clara.

Vamos explorar cada um desses palácios energéticos. O Guá da Carreira, também conhecido como Trabalho ou Caminho da Vida, localiza-se na área central da parede da porta de entrada. Ele representa não apenas a profissão, mas a jornada pessoal, o fluxo da vida, a identidade que apresentamos ao mundo e como nos movemos através dele. Associado ao elemento Água e à cor preta (ou tons muito escuros de azul), este Guá beneficia-se de elementos que simbolizam fluidez e profundidade. Um tapete em tons de azul-escuro ou preto na entrada, um espelho bem posicionado (que não reflita diretamente a porta, para não repelir o Chi que entra), uma fonte de água pequena ou uma imagem que evoque movimento, como um rio sinuoso ou o oceano, podem ativar positivamente esta área. Bloqueios aqui, como um corredor de entrada obstruído, uma porta que emperra ao abrir, um ambiente escuro ou caótico logo ao entrar, podem simbolizar dificuldades no avanço profissional, sensação de estagnação na vida ou falta de clareza sobre o próprio caminho. Cuidar da entrada é cuidar do início da jornada.

No canto esquerdo da entrada (sempre olhando de dentro da porta para o interior), encontramos o Guá da Espiritualidade, também chamado de Sabedoria ou Conhecimento. Este setor está intrinsecamente ligado ao autoconhecimento, à sabedoria interna, à capacidade de estudo, reflexão e conexão com o sagrado, seja ele qual for para cada indivíduo. Seu elemento é a Terra (Montanha, no I Ching) e suas cores associadas são o azul, o verde-escuro e o lilás. É uma área ideal para instalar bibliotecas, criar um canto de meditação ou leitura, ou simplesmente um espaço tranquilo para introspecção. Livros, objetos que remetem à calma (como uma imagem de montanha), almofadas confortáveis, iluminação suave e aromas como sândalo ou lavanda fortalecem este Guá. Um ambiente caótico, desorganizado ou utilizado como depósito nesta área pode refletir confusão mental, dificuldade de concentração nos estudos, falta de clareza espiritual ou uma sensação de desconexão consigo mesmo.

Avançando para o centro da parede esquerda, situa-se o Guá da Família, ou Ancestralidade. Este setor rege os vínculos com nossas raízes, a relação com os antepassados, a saúde física e emocional da família como um todo e a estrutura que nos sustenta. Seu elemento é a Madeira (Trovão) e sua cor é o verde vibrante. É um local excelente para expor fotografias familiares felizes e bem escolhidas (evitando imagens de momentos tristes ou de pessoas com quem há conflitos não resolvidos). Plantas saudáveis e vigorosas, especialmente as que crescem para cima, móveis de madeira robusta e objetos que simbolizem crescimento e união familiar ativam positivamente esta energia. A presença de móveis quebrados, objetos danificados, memórias dolorosas associadas a conflitos familiares ou desordem neste setor podem indicar desequilíbrios nos laços familiares, problemas de saúde recorrentes ou uma sensação de falta de apoio e estrutura.

No canto posterior esquerdo, o mais distante da porta na parede esquerda, encontramos um dos Guás mais celebrados: o da Prosperidade, também conhecido como Riqueza ou Abundância. É aqui que reside simbolicamente o fluxo da abundância material, mas também a prosperidade em todos os sentidos – saúde, relacionamentos, oportunidades, generosidade e a sensação de merecimento. Seu elemento também é a Madeira (Vento) e suas cores são o púrpura, o lilás e o dourado. Para potencializar esta área, podemos utilizar plantas saudáveis e frondosas (como a Zamioculcas ou a Árvore da Felicidade), uma pequena fonte de água com fluxo suave e constante (a água em movimento simboliza o fluxo financeiro), objetos dourados ou que remetam à riqueza (como moedas chinesas, cristais como o citrino ou a pirita), ou um símbolo pessoal de abundância. É crucial que esta área esteja sempre limpa, organizada e livre de bagunça. Acumular objetos esquecidos, quebrados, lixo ou manter esta área negligenciada pode refletir bloqueios no fluxo financeiro, dificuldades em receber ou uma crença limitante sobre o próprio merecimento e capacidade de gerar riqueza.

Ao centro da parede do fundo, oposta à porta de entrada, localiza-se o Guá do Sucesso, também chamado de Fama ou Reconhecimento. Este setor relaciona-se com a nossa reputação, como somos vistos pelo mundo, nosso brilho pessoal, nossa imagem pública e a capacidade de realizar nossos objetivos e sermos reconhecidos por eles. O elemento associado é o Fogo e a cor predominante é o vermelho vibrante (podendo usar também laranja, amarelo forte ou dourado). Para ativar esta área, podemos utilizar objetos que simbolizem conquistas pessoais (diplomas, troféus, fotos de momentos de sucesso), uma iluminação forte e bem posicionada (como um spot de luz direcionado), objetos em formato triangular ou piramidal, ou uma peça de arte com cores quentes e vibrantes que represente paixão e reconhecimento. Um ambiente escuro, abandonado, excessivamente neutro ou com objetos que remetem a fracassos ou frustrações nesta área pode indicar dificuldade em se destacar, medo de exposição, problemas de reputação ou uma sensação de não ser visto ou valorizado em seus esforços.

No canto posterior direito, o mais distante da porta na parede direita, encontramos o Guá dos Relacionamentos. Este setor ressoa profundamente com os vínculos afetivos, especialmente o relacionamento amoroso, mas também abrange parcerias, sociedades e a relação com o feminino interior (anima). Seu elemento é a Terra (Terra receptiva) e suas cores são o rosa, o branco e tons pastéis suaves. A energia deste Guá é fortalecida pela dualidade e pelo equilíbrio. É ideal manter objetos em pares: dois abajures iguais, duas velas, duas almofadas idênticas, um par de patos mandarim (símbolo tradicional de união), ou imagens que evoquem amor, carinho e parceria. Fotos do casal (se houver) em momentos felizes são bem-vindas. É importante evitar objetos solitários, imagens tristes ou que remetam a separações, ou a presença de itens relacionados ao trabalho ou a outras pessoas que não o parceiro(a). Um canto desorganizado, esquecido, com objetos quebrados ou que simbolizem solidão nesta área pode refletir dificuldades nos relacionamentos, solidão, desequilíbrio na vida amorosa ou problemas em parcerias.

O centro do Baguá, o coração da casa, é o Guá da Saúde, também conhecido como Tai Chi. Este ponto é crucial, pois influencia e equilibra todos os outros Guás. Ele representa a saúde física, mental e espiritual, o equilíbrio geral e a vitalidade do lar e de seus moradores. Seu elemento é a Terra e sua cor é o amarelo (ou tons terrosos e ocres). A recomendação fundamental para esta área é mantê-la o mais livre, limpa e bem iluminada possível. Evite móveis pesados, divisórias, escadas ou banheiros localizados exatamente no centro da casa. Se houver obstruções, a energia vital de todo o espaço pode ser comprometida, gerando sensação de peso, dificuldade em tomar decisões, problemas de saúde ou desequilíbrio geral. Para fortalecer o centro, utilize tapetes quadrados em tons de amarelo ou terra, objetos de cerâmica, cristais como o quartzo transparente ou amarelo, e mantenha a área sempre organizada e com boa circulação de ar e luz. O centro é o ponto de união, o eixo que sustenta a roda da vida refletida no lar.

Movendo-nos para o centro da parede direita, encontramos o Guá da Criatividade, também associado aos Filhos (sejam eles literais ou projetos e ideias que "nascem" de nós). Este setor está ligado à expressão criativa em todas as suas formas, à alegria, ao prazer, à espontaneidade, à fertilidade (simbólica ou literal) e à relação com a infância (a nossa e a dos filhos). Seu elemento é o Metal (Lago) e sua cor é o branco (ou tons pastéis metálicos, como prateado). É um local excelente para um canto de artes, com materiais de pintura, desenho ou escrita, instrumentos musicais, brinquedos (se houver crianças), ou objetos lúdicos e coloridos que remetam à alegria e à expressão. Quadros com arte abstrata vibrante, esculturas com formas arredondadas ou objetos de metal polido também ativam esta energia. Um espaço estéril, sombrio, desorganizado ou negligenciado aqui pode indicar bloqueios criativos, dificuldade em expressar a própria verdade, problemas na relação com os filhos ou falta de alegria e prazer na vida.

Finalmente, no canto inferior direito, próximo à porta de entrada na parede direita, situa-se o Guá dos Amigos, também chamado de Pessoas Prestativas, Benfeitores ou Viagens. Este setor rege as conexões sociais, os amigos que nos apoiam, os mentores que nos guiam, a ajuda inesperada que recebemos do universo e também as viagens (físicas ou espirituais) que expandem nossos horizontes. Seu elemento é o Metal (Céu) e suas cores são o cinza, o branco e o preto. Para ativar esta área, podemos usar fotografias de amigos queridos em momentos felizes, imagens de lugares que desejamos visitar ou que nos inspiram, globos terrestres, mapas, objetos de metal (como sinos ou esculturas), ou símbolos que representem proteção e apoio espiritual (como anjos ou guias). Manter esta área organizada, talvez com um local para guardar cartões de visita ou contatos importantes, também fortalece a rede de apoio. Desordem, objetos quebrados ou a ausência de elementos que simbolizem conexão neste Guá podem refletir isolamento social, falta de apoio ou dificuldades em realizar viagens e expandir horizontes.

Com este mapa simbólico sobreposto à planta da casa, o morador é convidado a olhar para seu espaço com uma nova profundidade. Cada canto deixa de ser apenas um metro quadrado funcional e ganha um significado mais amplo, uma ressonância existencial. Uma simples reorganização de móveis, a pintura de uma parede, a colocação de uma planta ou a retirada de um objeto que não vibra mais em harmonia deixam de ser atos aleatórios e se transformam em gestos carregados de intenção, em diálogos conscientes com o próprio campo energético. Retirar um objeto acumulado de um Guá específico pode significar, simbolicamente, liberar uma energia que estava presa naquela área correspondente da vida. Colocar uma imagem inspiradora, um cristal ou uma cor específica pode ser um chamado consciente para nutrir um aspecto esquecido de si, para convidar uma nova frequência a se manifestar.

Contudo, é fundamental reiterar que o Baguá não é uma fórmula mágica, nem um conjunto de regras dogmáticas. Ele é um convite à exploração, uma ferramenta de autoconhecimento espacial. A intuição desempenha um papel crucial neste processo. Se a área sugerida para um determinado Guá não corresponde exatamente ao uso atual do cômodo (por exemplo, o Guá da Prosperidade cai sobre um banheiro), não há motivo para pânico. O Feng Shui oferece curas e ajustes para harmonizar essas situações. Podemos usar cores, espelhos, cristais ou elementos específicos para neutralizar energias desfavoráveis ou potencializar as que desejamos, adaptando a simbologia à realidade do espaço. A escuta sensível da linguagem particular daquela casa, daquele apartamento, é sempre soberana. O que importa, verdadeiramente, é que o sentido se revele através da interação com o mapa, que a conexão entre o espaço e a vida se torne consciente, e que a casa se transforme, gradualmente, em um reflexo cada vez mais autêntico e potente de uma existência vivida com intenção.

Com o tempo e a prática, o morador começa a perceber os sinais sutis dessa interação. Pequenas mudanças realizadas no ambiente, com foco em um Guá específico, começam a ressoar em mudanças internas, em desbloqueios emocionais, em clareza mental, em sincronicidades inesperadas que surgem na área da vida correspondente. O lar se transforma, assim, num tabuleiro simbólico de crescimento pessoal, um laboratório alquímico onde matéria e espírito dançam juntos. E o Baguá se revela como uma bússola preciosa – não para ditar caminhos rígidos, mas para iluminar a jornada, lembrando-nos constantemente que o espaço físico onde pisamos está intrinsecamente entrelaçado com os caminhos que escolhemos trilhar na vida. Cada canto do lar, sob essa ótica, dialoga com a alma. E quando a alma se dispõe a escutar, quando a consciência se abre para essa dança entre o visível e o invisível, tudo começa a se alinhar – dentro e fora, matéria e energia. O Mapa Baguá, neste contexto amplo e profundo, transcende a mera ferramenta de organização espacial. Ele se torna um meio de devolver à casa sua dimensão sagrada, simbólica, transformadora. E, simultaneamente, devolve ao morador o poder de caminhar por sua própria vida com mais consciência, clareza, presença e harmonia.

Capítulo 15
Luz e Cor

No teatro silencioso que é o nosso lar, dois atores desempenham papéis de protagonismo absoluto, embora muitas vezes suas atuações passem despercebidas pela consciência apressada do dia a dia. São a luz e a cor. Juntas, elas não apenas definem a estética e a atmosfera de um ambiente, mas atuam como regentes sutis da nossa vibração emocional, física e até mesmo espiritual. Elas pintam o ar que respiramos, moldam a percepção do espaço e interferem diretamente na qualidade da nossa energia vital. Uma casa banhada por uma luz adequada, que respeita os ciclos naturais, e vestida com cores que vibram em harmonia com seus propósitos e com a alma de quem a habita, assemelha-se a um organismo vivo pulsante, sintonizado com o tempo interno do morador e com a frequência essencial da própria vida. Compreender a profundidade e o poder dessas duas forças silenciosas – a luz que revela e a cor que expressa – é abrir a porta para redesenhar não somente a aparência do espaço, mas sua própria essência energética, transformando o lar num verdadeiro campo de cura e bem-estar.

A luz, em sua manifestação mais pura e primordial, é a ponte dourada que conecta o universo exterior ao nosso refúgio interior. A luz solar, em particular, transcende a mera função de iluminar; ela é um agente ativo de cura, equilíbrio e vitalidade. Nosso corpo responde a ela de forma intrínseca e profunda. Os ritmos circadianos, que governam nossos ciclos de sono e vigília, são diretamente regulados pela exposição à luz natural. Nosso humor, a capacidade de concentração, a qualidade do sono e até mesmo o apetite são influenciados pela presença – ou pela ausência – dos raios solares em nosso cotidiano. Uma casa que acolhe a luz do sol com generosidade, permitindo que ela dance pelos cômodos ao longo do dia, é uma casa que respira vitalidade. E um lar que respira, inevitavelmente, torna-se um ambiente que propicia a cura, o bem-estar e a clareza mental. Por essa razão, a primeira etapa na harmonização de um espaço através da luz envolve uma observação atenta e sensível da sua trajetória natural. Existem janelas obstruídas por móveis pesados, cortinas opacas que bloqueiam a claridade ou grades que criam sombras indesejadas? Há beirais excessivamente longos que impedem a entrada do sol, especialmente nos meses de inverno? Existem espelhos que poderiam ser estrategicamente posicionados para capturar a luz de uma janela e refleti-la para cantos mais escuros, expandindo a luminosidade e a sensação de amplitude? Um único reflexo bem pensado pode operar uma transformação notável na atmosfera de um cômodo. A escolha de um tecido mais leve e translúcido para as cortinas pode permitir a passagem da luz, criando um filtro suave e poético, sem comprometer a privacidade necessária. E o simples, porém poderoso, gesto de abrir as janelas diariamente, permitindo a troca de ar e a entrada direta da luz, funciona como um ritual diário de renovação energética, um convite para que o Chi fresco e vibrante nutra o ambiente.

Contudo, a dança da luz não se encerra com o pôr do sol. A iluminação artificial assume o palco durante a noite ou em ambientes que, por sua arquitetura, recebem pouca insolação natural. A escolha criteriosa dessa iluminação é determinante para a atmosfera e o bem-estar. As luzes brancas e frias (com alta temperatura de cor, medidas em Kelvin), frequentemente utilizadas por padrão em muitos lares e escritórios, são muitas vezes incompatíveis com a sensação de acolhimento e relaxamento que buscamos em casa. Elas tendem a estimular a mente, acelerar o ritmo interno e criar uma sensação de distanciamento, sendo mais adequadas para ambientes de trabalho que exigem alerta máximo. Em contrapartida, as luzes quentes – com tonalidades amareladas ou alaranjadas (baixa temperatura de cor) – evocam sensações de abrigo, conforto, intimidade e repouso. Elas mimetizam a luz do fogo da lareira ou das velas, conectando-nos a uma memória ancestral de segurança e calor. Um mesmo cômodo pode ganhar múltiplas personalidades e funcionalidades através do uso inteligente de diferentes pontos e tipos de luz. Uma iluminação geral, talvez no teto, pode servir para atividades mais práticas. Abajures com cúpulas que difundem a luz criam nichos de aconchego para leitura ou conversas íntimas. Velas, usadas com segurança e intenção, oferecem uma luz viva e dançante, perfeita para momentos de introspecção, meditação ou romance.

A intensidade da luz também é crucial; o uso de dimmers (reguladores de intensidade) permite ajustar a luminosidade conforme a necessidade e o momento do dia, criando uma flexibilidade que acompanha os ritmos internos. A luz artificial, portanto, não é apenas um substituto da luz solar; ela é uma ferramenta moldável, capaz de esculpir atmosferas e, simultaneamente, modular nosso estado de espírito, nossas emoções e nossa disposição física.

Se a luz é a reveladora, a cor é a expressão visível da própria energia. Cada matiz, cada tonalidade, cada saturação carrega consigo uma frequência vibracional única. Essa frequência interage diretamente com nossos centros energéticos, com nosso sistema nervoso e com nossa psique, mesmo que não tenhamos consciência plena dessa interação. As cores não são meros elementos decorativos aplicados às superfícies; elas são uma linguagem poderosa, uma forma de comunicação não verbal que evoca emoções, desperta sensações e influencia nossa respiração e nosso estado de ânimo. Ao escolher as cores que vestirão um ambiente, estamos, na verdade, escolhendo o tipo de energia que desejamos que ele emane, a qualidade da vibração que queremos cultivar naquele espaço. Cada cômodo, com sua função específica dentro da dinâmica do lar, pede um tom emocional particular, uma paleta que sustente seu propósito.

Os tons azuis, por exemplo, em suas diversas variações, desde o azul-celeste suave até o índigo profundo, são conhecidos por suas qualidades calmantes e tranquilizadoras. Eles convidam ao silêncio interior, à introspecção, à serenidade mental. São ideais para quartos, onde favorecem o sono reparador, para espaços de meditação ou estudo, onde auxiliam a concentração, ou para banheiros, onde evocam a pureza e a fluidez da água. Os verdes, que nos conectam diretamente à natureza, trazem sensações de frescor, equilíbrio, cura e estabilidade. O verde-musgo ancora, o verde-folha revitaliza, o verde-água refresca. Funcionam muito bem em salas de estar, cozinhas (onde simbolizam saúde e vitalidade), escritórios (onde promovem um foco calmo) ou em qualquer espaço onde se deseje trazer a energia regeneradora do elemento Madeira. O amarelo, a cor do sol, em suas variações do pálido ao vibrante, ativa a mente, estimula a comunicação, a alegria, o otimismo e o foco intelectual. É uma cor excelente para áreas sociais, salas de jantar (onde pode estimular o apetite e a conversa), cozinhas, escritórios criativos ou quartos de crianças, mas deve ser usada com equilíbrio para não gerar agitação.

  Os tons alaranjados, quentes e acolhedores, herdam a energia do amarelo e a intensidade do vermelho. Eles aproximam as pessoas, favorecem a comunicação afetiva, o entusiasmo e a sensação de conforto. Podem ser muito bem-vindos em salas de jantar, áreas de convívio, cozinhas ou halls de entrada, criando uma atmosfera convidativa e calorosa. O vermelho, por sua vez, é a cor da energia vital primordial, da paixão, da ação, do poder. É a cor do elemento Fogo em sua máxima expressão. Por ser muito estimulante, deve ser usado com moderação e intenção, preferencialmente em pontos estratégicos – uma parede de destaque, almofadas, objetos decorativos. Em excesso, o vermelho pode causar agitação, irritabilidade ou ansiedade. É uma cor poderosa para ativar áreas ligadas ao sucesso ou à paixão, mas requer cautela. O rosa, especialmente em suas versões mais suaves e delicadas, é a cor da ternura, da conexão afetiva, do amor incondicional e do autocuidado. É ideal para quartos de casal, quartos de crianças ou qualquer espaço onde se deseje cultivar uma atmosfera de gentileza, compaixão e receptividade.

Os tons neutros – como o bege, o branco (em suas variações off-white), o cinza-claro, a cor areia – oferecem uma base de estabilidade, calma e elegância. Eles ampliam visualmente os espaços e servem como tela para que outros elementos se destaquem. No entanto, se usados em excesso e sem contrapontos de textura ou calor, podem tornar o ambiente frio ou monótono. O segredo está em combiná-los com materiais naturais, iluminação quente e pontos de cor sutis. Os tons terrosos – marrons, ocres, terracota – conectam-nos com a força da Terra, com a ancestralidade, com a segurança e o enraizamento. Podem ser incorporados através de pisos, móveis de madeira, tecidos rústicos como o linho ou a juta, ou objetos de cerâmica e barro. Já os tons mais escuros, como o grafite, o azul-marinho, o verde-petróleo ou o vinho, trazem profundidade, mistério, sofisticação e um convite à introspecção. Devem ser usados com parcimônia, geralmente em paredes de destaque, móveis específicos ou detalhes, e sempre equilibrados com elementos mais claros e boa iluminação, para que o ambiente não se torne pesado ou opressivo.

A aplicação dessas cores pode se dar de inúmeras formas. Não se limita à pintura das paredes. Tecidos de cortinas, sofás, almofadas e tapetes; móveis com acabamentos coloridos; objetos decorativos como vasos, quadros, esculturas; até mesmo a cor da louça ou dos utensílios de cozinha – tudo contribui para a paleta cromática do ambiente. Muitas vezes, não é necessário pintar uma sala inteira para renovar sua energia. Uma única parede com uma cor de destaque bem escolhida, ou a introdução de novas almofadas e um tapete vibrante, já podem alterar significativamente o campo vibracional do espaço. A experimentação é bem-vinda, sempre guiada pela sensação que se busca criar.

É importante, também, considerar a harmonia cromática geral da casa, o fluxo de cores entre os diferentes cômodos. Há lares onde cada ambiente possui uma paleta completamente distinta e desconectada, o que pode gerar uma sensação de fragmentação visual e energética. Em outros, predomina uma homogeneidade excessiva de tons neutros, resultando em tédio visual ou falta de vitalidade. O ideal é buscar um equilíbrio: cada espaço pode ter sua identidade cromática, alinhada à sua função, mas deve existir um fio condutor – talvez uma paleta de cores base que se repete em detalhes, ou uma coerência estética nos materiais e acabamentos – que una o conjunto, criando uma sensação de unidade e fluxo harmonioso por toda a casa. As cores podem, ainda, ser escolhidas de forma intencional para ativar áreas específicas da vida, conforme o Mapa Baguá. O canto da Prosperidade, por exemplo, beneficia-se de tons de púrpura, verde-esmeralda ou dourado. O setor dos Relacionamentos é favorecido por tons de rosa, vermelho suave ou cores terrosas em pares. A área da Carreira ressoa com o preto ou o azul-escuro. Novamente, isso não significa necessariamente pintar as paredes com essas cores, mas sim introduzi-las de forma simbólica e equilibrada através de objetos, tecidos, obras de arte ou detalhes visuais que carreguem essa intenção.

É fundamental reconhecer que nossa relação com as cores é dinâmica. Um tom que antes nos inspirava e trazia conforto pode, com o tempo, começar a incomodar ou parecer inadequado. Uma cor que trouxe vitalidade a um determinado momento pode se tornar cansativa ou excessiva em outra fase da vida. Isso é perfeitamente natural, pois nós mudamos, nossos ciclos internos se alteram, e a casa, como espelho sensível, precisa acompanhar essa mutação. A cor é também um reflexo do nosso estado interno. Mudar a cor de uma parede, trocar as capas das almofadas ou introduzir um novo quadro pode ser um gesto poderoso para marcar o início de uma nova fase, para permitir que uma nova energia floresça com mais verdade e alinhamento.

Por fim, a chave mestra para um ambiente verdadeiramente vivo e harmonioso reside no equilíbrio primoroso entre a luz e a cor. Uma cor escolhida com sabedoria, mas aplicada sob uma iluminação inadequada, perde grande parte do seu potencial expressivo e vibracional. Uma luz bonita e bem projetada, mas incidindo sobre uma parede sem alma ou com uma cor que drena a energia, não consegue, sozinha, transformar a atmosfera. Mas quando luz e cor dialogam em harmonia, quando dançam juntas em sintonia com a intenção do cômodo e com a sensibilidade de quem o habita, o espaço ganha alma, profundidade, presença. Torna-se mais do que um conjunto de superfícies e volumes; transforma-se num campo vibracional que nutre e inspira. Luz e cor são a linguagem invisível da alma do lar. Elas falam diretamente com nosso inconsciente, contornando as barreiras da mente racional. E por isso, quando são bem escolhidas, quando estão em equilíbrio, ninguém precisa explicar o porquê de se sentir bem naquele lugar – o corpo sente, o coração reconhece, a mente aquieta. A casa se torna, então, um campo cromático e luminoso de cura, de expressão autêntica e de profunda harmonia. Ao compreendermos que cada raio de luz que entra pela janela e cada centímetro de cor que veste nossas paredes são partes integrantes de um organismo vivo e interconectado, descobrimos que transformar o espaço é, em essência, transformar a própria frequência da nossa vida. E que viver em harmonia com a luz e com a cor é, em última análise, viver em sintonia plena com nossa própria essência luminosa.

Capítulo 16
Materiais Naturais

Numa era marcada pela velocidade, pela artificialidade e por superfícies que mimetizam, mas raramente incorporam a essência do que representam, emerge um anseio profundo por reconexão. Buscamos, muitas vezes sem saber, o toque da verdade, a textura que conta histórias, a matéria que respira junto conosco. O toque da madeira viva sob os dedos, o cheiro de terra crua após a chuva, o brilho irregular e único da cerâmica moldada por mãos humanas – há uma sabedoria silenciosa, uma ressonância ancestral nos materiais naturais que nenhum composto sintético, por mais tecnologicamente avançado que seja, consegue verdadeiramente imitar. Em meio a um cotidiano frequentemente plastificado, automatizado, onde as texturas tendem à uniformidade plana e as superfícies brilham com um polimento excessivo e frio, a presença da natureza dentro de casa, manifestada através dos materiais que escolhemos para nos cercar, torna-se um poderoso antídoto. É um retorno ao essencial, um resgate da nossa ligação intrínseca com o mundo orgânico, uma forma de nos reconectarmos com aquilo que pulsa sob nossos pés, nos oceanos, nas florestas, e que nos sustenta com sua densidade, sua beleza imperfeita e sua profunda vitalidade.

Escolher materiais naturais para compor o ambiente do nosso lar transcende a mera decisão estética ou decorativa; é, fundamentalmente, uma escolha vibracional. Cada elemento proveniente da natureza – seja madeira, pedra, fibra, barro ou metal em seu estado mais bruto – carrega consigo uma história geológica ou biológica, uma assinatura energética única, uma qualidade intrínseca que comunica vida, tempo e transformação. Ao contrário dos materiais industrializados, que frequentemente buscam a padronização, a imutabilidade e tendem a um certo silêncio energético, os materiais que vêm diretamente da terra, das plantas ou dos animais respiram junto com o ambiente. Eles envelhecem, adquirem pátina, mudam de cor com a exposição à luz, reagem à umidade do ar, absorvem e liberam aromas sutis, interagem dinamicamente com o espaço e com quem o habita. E essa vitalidade discreta, essa capacidade de estar em constante diálogo com o entorno, reverbera de forma positiva no corpo, na mente e no espírito, nutrindo uma sensação de bem-estar, pertencimento e equilíbrio. A própria ciência moderna, através do conceito de Biofilia – nossa afinidade inata por tudo que é vivo –, começa a comprovar o que as tradições ancestrais sempre souberam: cercar-se de natureza, mesmo em fragmentos, é essencial para a saúde humana.

A madeira, por exemplo, é muito mais do que um recurso visual que confere aconchego e calor aos ambientes. Cada peça de madeira é um registro do tempo, carrega em suas fibras a memória das florestas de onde veio, a história dos ciclos de crescimento, das estações que atravessou. Um móvel de madeira maciça, especialmente quando tratado com óleos ou ceras naturais em vez de vernizes sintéticos que selam seus poros, continua a interagir com o ambiente: libera aromas sutis, reage à umidade do ar expandindo-se ou contraindo-se ligeiramente, aquece-se ao toque de forma acolhedora. Ele vive junto com a casa, envelhecendo com dignidade. Um piso de madeira natural, além de belo, aquece os pés, absorve ruídos criando uma acústica mais agradável e oferece uma base sólida e conectada à terra. Tábuas de madeira expostas no teto, ou vigas aparentes, criam não apenas um efeito estético rústico ou elegante, mas também evocam uma sensação ancestral de abrigo, de estrutura protetora. Existem inúmeras variedades de madeira, cada uma com sua cor, textura e densidade – do pinho claro e macio ao carvalho robusto e escuro, do bambu flexível e sustentável às madeiras de demolição carregadas de história – oferecendo um vasto leque de possibilidades expressivas e energéticas.

As fibras naturais – como o algodão orgânico, o linho rústico, a lã aconchegante, a seda luminosa, o cânhamo resistente ou o sisal e a juta de textura terrosa – trazem ao ambiente uma qualidade tátil e respirável que convida ao conforto e à sensorialidade. Tecidos de origem vegetal ou animal, especialmente quando não submetidos a tratamentos químicos agressivos ou tingimentos sintéticos pesados, permitem que a pele respire, ajudam a regular a temperatura corporal e tornam a experiência de morar mais sensível, mais conectada aos ciclos naturais. Uma cortina de linho cru que se move suavemente com a brisa traz leveza e poesia ao espaço. Um tapete de sisal ou juta, com sua textura firme e natural, conecta os pés diretamente ao chão, oferecendo uma sensação de enraizamento e estabilidade. Uma manta de lã pura, com suas variações de textura e calor incomparável, aquece o corpo e a alma com uma dignidade ancestral, remetendo aos primórdios do abrigo humano. O algodão, em lençóis ou estofados, oferece maciez e frescor. Cada fibra tem sua própria linguagem tátil e visual.

 A pedra, por sua vez, oferece ao lar a energia da estabilidade, da presença duradoura, da força silenciosa da Terra. Superfícies de granito, mármore, ardósia, quartzito, ou mesmo pedras menos convencionais como o basalto vulcânico, o arenito poroso ou os seixos rolados de rio, têm o poder de ancorar a energia do espaço, de criar pontos de densidade e solidez que equilibram a fluidez dos outros elementos. Utilizada em bancadas de cozinha, pisos de áreas de grande circulação, revestimentos de banheiros, lareiras ou mesmo em detalhes decorativos como esculturas, vasos ou simplesmente como pedras naturais dispostas em um arranjo, a pedra natural introduz uma qualidade de permanência e resistência. Sua frieza ao toque é física, mas sua vibração energética é frequentemente quente e protetora, por vir das profundezas da terra, carregando a memória de milhões de anos de formação geológica.

 A cerâmica, o barro cozido, o tijolo aparente – materiais que nascem da terra úmida, são moldados por mãos humanas e transformados pelo fogo – trazem para dentro de casa a beleza da imperfeição artesanal. Suas superfícies são frequentemente únicas, com pequenas irregularidades, variações de cor, ranhuras, curvas orgânicas, poros que respiram. Utilizados em vasos para plantas, louças de uso diário, pisos rústicos, azulejos pintados à mão ou revestimentos de parede, esses materiais transmitem autenticidade, calor humano, um vínculo direto com a cultura manual e com o toque singular de quem os criou. São materiais que celebram a singularidade, que acolhem a marca do tempo e do uso, e por isso, trazem uma camada de verdade e alma ao espaço, alinhando-se perfeitamente com a filosofia Wabi-Sabi que encontra beleza na imperfeição e na transitoriedade.

O bambu, uma gramínea de crescimento rápido e grande resistência, é outro exemplo notável de material natural que carrega múltiplas qualidades energéticas: representa crescimento acelerado, flexibilidade, resiliência e sustentabilidade. Usado em pisos, móveis, esteiras, persianas, divisórias de ambiente ou objetos decorativos, o bambu traz ao espaço uma combinação única de leveza visual e firmeza estrutural, associada à energia de expansão do elemento Madeira. A palha, as folhas secas trançadas em cestos, luminárias ou painéis, os objetos de vime ou rattan – todos esses elementos resgatam o gesto ancestral do artesão e devolvem à casa a beleza da simplicidade funcional, a conexão com o fazer manual e com os ciclos da natureza.

A escolha consciente por materiais naturais também implica um cuidado direto com a saúde dos moradores. Ambientes saturados de plásticos, resinas sintéticas, colas com formaldeído, vernizes agressivos, tintas com altos níveis de compostos orgânicos voláteis (VOCs) e outros produtos químicos liberam continuamente partículas e gases tóxicos no ar interior. Essa poluição invisível pode afetar a qualidade do ar que respiramos, contribuindo para problemas respiratórios, alergias, dores de cabeça e outros desequilíbrios na saúde a longo prazo. Em contrapartida, uma casa que prioriza móveis de madeira maciça tratada com produtos naturais, tecidos orgânicos sem tingimentos tóxicos, tintas ecológicas à base de água ou cal, e outros materiais que "respiram" e não emitem substâncias nocivas, reduz significativamente a carga tóxica invisível. Cria-se, assim, um espaço mais saudável, propício ao descanso reparador, à vitalidade física e ao equilíbrio hormonal.

Estudos científicos recentes vêm reforçando essa percepção intuitiva sobre os benefícios dos materiais naturais. Pesquisas na área da psicologia ambiental e da neuroarquitetura demonstram que a simples presença de madeira em ambientes fechados pode reduzir a pressão arterial, diminuir a frequência cardíaca e baixar os níveis de cortisol, o hormônio do estresse. Texturas naturais, como as encontradas em pedras, fibras ou madeiras brutas, estimulam o sistema nervoso parassimpático, que é responsável pelas respostas de relaxamento, calma e sensação de segurança. É como se o corpo humano, ao entrar em contato físico com elementos da natureza, reconhecesse um ambiente familiar e seguro, ativando uma memória celular profunda de pertencimento e bem-estar. Essa conexão biofílica traz paz e equilíbrio de forma quase instantânea.

Incorporar materiais naturais no lar não significa, necessariamente, transformar a casa numa cabana rústica ou adotar um estilo específico. A integração pode ocorrer de forma gradual, sutil e adaptada ao estilo pessoal e às necessidades funcionais de cada um. Trocar uma cadeira de plástico por uma de madeira ou bambu. Substituir as capas sintéticas das almofadas por outras de linho, algodão ou lã. Incluir um vaso de cerâmica artesanal em vez de um de vidro industrializado. Usar cortinas de fibras naturais que filtrem a luz suavemente. Optar por uma bancada de pedra ou madeira na cozinha em vez de laminados artificiais. Utilizar cestos de palha para organização. Escolher um tapete de juta ou sisal para delimitar um espaço. Pequenos gestos que, somados, vão gradualmente reconstruindo a atmosfera sensorial e energética do espaço, tornando-o mais vivo e respirante.

Essa escolha por materiais naturais também se alinha, frequentemente, a uma postura de maior respeito e consciência em relação ao planeta. Materiais naturais, especialmente quando provenientes de fontes sustentáveis (como madeiras certificadas ou bambu), de produção local e que são duráveis ou biodegradáveis, reduzem o impacto ambiental associado à extração, produção e descarte de materiais sintéticos derivados do petróleo. Valorizar o trabalho artesanal, as cadeias de produção justas e os materiais que podem retornar à terra sem causar poluição é parte de um ciclo virtuoso de respeito: da natureza para o lar, e do lar de volta à natureza.

E há, por fim, um valor invisível, porém inestimável, na utilização desses materiais: a beleza da pátina, a presença do tempo. Materiais naturais envelhecem. E, ao contrário dos sintéticos que se degradam ou perdem o brilho, muitos materiais naturais tornam-se ainda mais belos com o passar dos anos e com as marcas do uso. Um tampo de madeira que escurece suavemente onde as mãos repousam com frequência. Um piso de pedra que ganha um polimento natural nas áreas de maior passagem. Um tecido de linho que se torna mais macio a cada lavagem. O couro que adquire marcas e nuances que contam a história de quem o usou. O tempo inscreve sua caligrafia única sobre esses materiais, e isso os humaniza, os singulariza, os aproxima afetivamente do morador. Cria-se uma relação de memória, de história partilhada, de convivência. Superfícies sintéticas, projetadas para parecerem novas para sempre ou para serem descartadas rapidamente, raramente se comprometem com a alma da casa dessa forma. Já os materiais naturais assumem as marcas do uso como medalhas de honra, como testemunhas silenciosas da vida que aconteceu ali. Ao nos cercarmos desses elementos autênticos e vivos, a casa se transforma num ecossistema sensível e interativo. A madeira dialoga com a luz e a umidade. A pedra responde à temperatura do ambiente. O tecido filtra o som e a luz. O barro respira. O corpo sente essa organicidade, reconhece a linguagem da natureza e relaxa. O espaço deixa de ser um cenário inerte e torna-se corpo estendido, pele ampliada, natureza incorporada. E viver ali é viver mais perto de si mesmo, mais conectado à Terra, mais imerso na própria vida. Porque, afinal, a natureza nunca saiu de nós; nós é que, por vezes, nos afastamos dela. Trazer seus materiais de volta para dentro de casa é um ato de resgate, um lembrete silencioso do que fomos, do que somos e do que ainda podemos ser em nossa essência mais pura. Um gesto simples na forma, mas profundamente transformador em sua vibração. Um resgate silencioso da harmonia esquecida entre o ser humano e o mundo natural.

Capítulo 17
Elementos Vivos

Existe uma pulsação silenciosa, uma energia que se manifesta de forma sutil mas inconfundível, quando a vida é convidada a adentrar e a se instalar dentro do nosso lar. Não basta apenas organizar os objetos com esmero, distribuir os móveis com equilíbrio geométrico, escolher cores harmoniosas que agradem aos olhos ou aplicar mapas simbólicos que orientem a energia. A casa, para se tornar verdadeiramente habitável em sua plenitude, para vibrar com uma força que transcende a matéria inanimada, precisa de vida. Vida que se expressa na forma de plantas que crescem e se transformam, na água que flui em movimento constante, na chama que dança numa vela, no ar que circula livremente, e na presença natural que respira, interage e marca o compasso do tempo dentro do espaço construído. Os elementos vivos não devem ser encarados meramente como ornamentos decorativos adicionados ao cenário doméstico; eles são presenças vibrantes, participantes ativos na ecologia energética do lar, capazes de transformar a atmosfera, nutrir o campo sutil e devolver à casa o seu sopro original de natureza, religando-a ao fluxo incessante da existência.

As plantas, sem dúvida, figuram entre os habitantes silenciosos mais poderosos e benéficos que uma casa pode acolher. Sua força reside não apenas na beleza estética de suas folhas e flores ou no frescor visual que proporcionam, mas principalmente em sua extraordinária capacidade de transmutar a energia dos ambientes. As plantas respiram conosco, num intercâmbio constante de gases que nos sustenta mutuamente. Elas filtram o ar, absorvendo toxinas e liberando oxigênio puro. Elas umidificam naturalmente o ambiente, tornando-o mais confortável, especialmente em climas secos ou em espaços com ar condicionado. Elas renovam o Chi, a energia vital, absorvendo estagnações e espalhando vitalidade através de seus caules, brotos, folhas e raízes que se conectam à terra, mesmo que contida num vaso. A simples presença de uma planta viva, saudável e bem cuidada, em qualquer cômodo da casa, funciona como uma afirmação eloquente de que aquele espaço mantém uma relação ativa e respeitosa com o mundo natural. É um lembrete verdejante de que a casa não precisa ser um abrigo isolado contra a natureza, mas pode ser, e idealmente é, uma extensão dela, um microcosmo onde a vida floresce. A escolha das espécies de plantas a serem introduzidas no lar deve ser feita com sensibilidade, respeitando tanto as condições do ambiente (luminosidade, ventilação, umidade) quanto o ritmo e a disponibilidade de cuidado de quem ali vive. Existem plantas que demandam sol direto para prosperar, enquanto outras preferem a luz difusa ou mesmo a sombra parcial. Algumas exigem regas frequentes e solo sempre úmido, ao passo que outras, como as suculentas e cactos, são adaptadas a condições mais áridas e sobrevivem com pouquíssima água. O segredo para um convívio harmonioso não reside em encher a casa de vasos aleatoriamente, seguindo modismos, mas em criar vínculos reais com as espécies escolhidas. É dedicar um tempo para conhecer seus nomes, observar suas respostas às mudanças de luz e temperatura, sentir intuitivamente quando precisam de água ou de nutrientes, celebrar o nascimento de uma nova folha como um pequeno milagre cotidiano.

Espécies como suculentas e cactos são ideais para parapeitos de janelas ensolaradas ou varandas com muita luz, exigindo pouca rega e manutenção. Plantas como a Espada-de-São-Jorge (Sansevieria trifasciata), a Jiboia (Epipremnum aureum) e a Zamioculcas (Zamioculcas zamiifolia) são conhecidas por sua resistência e adaptabilidade a locais com luz indireta ou mesmo baixa luminosidade, além de serem consideradas excelentes purificadoras de ar e protetoras energéticas no Feng Shui. Samambaias, com sua folhagem delicada e arqueada, apreciam a umidade e a sombra, sendo ótimas opções para banheiros com boa ventilação ou cantos mais sombreados da casa. Plantas com folhas maiores e mais exuberantes, como a Costela-de-Adão (Monstera deliciosa), diversos tipos de Filodendros, o Lírio-da-Paz (Spathiphyllum wallisii) ou pequenas palmeiras de interior (como a Ráfis ou a Areca-bambu), trazem volume, textura e uma presença quase escultural aos ambientes, sendo ideais para salas de estar, halls de entrada ou corredores amplos, onde podem se tornar pontos focais de vitalidade. Plantas pendentes, como heras, véu-de-noiva ou a própria jiboia, podem suavizar ângulos retos de prateleiras ou estantes, preencher cantos vazios com uma cascata de verde ou criar molduras naturais para janelas e portas. Vasos com ervas aromáticas – manjericão, alecrim, hortelã, sálvia, tomilho, orégano, lavanda – podem habitar a cozinha, a varanda ou o parapeito de uma janela ensolarada, trazendo não apenas o frescor do verde, mas também o aroma delicioso e o vínculo direto com os alimentos, transformando o ato de cozinhar num ritual ainda mais conectado à terra.

No entanto, é crucial lembrar que a energia de uma planta está diretamente ligada à sua saúde e ao cuidado que recebe. Uma planta morta, doente, empoeirada ou visivelmente negligenciada emite uma vibração oposta àquela que se busca ao introduzir vida no ambiente. Ela se torna um símbolo de estagnação, de descuido, de energia vital que se esvai. É preferível ter uma única planta radiante e bem cuidada, que receba atenção e carinho, do que muitas definhando pelos cantos, esquecidas e sem vitalidade. A vida, quando convidada a participar do nosso espaço íntimo, exige uma troca, uma relação de reciprocidade. E essa troca, esse cuidado dedicado, é em si um pacto de presença, um exercício de mindfulness que nos conecta ao ritmo natural do crescimento e da transformação.

Outro elemento vivo de grande potência energética, frequentemente associado à prosperidade e ao fluxo no Feng Shui, é a água em movimento. A água é o símbolo universal da emoção, da intuição, da limpeza, da adaptabilidade e da abundância que flui. A água parada pode gerar estagnação (Sha Chi), mas a água que flui suavemente ativa e renova o Chi, convidando ao movimento contínuo da vida, à renovação das emoções e à circulação da prosperidade. Pequenas fontes de mesa com um som delicado de água corrente, lagos ornamentais em jardins, aquários bem cuidados ou até mesmo recipientes simples com água fresca e limpa, renovada regularmente, são formas eficazes de trazer a energia dinâmica e purificadora da água para dentro de casa. O som suave da água em movimento tem um efeito comprovadamente calmante sobre o sistema nervoso, ajudando a reduzir o estresse, a estabilizar as emoções e a refrescar a atmosfera do ambiente. Contudo, é importante que o som seja agradável, constante e não excessivamente alto ou intermitente. Fontes barulhentas, mal posicionadas (por exemplo, em quartos, onde podem perturbar o sono, ou direcionando o fluxo para fora da casa) ou com água suja e estagnada produzem o efeito contrário: geram ansiedade, ruído mental, sensação de bloqueio ou perda de energia. A água, para ser benéfica, precisa estar limpa, clara e em movimento harmonioso.

 Um aquário bem cuidado, com peixes saudáveis e um ambiente equilibrado, também pode funcionar como um poderoso ativador de Chi e uma âncora visual para a contemplação. Os movimentos graciosos dos peixes, o balé sutil das plantas aquáticas, o reflexo da luz sobre a superfície líquida criam uma microatmosfera relaxante e meditativa. No entanto, é fundamental lembrar que um aquário exige responsabilidade e cuidado constante. Os peixes e outros seres aquáticos não são meros objetos decorativos; são vidas que dependem inteiramente da nossa atenção, zelo e respeito. Um aquário sujo, com água turva ou peixes doentes, torna-se uma fonte de energia negativa. Mesmo que não seja possível ter fontes ou aquários, existem formas simbólicas e eficazes de incluir a energia da água viva no espaço: uma jarra de vidro transparente com água fresca e algumas folhas verdes ou flores, renovada diariamente; uma tigela de cerâmica com água e pétalas de flores flutuantes; ou simplesmente manter a água dos vasos das plantas sempre limpa e fresca. O próprio gesto de encher um recipiente com água limpa e colocá-lo com intenção num local específico já ativa o arquétipo do fluxo, da purificação e da receptividade.

Além das plantas e da água, existem outros elementos vivos que, embora menos óbvios, contribuem significativamente para a vitalidade do lar. A luz natural que entra pela janela e aquece uma superfície, criando um jogo dinâmico de luz e sombra ao longo do dia. O vento que atravessa uma janela aberta, trazendo consigo os sons e cheiros do mundo exterior e movimentando suavemente cortinas ou móbiles. O aroma da terra úmida após a rega das plantas. A chama viva e dançante de uma vela acesa com intenção, representando o elemento Fogo em sua forma mais pura e transformadora. Tudo isso é natureza viva em diálogo constante com a casa. Não são objetos estáticos, mas manifestações de vida em movimento, que alteram a percepção sensorial e energética do espaço.

E, claro, há os seres vivos que compartilham ativamente o espaço conosco: os animais de estimação. Um cão que abana o rabo ao nos receber, trazendo alegria e movimento. Um gato que ronrona no colo, oferecendo calma e presença. Um pássaro que canta ao amanhecer, saudando o novo dia com melodia. Eles não devem ser vistos como meros instrumentos para ativar a energia do Feng Shui, mas como membros da família, seres sencientes com alma, vontade própria e ritmos particulares. Eles trazem predominantemente a energia Yang – ativa, dinâmica, sociável, transformadora – para o lar. Exigem presença, cuidado, responsabilidade e escuta atenta às suas necessidades. Em troca, oferecem amor incondicional, companhia e nos ensinam sobre lealdade, simplicidade e a alegria de viver o momento presente. A interação com animais de estimação comprovadamente reduz o estresse e melhora o bem-estar emocional.

Mesmo para aqueles que, por diversas razões, não podem ter animais, plantas vivas ou fontes em casa, ainda é possível criar um espaço que ressoe com a energia da vida. Abrir-se à presença da natureza que já existe ao redor é o primeiro passo. Observar conscientemente como a luz do sol se move pelo ambiente ao longo do dia. Sentir o calor do sol na pele por alguns minutos perto da janela. Perceber o cheiro do vento após a chuva. Trazer para dentro pequenos tesouros encontrados na natureza durante um passeio: um galho seco com uma forma interessante, uma pedra lisa encontrada na praia, uma concha perfeita, uma folha seca com cores outonais vibrantes. A natureza está em toda parte, em suas mais diversas formas – basta desenvolver a sensibilidade para escutá-la e acolhê-la.

Quando esses elementos vivos – sejam eles plantas, água, fogo, ar, animais ou símbolos da natureza – são integrados conscientemente ao lar, algo fundamental muda na sua atmosfera. O ar parece mais leve e fresco. O tempo parece desacelerar, convidando à calma. O corpo relaxa mais facilmente. A mente encontra mais silêncio. A alma sorri em reconhecimento. Porque a vida reconhece e responde à vida. E quando a casa está viva, pulsante, conectada aos ciclos naturais, ela deixa de ser apenas um abrigo físico e funcional. Torna-se um campo fértil para o crescimento pessoal, um ninho que acolhe e protege, uma sementeira de possibilidades onde novas ideias, emoções e experiências podem germinar. Rodear-se de elementos vivos é, em essência, um ato de lembrar-se da própria vitalidade. É reconhecer que também nós crescemos, respiramos, nos transformamos em ciclos constantes. É dissolver a rigidez da forma construída e permitir que a natureza – aquela que habita dentro de nós e ao nosso redor – encontre morada acolhedora e expressiva dentro daquilo que chamamos de lar.

Capítulo 18
Som e Aroma

Num lar que respira harmonia, a experiência transcende o que os olhos podem captar. Enquanto a luz dança sobre as superfícies, revelando formas e cores, e os objetos ocupam seus lugares na coreografia do espaço, existem camadas ainda mais sutis, quase etéreas, que vibram e se movem muito além do alcance da visão. Elas pairam no ar como presenças invisíveis, penetram na pele sem pedir licença, atravessam nossos sentidos em silêncio profundo ou em melodia suave, em fragrância delicada ou em lembrança olfativa poderosa. Essas camadas são tecidas pelo som e pelo aroma, dois viajantes intangíveis que atuam como verdadeiros alquimistas do ambiente doméstico. Eles possuem a capacidade única de transformar a atmosfera sem tocar fisicamente em nada, exercendo um poder misterioso e profundo: o de alterar a alma de um espaço, o humor de seus habitantes e a qualidade da energia vital, muitas vezes sem que percebamos conscientemente de onde partiu a mudança ou qual foi o agente transformador.

Comecemos nossa exploração pelo universo dos sons, que ecoam não apenas pelas paredes e estruturas da casa, mas ressoam diretamente nos estados internos de cada pessoa que ali vive. Existem casas que parecem sussurrar calma e tranquilidade, onde o silêncio é preenchido por sons suaves e naturais. Outras parecem gritar tensão, imersas em ruídos constantes e dissonantes. Algumas vibram com o tilintar harmonioso de sinos de vento estrategicamente posicionados, enquanto outras são abafadas por ruídos espessos, repetitivos e monótonos – o zumbido de eletrodomésticos, o barulho do trânsito, o som incessante da televisão – que, de tão constantes, tornam-se quase imperceptíveis à consciência, mas continuam a afetar o sistema nervoso. O Feng Shui, em sua abordagem holística, não ignora esse campo sonoro; pelo contrário, reconhece nele uma corrente poderosa de energia em movimento, capaz de elevar e harmonizar o Chi (energia vital) ou de contaminá-lo e estagná-lo, conforme sua natureza e intensidade. Sons agradáveis, harmônicos e naturais funcionam como abridores de caminhos invisíveis; eles dissolvem rigidezes energéticas acumuladas no ar, quebram padrões de estagnação e restauram o equilíbrio vibracional do ambiente, atuando como uma brisa fresca que sopra sobre águas paradas, trazendo movimento e clareza.

Para trabalhar conscientemente com o som, o primeiro passo é desenvolver a escuta atenta da casa. Experimente fechar os olhos em diferentes cômodos e momentos do dia, focando apenas nos sons presentes. Onde ressoam tensões? Onde o silêncio parece denso e pesado? Onde existem ruídos agressivos ou irritantes que foram normalizados pela rotina? O zumbido persistente de um transformador elétrico na rua, o barulho constante do tráfego de veículos, o gotejar esquecido de uma torneira no banheiro, o ronco baixo de aparelhos eletrônicos em modo standby, o ranger de uma porta ou de um piso – tudo isso compõe a paisagem sonora do lar e atua, silenciosamente, na arquitetura energética do espaço. A mente, mesmo que racionalmente ignore esses sons repetitivos, absorve-os em nível subliminar como uma forma de agressão ou perturbação constante. É como tentar meditar ou relaxar profundamente com uma pequena pedra no sapato: algo sempre impede o mergulho completo na quietude, mantendo o sistema nervoso em um estado sutil de alerta.

A solução para um ambiente sonoramente desarmônico nem sempre reside na eliminação completa de todos os sons. O silêncio absoluto, em certas atmosferas ou para certas pessoas, pode inclusive ser opressivo ou desconfortável. A chave está na curadoria sonora, na introdução consciente de sons que promovam bem-estar e neutralizem os ruídos indesejados. Sons curativos, especialmente aqueles que mimetizam a natureza, possuem uma notável capacidade de reorganizar e elevar o campo vibracional da casa. A água corrente, por exemplo, como mencionado no capítulo anterior, carrega uma assinatura sonora associada à pureza, ao fluxo e à renovação. Quando presente em pequenas fontes de interior (com bombas silenciosas) ou aquários bem cuidados, cria um pano de fundo auditivo suave e constante que comprovadamente reduz os níveis de estresse, aumenta a sensação de frescor e tranquilidade, e ativa simbolicamente o fluxo da prosperidade e das emoções saudáveis.

Já os sinos de vento, quando escolhidos com cuidado (em materiais que produzam sons harmônicos, como bambu, metal de boa qualidade ou cerâmica) e posicionados estrategicamente (geralmente em áreas externas como varandas ou perto de janelas onde haja uma brisa suave, mas nunca em excesso ou em locais onde o som se torne irritante), produzem ressonâncias leves e agradáveis. Essas vibrações ajudam a movimentar o Chi estagnado, especialmente em cantos, corredores longos ou entradas, dispersando energias paradas e convidando a energia fresca a circular. Outro recurso sonoro extremamente poderoso é a música. Mas não qualquer música. A seleção musical deve ser feita com intenção, buscando harmonizar e elevar a energia do lar. Músicas instrumentais suaves (como piano, violão clássico, harpa), cantos gregorianos ou mantras (que carregam uma intenção espiritual e vibrações específicas), sons binaurais (projetados para induzir estados de relaxamento ou foco), composições clássicas equilibradas (como as de Mozart ou Bach) ou músicas da natureza (sons de pássaros, chuva, ondas do mar) são excelentes opções. Cada ambiente pode ter sua trilha sonora específica, adaptada à sua função e à energia desejada: no escritório, músicas que promovam concentração e clareza mental; na sala de estar, melodias que evoquem aconchego, relaxamento e convívio harmonioso; no quarto, silêncios profundos ou sons naturais muito suaves que conduzam ao descanso reparador.

Entretanto, o verdadeiro poder de cura e harmonização do som reside não apenas na fonte sonora externa, mas na intenção e na vibração emitidas pelos próprios moradores. Quando se toca um instrumento musical com paixão e presença, quando se canta em casa (mesmo que desafinadamente, mas com alegria), ou mesmo quando se pratica o silêncio com reverência e atenção plena, algo no campo energético do espaço se purifica e se eleva. O som, nesse sentido mais amplo, não é apenas aquilo que os ouvidos captam, mas a vibração intrínseca com que se habita um espaço. As palavras ditas com amor e gentileza, os risos partilhados em momentos de alegria, as orações murmuradas com fé no início do dia ou antes de dormir – tudo isso reverbera nas paredes, no ar, nos objetos, impregnando o lar de significados invisíveis e criando uma atmosfera de positividade e acolhimento.

Se o som age como uma onda que se propaga e movimenta a energia, o aroma atua como uma névoa sutil que envolve e penetra sem aviso prévio. O olfato é um dos nossos sentidos mais primordiais e poderosos, possuindo uma conexão direta e imediata com o sistema límbico do cérebro – a região responsável pelo processamento das emoções, memórias e instintos. Um simples cheiro pode nos transportar instantaneamente para momentos esquecidos da infância, evocar a presença de um ente querido, desencadear lágrimas sem motivo aparente ou provocar um sorriso involuntário de prazer e bem-estar. Uma casa que possui um perfume próprio, agradável e acolhedor, que reflete a personalidade e a intenção de seus moradores, já deu um passo fundamental para se tornar um verdadeiro santuário, um refúgio para o corpo e para a alma. O aroma, assim como o som, é um dos grandes escultores do invisível no Feng Shui existencial. Ele tem a capacidade de elevar a vibração de um ambiente, purificar energeticamente espaços que parecem pesados ou carregados, induzir estados de relaxamento ou de vigília, ativar memórias positivas, estimular a criatividade ou silenciar a mente agitada.

Na busca por um lar aromaticamente harmonioso, a escolha das fragrâncias deve seguir o princípio da naturalidade e da sutileza. Deve-se evitar odores sintéticos, perfumes artificiais muito intensos ou desinfetantes químicos agressivos, que muitas vezes apenas mascaram os maus odores subjacentes e podem, inclusive, carregar energias desequilibradas ou causar reações alérgicas. Os aromas mais benéficos são aqueles que emergem de fontes vivas e naturais: ervas frescas ou secas, flores recém-colhidas, resinas aromáticas de árvores sagradas, lascas de madeiras odoríferas, cascas de frutas cítricas. Os óleos essenciais, extratos puros e concentrados das plantas, são uma das formas mais eficazes e versáteis de trabalhar com os aromas no lar. Um difusor ultrassônico com algumas gotas de óleo essencial de lavanda no quarto, por exemplo, é um auxílio poderoso para promover um sono tranquilo e reduzir a ansiedade. Óleos cítricos como laranja doce, limão siciliano ou grapefruit, difundidos na sala ou na cozinha, ajudam a elevar o ânimo, purificar o ambiente e estimular a alegria e a sociabilidade. O óleo essencial de alecrim, uma planta associada ao sol e à clareza mental, é indicado para escritórios (auxiliando o foco) ou banheiros e cozinhas (pelo seu aroma fresco e propriedades purificadoras). O sândalo, com sua nota amadeirada, profunda e espiritual, é ideal para o espaço sagrado da casa, favorecendo a meditação, a introspecção e a conexão com o divino.

O incenso, utilizado há milênios em diversas culturas para fins rituais e terapêuticos, também cumpre um papel importante na harmonização aromática e energética, desde que seja de boa procedência (feito com resinas e ervas naturais, sem aditivos sintéticos). A fumaça do incenso, ao subir, não apenas perfuma o ambiente, mas é vista como um veículo que carrega as intenções e preces, purificando o espaço de energias densas e elevando a vibração espiritual. Resinas como olíbano (frankincense), mirra, copal ou breuzinho são particularmente poderosas para limpezas energéticas profundas. A vela aromática, por sua vez, combina o poder do aroma com a presença viva do elemento Fogo: sua luz aquece, ilumina e cria uma atmosfera de intimidade e presença, enquanto o perfume se espalha suavemente pelo ar. O simples ato de cozinhar com especiarias naturais – como canela, cravo, gengibre, cardamomo, noz-moscada – também deixa rastros olfativos maravilhosos pela casa, que não apenas aguçam o paladar, mas alimentam o espírito com memórias afetivas e sensações de conforto e nutrição.

Cada cômodo da casa pode ter seu "aroma guia", alinhado à sua função e à energia desejada. A cozinha, naturalmente rica em odores provenientes do preparo dos alimentos, pode ser equilibrada com o frescor de ervas como manjericão ou hortelã em vasos, ou com o aroma cítrico de uma tigela de limões e laranjas sobre a bancada. O banheiro se beneficia de aromas que transmitam limpeza e frescor, como eucalipto, hortelã, pinho ou tea tree (melaleuca). A sala de estar pode receber notas mais acolhedoras e sociáveis, como as de resinas (olíbano), madeiras (cedro) ou florais leves (gerânio, ylang-ylang), convidando à permanência e ao convívio harmonioso. No quarto, os aromas devem ser predominantemente calmantes e envolventes, mas não excessivamente sedativos – lavanda, camomila, manjerona, rosa ou jasmim criam uma atmosfera propícia ao relaxamento, à intimidade e ao sono reparador.

Contudo, é fundamental lembrar que, antes de introduzir qualquer aroma, existe algo ainda mais importante: a qualidade do ar. Um ambiente pode ter os perfumes mais exóticos e caros, mas se o ar estiver viciado, pesado, abafado ou carregado de umidade e poeira, qualquer tentativa de harmonização aromática será superficial e ineficaz. Abrir as janelas diariamente, permitir a ventilação cruzada, deixar a brisa circular livremente, renovar o oxigênio com frequência – tudo isso é tão essencial, ou até mais, do que qualquer óleo essencial ou incenso. Além disso, como já mencionado, certas plantas de interior possuem a capacidade natural de filtrar toxinas do ar, atuando como purificadoras silenciosas e eficientes.

Som e aroma são, portanto, os fios invisíveis que tecem a alma sensorial da casa. Eles estão presentes mesmo quando ninguém os percebe conscientemente, mas seus efeitos na nossa energia, humor e bem-estar são profundos e inegáveis. Eles não apenas decoram o espaço; eles o habitam com uma presença vibrátil. São qualidades sensíveis que podem acolher o cansaço de quem chega ao final do dia, embalar o sono de quem repousa, inspirar o gesto de quem cria ou simplesmente tornar o ato de estar em casa uma experiência mais rica e prazerosa. Quando ajustados com consciência e intenção, som e aroma tornam-se aliados silenciosos na construção de uma morada verdadeiramente viva, que fala e nutre todos os nossos sentidos. E, por fim, o segredo reside na sintonia fina entre o estímulo externo e a escuta (ou o olfato) interior. Não se trata apenas de qual música está tocando, mas de como essa música ressoa dentro de você. Não é somente sobre qual perfume exala no ar, mas sobre quais memórias, emoções ou sensações ele desperta em sua alma. O lar que consegue sintonizar essas frequências sutis, que cultiva uma paisagem sonora e olfativa harmoniosa, transforma-se em mais do que um simples abrigo físico – torna-se um campo vibracional de cura e bem-estar, onde cada nota sonora e cada molécula de aroma colaboram para equilibrar não apenas o ambiente, mas, principalmente, o ser que nele habita.

Capítulo 19
Arte Intencional

Toda casa revela uma narrativa. Uma história silenciosa manifesta-se através das escolhas decorativas, dos objetos que repousam sobre estantes, dos quadros que adornam paredes. O Feng Shui existencial nos mostra o lar como um diário discreto, onde tudo exposto ao olhar desvenda fragmentos da identidade de quem ali reside. Existe a possibilidade, profundamente transformadora, de decidir com plena consciência quais histórias se deseja narrar. A arte transcende a função ornamental, convertendo-se em ferramenta de expressão. O espaço assume uma linguagem própria, a decoração torna-se um espelho refletindo intenções íntimas. A arte intencional germina do ato de observar o ambiente com presença, questionando: "Isto me representa?" ou "Isto fala por mim?". Muitos objetos são heranças, presentes recebidos, compras impulsivas. Ocupam lugares de destaque por mero hábito, carregando histórias que perderam significado ou, em cenários menos favoráveis, sabotam silenciosamente o fluxo positivo da casa. Um quadro transmitindo angústia, uma estatueta partida esquecida, um espelho refletindo o que deveria permanecer oculto – esses elementos, aparentemente inofensivos, constroem atmosferas. Essas atmosferas, por sua vez, moldam sentimentos cotidianos com um poder maior do que se costuma imaginar.

Uma casa que abraça a arte intencional respira verdade. Ela prescinde de peças raras, dispendiosas ou assinadas por nomes famosos. As obras mais potentes surgem, frequentemente, do trabalho manual, impregnadas de afeto, memória. Um desenho infantil, uma colagem criada numa tarde introspectiva, uma mandala pintada como exercício meditativo – tudo nascido do gesto criativo sincero já carrega energia de autenticidade, ressoando na frequência da alma. Este tipo de arte não almeja impressionar. Busca representar. Representação, neste âmbito, significa sintonizar símbolos com significados profundamente pessoais. Uma imagem de montanha pode simbolizar força, estabilidade para uma pessoa; para outra, evocar desafio, superação. Uma escultura de pássaro pode despertar sensações de liberdade, leveza, ou talvez nostalgia. Cada indivíduo deve explorar o que ativa seu próprio universo simbólico. A intenção é a chave mestra. Ao selecionar o que exibir, reflita sobre o que aquele objeto desperta em você no contato diário. Há beleza? Alívio? Conexão? Ou desconforto, estranhamento, peso? Este é o filtro inicial da arte intencional. Um lar não funciona como galeria neutra. É santuário vivo; cada elemento nele deve contribuir para sua sacralidade cotidiana, para a elevação do espírito de quem o habita.

O poder do posicionamento de cada peça é inegável. A localização influencia diretamente a energia que o objeto irradia no ambiente e, por conseguinte, na vida dos moradores. Um símbolo de coragem, por exemplo, pode encontrar seu lugar ideal no hall de entrada. Ali, funcionará como um guardião invisível, oferecendo força e proteção tanto para quem entra quanto para quem sai, marcando o limiar entre o mundo externo e o refúgio pessoal com uma afirmação de determinação. Uma mandala representando equilíbrio, com suas formas geométricas harmoniosas e simétricas, pode repousar sobre a cabeceira da cama. Sua vibração restauradora atuará durante as horas de sono, período em que a mente subconsciente está mais receptiva, promovendo sonhos tranquilos, descanso profundo e um despertar mais centrado. Uma fotografia capturando um momento genuinamente feliz – um sorriso compartilhado, uma celebração familiar, uma conquista pessoal – pode ser estrategicamente posicionada de forma a ser o primeiro vislumbre da manhã. Funcionará como um lembrete matinal de gratidão, estabelecendo um tom positivo antes mesmo que as demandas do dia comecem a se apresentar. A localização de cada objeto é, em si, um ato carregado de intenção, uma forma de programar o espaço para apoiar aspirações e bem-estar.

Não se trata de sobrecarregar os ambientes com uma profusão de símbolos por todos os lados. O excesso, como explorado em diversas abordagens de harmonização espacial, tende a estagnar o fluxo energético, criando ruído visual e mental. A busca é por presença significativa, não por acumulação. Menos peças, mais propósito. A qualidade da intenção supera a quantidade de objetos. Um único quadro contendo palavras inspiradoras, cuidadosamente escolhidas por seu poder evocativo, pode ser mais transformador do que uma parede inteira coberta por imagens genéricas, sem conexão pessoal profunda. Uma vela esculpida com símbolos de amor, como corações entrelaçados ou nós infinitos, pode transformar um canto antes esquecido da sala num ponto focal de reconexão emocional, um lembrete silencioso da importância dos vínculos afetivos. A arte intencional opera pela ressonância, pela qualidade da energia que emana, não pela sua ostentação.

A manifestação da arte intencional pode ocorrer nos detalhes mais sutis do cotidiano. Um prato pintado à mão com mandalas coloridas, usado não apenas para servir, mas deixado sobre a mesa da cozinha como um ponto de beleza funcional. Um biombo com padrões que evocam a natureza – folhas, bambus, ondas – utilizado para separar ambientes, que além de sua função prática, evoca uma sensação de proteção, de delimitação suave de espaços. Uma peça de cerâmica artesanal, com suas imperfeições visíveis, uma pequena rachadura reparada com a técnica kintsugi (reparo com ouro), que reforça a beleza filosófica do Wabi-Sabi, celebrando a história e a resiliência do objeto. Cada escolha visual, por menor que seja, constitui uma oportunidade de narrar, com delicadeza e consciência, a história que se deseja viver, os valores que se prezam, a energia que se quer cultivar no lar.

É crucial recordar que a energia não reside apenas na forma ou na imagem representada. Ela pulsa potentemente no próprio ato de escolher. Ao selecionar uma peça porque ela simboliza um valor que você preza

– como amor, coragem, criatividade, fé, alegria, silêncio – o ambiente começa a vibrar na frequência desse valor específico. O espaço torna-se um campo ressonante, amplificando e nutrindo essa qualidade em sua vida. Amor pode ser evocado por imagens de casais, por cores rosadas, por objetos em pares. Coragem pode ser representada por figuras de animais fortes, por tons vermelhos vibrantes, por símbolos de superação. Criatividade pode ser estimulada por arte abstrata, por cores vivas, por objetos que convidam à interação. Fé pode ser ancorada por símbolos religiosos ou espirituais, por imagens de luz, por pedras com significado especial. Alegria pode ser trazida por cores solares, por imagens lúdicas, por objetos que remetem a momentos felizes. Silêncio pode ser cultivado através de arte minimalista, de cores neutras, de representações de paisagens tranquilas. Esses sentimentos podem ser evocáveis através da arte, não como meros slogans decorativos, mas como presenças sutis, quase subliminares, que atuam no campo invisível, nutrindo a alma e direcionando a energia do lar.

Diante disso, todo objeto merece ser visto com um novo olhar, um olhar investigativo e presente. Faça o exercício de caminhar pela sua casa como se fosse um visitante atento, curioso sobre a história que aquele espaço conta. Observe o que está pendurado nas paredes, o que repousa sobre os móveis, o que se acumula nos cantos. Questione-se honestamente: este objeto representa algo que eu ainda desejo cultivar em minha vida? Ele ressoa com quem eu sou hoje? Ou é apenas um eco de um tempo que já passou, um lembrete de uma dor já superada, um fragmento de uma versão de mim que ficou para trás, não mais relevante para o meu caminho atual? A honestidade radical nessa análise pessoal é o primeiro passo fundamental para transformar a decoração, antes talvez automática ou herdada, num poderoso ato de cura, de alinhamento e de criação consciente do próprio ambiente.

Ao abrir espaço físico, ao retirar com gratidão aquilo que não ressoa mais com sua energia presente, um campo fértil se cria para que novas peças, novos símbolos, novas intenções possam surgir e encontrar lugar. Não há necessidade de preencher esse espaço imediatamente. O vazio, em si, também é um potente ato de intenção. Deixar uma parede livre pode significar abertura ao novo, disponibilidade para o desconhecido, confiança no fluxo da vida. Um altar minimalista, contendo apenas uma pedra encontrada na natureza e uma flor fresca, pode ter mais potência simbólica, mais força energética, do que dezenas de objetos acumulados sem propósito claro, apenas preenchendo espaço. A clareza emocional de um ambiente começa no discernimento, na capacidade de escolher o que fica e o que vai, baseado não em regras externas, mas na escuta interna e na ressonância do coração.

Para aqueles que sentem o chamado para criar suas próprias peças, o lar transforma-se também em ateliê, em laboratório de expressão da alma. Não é preciso possuir habilidades artísticas formais ou se considerar um "artista" no sentido convencional. Basta ser verdadeiro consigo mesmo. Pintar, desenhar, montar colagens com recortes de revistas ou fotos antigas, escrever poemas e exibi-los em molduras simples, compor uma música curta e deixá-la tocar suavemente de vez em quando – todas essas ações ativam a força criadora inerente a cada ser humano. Essa força criadora, uma vez despertada e expressa, irradia-se pela casa como uma luz suave, uma energia vibrante e autêntica. O que nasce das mãos com afeto, com intenção, com presença, permanece no ambiente como uma bênção, uma assinatura energética pessoal que eleva a vibração do espaço. A arte intencional não precisa ser literal ou figurativa. Pode ser abstrata, simbólica, geométrica. O crucial é que represente algo que o morador reconheça como seu, como parte de sua linguagem interior. Um espiral pode simbolizar crescimento contínuo, evolução, jornada. Um círculo pode representar união, totalidade, ciclos. Um simples ponto no centro de uma tela pode ser a manifestação do silêncio que você deseja cultivar em meio ao ruído incessante do mundo. Quando se abandona a necessidade de agradar o olhar alheio, de seguir tendências passageiras, a verdadeira expressão autêntica emerge. É essa expressão genuína que enche a casa de alma, de personalidade, de vida.

Mesmo os objetos puramente funcionais podem carregar uma dimensão artística e intencional. Uma luminária feita de papel artesanal, que filtra a luz de maneira suave e orgânica. Um descanso de copos com padrões geométricos que evocam a natureza ou símbolos sagrados. Um abajur cujo vidro foi tingido por você mesmo, numa tarde criativa. Tudo pode carregar intenção, se assim for escolhido, modificado ou criado.

A arte, então, deixa de ser uma categoria isolada, restrita a quadros e esculturas, e passa a permear a vida cotidiana de forma integrada. Uma toalha de banho bordada com símbolos que você ama, transformando um ato rotineiro em um pequeno ritual. Uma escultura pequena, talvez representando um animal de poder, escondida na estante como um segredo pessoal, uma fonte de força discreta. Uma coleção de pedras encontradas em viagens significativas, dispostas sobre uma bandeja como lembranças táteis do caminho percorrido, das experiências vividas.

Assim, o lar se torna um retrato vivo não daquilo que você possui materialmente, mas de quem você é em essência. Ou, mais precisamente, de quem você está se tornando a cada dia. A cada nova escolha consciente, a cada substituição de um objeto que perdeu o sentido por outro que ressoa com o momento presente, a cada símbolo colocado com presença e intenção, você molda ativamente o ambiente. O espaço passa a inspirá-lo, acolhê-lo, direcioná-lo sutilmente em seu caminho de crescimento. A casa transforma-se simultaneamente em bússola e ninho. Não apenas protege fisicamente, mas guia energeticamente. No silêncio eloquente das formas, nas cores que vibram sobre as paredes como notas musicais, nas texturas que os olhos acariciam antes mesmo que as mãos as toquem, a arte revela-se como uma oração silenciosa, uma meditação visual contínua. O lar, então, transforma-se em altar cotidiano. Um lugar onde a rotina é permeada de sacralidade, onde cada objeto fala a língua profunda da alma, onde cada imagem exposta revela o caminho que se desdobra de dentro para fora. Essa é a proposta transformadora da arte intencional: tornar visível, no ambiente externo, aquilo que, dentro de você, deseja ser lembrado, nutrido, celebrado todos os dias. Não para impressionar o outro, não para seguir modismos. Mas para não esquecer de si mesmo, para ancorar sua verdade no espaço que você chama de lar.

Capítulo 20
Espaço Livre

Uma presença invisível permeia muitas casas, frequentemente despercebida. Esconde-se por trás de móveis sem uso, repousa em gavetas entulhadas de papéis esquecidos, paira sobre armários abrigando roupas que já não vestem o corpo nem a alma. É a estagnação. Instala-se com sutileza, transformando o que parecia simples acúmulo em uma verdadeira prisão energética, limitando o fluxo vital no ambiente e na vida dos moradores. A ausência de espaço livre revela mais que um problema estético; é um reflexo direto da dificuldade humana em deixar ir, em soltar o passado, em confiar no devir. Criar espaço livre é, fundamentalmente, um ato de coragem. O vazio, para muitos, assusta. Confronta-nos com a impermanência da vida, com a incerteza do futuro, com o desconforto de não saber o que virá para preencher aquele lugar. É por essa razão que tantas pessoas preferem manter objetos que já perderam completamente o sentido: representam uma história que, embora encerrada, ainda oferece a ilusão de controle, de segurança no conhecido.

Uma casa repleta de excesso não acolhe o novo. Transforma-se em um museu de versões passadas do morador, um arquivo empoeirado de identidades que já não servem. Nenhum ser pode verdadeiramente crescer, evoluir, enquanto habita o cenário de um tempo que já se foi, preso energeticamente a circunstâncias ultrapassadas. O Feng Shui existencial trata o espaço livre como território sagrado, essencial para a vitalidade. É ali, nos vazios, nas áreas desobstruídas, que o Chi, a energia vital, circula com plenitude, renovando e nutrindo o ambiente. É no vazio que a respiração do lar se faz sentir, que o ambiente pode inspirar e expirar livremente. Assim como o corpo físico necessita de pausas entre os movimentos para manter o equilíbrio, para recuperar o fôlego, o ambiente doméstico necessita de intervalos, de respiros visuais, de clareiras energéticas para sustentar a harmonia. Espaço livre é, em sua essência, espaço vivo, pulsante, cheio de potencial.

Não se trata de esvaziar por esvaziar, de buscar um minimalismo estéril ou impessoal. A proposta não reside na imposição de um ideal estético externo, mas na escuta atenta da casa, na percepção sensível de onde o excesso sufoca, onde a energia se sente bloqueada, onde o ambiente clama por libertação. Uma estante abarrotada de livros que nunca mais serão relidos, acumulando poeira e culpa silenciosa, pode tornar-se um peso invisível, uma âncora que impede o fluxo de novas ideias. Uma prateleira repleta de bibelôs que já não comunicam nada ao coração, que perderam seu encanto ou significado, bloqueia o olhar, cansa a mente. Um armário transbordando de roupas que não traduzem mais quem você é hoje, que pertencem a fases anteriores da vida, restringe os movimentos, não apenas físicos ao procurar o que vestir, mas também existenciais, impedindo a expressão da identidade atual.

A prática do destralhamento, quando realizada com intenção clara e presença, revela-se uma das mais poderosas formas de transmutação energética disponíveis no âmbito doméstico. Cada objeto retirado com consciência, com gratidão pelo serviço prestado, representa uma liberação interna correspondente. Ao abrir espaço físico no exterior, abre-se simultaneamente espaço mental e emocional no interior. É como soltar amarras invisíveis, uma a uma, permitindo que a alma possa flutuar mais leve, mais livre para explorar novos horizontes. Não é incomum que, após uma grande limpeza e organização, surjam insights inesperados, decisões que estavam sendo adiadas se tornem claras como cristal, e até mesmo a qualidade do sono se aprofunde significativamente. O espaço que se abre na casa é o mesmo espaço que se abre na mente, no coração, nas possibilidades da vida.

Este processo de liberação, contudo, precisa ser conduzido com profundo respeito pela própria história e pelas emoções envolvidas. Há objetos que carregam camadas densas de significado emocional, memórias de tempos importantes, afetos tecidos no silêncio das lembranças familiares ou pessoais. Não se deve forçar a liberação de nada que ainda esteja genuinamente vivo dentro de você, que ainda nutra sua alma de alguma forma positiva. A honestidade consigo mesmo é crucial. Guardar um presente de alguém com quem se rompeu um laço doloroso, por exemplo, pode ser um fio invisível que prende você energeticamente a esse sofrimento passado, impedindo a cura e a abertura para novas relações. Conservar objetos quebrados, empilhados num canto com a desculpa vaga de consertá-los "um dia", pode ser uma metáfora inconsciente do próprio sentimento de inadequação, da dificuldade em lidar com as "partes quebradas" de si mesmo que se quer evitar confrontar.

O que não serve mais, o que já cumpriu seu ciclo, precisa partir para que o novo possa chegar. Isso não representa descuido com o passado ou falta de respeito pela história; pelo contrário, é um ato de reverência ao futuro, um voto de confiança na continuidade da vida. É declarar, através de gestos concretos e simbólicos, que há espaço em sua vida para o que ainda virá, para novas experiências, novas pessoas, novas oportunidades. Que você confia na abundância intrínseca da vida e não precisa mais guardar coisas por medo da escassez, por receio de que algo possa faltar. Essa é uma das maiores armadilhas psicológicas e energéticas do acúmulo: a crença limitante de que, se você não conservar tudo, inevitavelmente enfrentará a falta. O verdadeiro fluxo da abundância, em todos os níveis, estabelece-se quando se cultiva a fé de que o essencial sempre encontrará caminho até você, que o universo provê o necessário no momento certo.

Comece pequeno, para não se sentir sobrecarregado. Escolha uma gaveta. Uma prateleira específica. Uma caixa de papéis antigos. Olhe item por item, segurando cada um nas mãos, se necessário. Pergunte com sinceridade: isto ainda me representa? Ainda tem um uso prático ou um significado relevante em minha vida atual? Ainda me traz alegria ao olhar ou usar? Se a resposta for um claro "não" para todas ou a maioria dessas perguntas, agradeça ao objeto pela função que cumpriu e solte-o. Doe para quem possa precisar, recicle se for o caso, repasse para amigos ou familiares que possam valorizá-lo. Se o objeto estiver quebrado, pergunte-se com absoluta honestidade se ele será mesmo consertado em um futuro próximo. Se a resposta for incerta ou negativa, talvez seja o momento de descartá-lo. Se estiver manchado de forma irreversível, rasgado além do reparo, vencido no tempo, talvez ele esteja apenas esperando por sua coragem de deixá-lo partir, de liberar o espaço que ocupa física e energeticamente.

À medida que o espaço físico se abre gradualmente, um novo olhar sobre si mesmo e sobre suas necessidades reais começa a nascer. Você começa a perceber, talvez com surpresa, que não precisa de tantas coisas para se sentir inteiro, seguro ou feliz. Que a energia flui muito melhor, tanto no ambiente quanto em sua própria vida, com menos obstáculos físicos e mentais. Que a beleza muitas vezes se revela nas entrelinhas do vazio, na simplicidade, na clareza. E que a casa, ao ser liberada do supérfluo, começa a respirar com mais suavidade, mais leveza, tornando-se um ambiente mais acolhedor e revitalizante. O espaço livre não está restrito apenas às áreas visíveis da casa. Ele se faz igualmente necessário nos espaços ocultos: dentro dos armários, nas gavetas profundas, nos depósitos, garagens ou aquele "quartinho da bagunça". Aquele cômodo nos fundos, frequentemente cheio de caixas cujo conteúdo você nem lembra mais, carrega uma carga energética particularmente densa, estagnada. Ele funciona como uma zona de sombra no lar, um repositório físico para os pensamentos adiados, os "depois eu vejo", os "um dia eu uso", os "não quero lidar com isso agora". Cada um desses pensamentos, mesmo que operem em nível inconsciente, gera um bloqueio sutil no fluxo geral da casa – e, por reflexo, no fluxo da própria vida.

No Feng Shui, o entulho, a desordem acumulada, possui um peso vibracional considerável. Ele tende a abaixar a frequência energética do ambiente, gerar estagnação, dificultar a circulação saudável do Chi. Impede que a energia vital se movimente com leveza, nutrição e clareza. Ao abrir espaço nesses locais esquecidos, não se está apenas limpando fisicamente – está-se, principalmente, limpando a energia estagnada acumulada ali, liberando velhos padrões, emoções presas, projetos inacabados que drenavam vitalidade. Muitas vezes, ao esvaziar completamente um cômodo antes entulhado, é possível perceber uma mudança palpável na atmosfera: um cheiro diferente no ar, uma luz que antes não parecia tão intensa, ou até mesmo uma sensação física de alívio inexplicável, como se um peso tivesse sido retirado dos ombros.

Criar e manter espaço livre também envolve uma reavaliação consciente de hábitos de consumo e apego. Comprar por impulso, acumular objetos sem real necessidade ou significado, ter dificuldade em desapegar do que claramente já cumpriu sua função. Tudo isso contribui para a saturação da casa, para o bloqueio do fluxo. Um lar em harmonia vibracional não é aquele repleto de coisas bonitas ou caras, mas sim aquele onde cada coisa presente tem um porquê claro, uma função definida, um significado pessoal. Onde há espaço para o olhar repousar sem ser bombardeado por informações excessivas, para o corpo se mover livremente sem esbarrar em obstáculos, para o espírito se sentir verdadeiramente em casa, acolhido pela clareza e pela ordem.

É preciso, contudo, manter esse espaço conquistado. O destralhamento não deve ser visto como um evento isolado, uma tarefa árdua realizada uma única vez. É uma prática contínua, um estado de atenção e cuidado. Algo que se faz regularmente, com amor, discernimento e leveza. A cada mudança de estação, um novo ciclo se inicia, oferecendo uma oportunidade natural para revisar armários, gavetas, objetos. A cada mudança interna significativa – um novo emprego, o fim de um relacionamento, uma nova fase da vida – uma nova revisão externa se faz necessária para alinhar o ambiente com o momento presente. A casa deve acompanhar a sua evolução pessoal. E, para isso, precisa estar sempre pronta para mudar com você, para refletir quem você é agora.

Existe também o espaço livre simbólico – aquele que não se percebe com os olhos físicos, mas se sente com a alma. Um canto propositalmente vazio pode ser um convite à contemplação, à meditação, ao silêncio interior. Uma parede sem quadros, ampla e clara, pode funcionar como uma pausa necessária para a mente sobrecarregada de estímulos. Um chão livre de tapetes ou móveis em excesso pode ser um convite ao movimento espontâneo, à dança, à expressão corporal. O silêncio visual acalma os sentidos de forma profunda. E é nesse silêncio, nesse vazio fértil, que a intuição floresce, que a voz interior se faz ouvir com mais clareza. Ao liberar a casa do excesso material, você se liberta simultaneamente das repetições automáticas de comportamento, dos apegos emocionais que já não fazem sentido, dos medos inconscientes que impedem o fluxo natural da vida. Você declara, através da organização do seu espaço físico, que está aberto para viver de maneira mais leve, mais consciente, mais conectada ao presente momento.

No final das contas, o espaço livre não é sinônimo de ausência ou privação. É, na verdade, presença expandida. É o território fértil onde o novo pode germinar, onde as oportunidades podem encontrar lugar para se manifestar. É o altar invisível da confiança na vida. Porque somente quem confia na abundância intrínseca do universo é capaz de deixar ir, com gratidão, aquilo que já cumpriu seu papel. E quando essa confiança se instala profundamente, o lar se transforma radicalmente. Ele deixa de ser um mero depósito de objetos acumulados ao longo do tempo e passa a ser um campo vibrante de possibilidades. A energia circula livremente. O olhar descansa. O corpo se solta. A mente respira aliviada. O coração se abre. Nesse espaço livre, reencontrado e cultivado, mora a liberdade. E com ela, a vida pode dançar em sua forma mais plena, leve e autêntica.

Capítulo 21
Limpeza Energética

A energia de uma casa transcende suas paredes físicas. Não se limita aos móveis dispostos, nem mesmo ao ar que circula pelos cômodos. Ela se infiltra sutilmente nas frestas, repousa nos cantos mais esquecidos, reverbera nos objetos carregados de história, estendendo-se como um campo invisível, uma aura que abraça cada ambiente. Quando o espaço físico é tocado por emoções intensas, memórias marcantes, acontecimentos significativos, ele absorve essas marcas como um espelho silencioso, registrando as vibrações de tudo que ali ocorre. A limpeza energética emerge, nesse contexto, como um ritual essencial de renascimento para o lar. Não apenas remove resíduos sutis acumulados, energias densas ou estagnadas, mas devolve à casa sua pureza essencial, sua vibração original, permitindo que ela volte a ser um santuário de paz e vitalidade.

Viver é um ato contínuo de transbordar energia. A alegria que ecoa em gargalhadas contagiantes, o choro silencioso de uma madrugada difícil, o medo paralisante, a raiva explosiva, o encantamento diante da beleza. Cada emoção sentida e expressa dentro do lar deixa um traço energético no ambiente. Assim como o pó se acumula fisicamente sobre os móveis, as cargas emocionais e mentais sedimentam-se nas camadas invisíveis do espaço, criando uma atmosfera que pode se tornar pesada ou desarmônica com o tempo. É por essa razão que certas casas, mesmo quando impecavelmente limpas e organizadas fisicamente, parecem pesadas, opressivas. E outras, mesmo muito simples e modestas, acolhem como um abraço caloroso, transmitindo uma sensação imediata de bem-estar. A diferença reside na frequência energética que ali vibra – uma frequência que pode, felizmente, ser conscientemente renovada e elevada.

Não é necessário que algo grave ou traumático tenha acontecido para justificar a realização de uma limpeza energética. A própria dinâmica da vida cotidiana, com seus altos e baixos naturais, movimenta ondas emocionais que se imprimem no espaço constantemente. Conflitos interpessoais, períodos de doença, perdas significativas, mas também mudanças internas profundas como términos de relacionamentos, inícios de novos ciclos, renascimentos pessoais – tudo deixa vestígios energéticos. A limpeza energética é um gesto de cuidado sutil, profundo. Ela não apenas limpa o que está denso, mas honra o ciclo natural da casa, reconhecendo sua capacidade de absorver e transformar. É comparável a podar uma planta para que ela cresça com mais vigor, ou abrir todas as janelas após um longo inverno para renovar o ar. É um ato de revitalização.

Existem muitas formas tradicionais e contemporâneas de limpar energeticamente um ambiente. Nenhuma delas é intrinsecamente "mais certa" que a outra. A eficácia reside menos na técnica específica e mais na presença de quem a realiza. A intenção clara de purificar e elevar a energia, o coração envolvido no processo, a conexão genuína com o espaço. É esse campo vibracional interno do praticante que ativa o poder transformador de cada gesto, de cada elemento utilizado. O que se segue são apenas caminhos possíveis, sugestões baseadas em diferentes tradições. Mas é o estado de consciência ao percorrê-los que os torna verdadeiramente sagrados e eficazes.

A defumação é talvez o mais ancestral e universal dos rituais de purificação espacial. Queimar ervas secas é um ato praticado por inúmeras culturas ao redor do mundo desde tempos imemoriais. Povos antigos o faziam ao redor do fogo sagrado, em cerimônias de passagem importantes, para marcar nascimentos, honrar mortes, celebrar colheitas, realizar curas. A fumaça que sobe das ervas em brasa é vista como uma prece visual, um veículo que carrega as intenções de limpeza para os planos sutis. Ela tem a capacidade de transformar o que é denso em leve, o que está estagnado em fluido. Sálvia branca, conhecida por suas propriedades purificadoras intensas; alecrim, associado à proteção e clareza mental; lavanda, que traz calma e harmonia; arruda, tradicionalmente usada para afastar energias negativas; mirra e olíbano, resinas sagradas usadas para elevação espiritual – cada planta carrega sua própria assinatura vibracional, seus próprios códigos de purificação. Ao queimar um maço dessas ervas ou resinas e caminhar pela casa, guiando a fumaça intencionalmente por todos os cantos, portas, janelas e áreas de maior circulação, é como se estivéssemos pintando o ar com uma nova luz, dissolvendo as sombras energéticas.

Não se trata, porém, de apenas acender as ervas e andar pela casa mecanicamente. A alma do ritual reside no gesto consciente, na presença plena. Antes de começar, reserve um momento para respirar profundamente. Conecte-se com a intenção do que deseja limpar: pode ser um peso específico que sente no ar de um cômodo, uma sensação recorrente de cansaço ou irritabilidade, uma estagnação inexplicável em alguma área da vida que se reflete no lar. Ao passar a fumaça, visualize ou sinta que ela dissolve e transmuta tudo aquilo que não serve mais à harmonia do espaço e dos seus moradores. Visualize que ela abre espaço para a entrada de leveza, clareza, amor, prosperidade. Repita mentalmente ou em voz baixa uma frase, uma afirmação ou uma oração que ressoe com seu coração, como "Que toda energia densa seja transmutada em luz" ou "Esta casa está limpa, protegida e abençoada". Ou simplesmente permaneça em silêncio, permitindo que a sabedoria da planta atue através da fumaça, confiando em sua capacidade de purificação.

Outro instrumento poderoso para a limpeza energética é o som. Assim como a fumaça, as vibrações sonoras penetram onde os olhos físicos não alcançam. O som vibra, move, quebra padrões de energia estagnada. Práticas simples como bater palmas vigorosamente nos cantos dos cômodos, tocar sinos com som claro e agudo, agitar um chocalho indígena ou maraca, ou fazer soar uma tigela tibetana ou de cristal, podem ser muito eficazes. Cada som tem o poder de desalojar energias que estavam presas, criando movimento e dispersando a densidade. Os cantos da casa, especialmente aqueles mais escuros, de difícil acesso ou pouco utilizados, tendem a acumular energia parada, formando "bolsões" de estagnação. Ao emitir sons nesses pontos específicos, com intenção de quebrar esses bloqueios, você está rompendo padrões sutis, abrindo frestas para a renovação energética fluir. O som também pode ser vibrado através da própria voz. Entoar um mantra sagrado com devoção (como o "Om"), cantar uma oração ou um hino com fé, ou mesmo repetir um simples "obrigado" ou "eu te amo" com intenção direcionada ao espaço. Tudo isso ecoa nas paredes, no campo energético do lar, e o transforma. A casa escuta. Ela absorve a vibração das palavras, dos sons. E responde com uma atmosfera mais leve e elevada.

 A água, elemento universalmente associado à purificação e ao fluxo, também pode ser utilizada com grande poder na limpeza energética. Borrifar pelos ambientes uma mistura simples de água com sal grosso é uma das práticas mais acessíveis e eficazes. O sal, um cristal natural formado na terra, possui a capacidade intrínseca de absorver energias densas e negativas, neutralizando o ambiente e devolvendo ao espaço sua neutralidade vibracional original. Pode-se preparar uma solução misturando água filtrada (ou água de chuva, se possível) com um punhado de sal grosso (preferencialmente não refinado) em um borrifador limpo. Percorra os cômodos borrifando suavemente a mistura, dando especial atenção às portas, janelas, rodapés, cantos e objetos que pareçam carregar muitas memórias ou energias pesadas. Algumas pessoas preferem colocar pequenos recipientes (como pires ou copinhos) com sal grosso em pontos estratégicos da casa, como nos cantos dos cômodos ou debaixo de móveis como a cama ou o sofá. Deixam ali por alguns dias (geralmente de 3 a 7 dias) para que o sal absorva as energias densas, e depois descartam o conteúdo preferencialmente na terra (para que a energia seja transmutada) ou em água corrente (como no vaso sanitário, visualizando a energia indo embora). Esse gesto, simples e ancestral, funciona como um convite ao renascimento energético do espaço: o velho é absorvido e liberado, permitindo que o novo possa surgir com mais clareza e vitalidade.

A luz também possui propriedades purificadoras. Uma vela acesa com intenção clara de limpeza e elevação funciona como um sol em miniatura dentro do lar, trazendo calor, luz e transmutação. Pode-se acender uma vela branca (cor associada à pureza e paz) em cada cômodo, uma de cada vez, dedicando alguns momentos para silenciar, sentir a energia do espaço e intencionar a purificação. Não se trata apenas de iluminar fisicamente, mas de reencantar o espaço, de trazer a presença viva do elemento fogo para dissolver sombras energéticas. A chama, viva e dançante, tem o poder de quebrar padrões e elevar a vibração. É possível também usar velas aromáticas, combinando assim o elemento fogo com o poder terapêutico dos óleos essenciais, escolhendo aromas como sálvia, alecrim ou lavanda para potencializar a limpeza.

Há quem utilize o poder dos cristais, posicionando-os estrategicamente em locais onde se sente uma energia mais densa ou desarmônica. Quartzo transparente (ou cristal de rocha) é conhecido por sua capacidade de limpar e amplificar energias. Ametista transmuta energias negativas em positivas e promove a espiritualidade. Turmalina negra é uma poderosa protetora contra energias densas e eletromagnéticas. Cada pedra possui uma vibração específica e age como uma guardiã silenciosa da energia do espaço. É importante lembrar de limpar e energizar os cristais regularmente, por exemplo, lavando-os em água corrente, deixando-os sob a luz da lua cheia ou do sol (dependendo do cristal), ou enterrando-os na terra por algumas horas para que se renovem e continuem atuando com eficácia.

E talvez o mais poderoso e simples de todos os métodos seja simplesmente abrir tudo. Abrir janelas, cortinas, portas. Deixar o sol entrar generosamente. Deixar o vento correr livremente pela casa. A natureza é a maior das curadoras. Quando um ambiente é invadido por luz natural abundante e ar fresco circulante, algo fundamental se reorganiza em seu campo energético. O Chi volta a se mover com vigor. As paredes parecem respirar. A casa acorda de sua letargia.

Além de todos os métodos e ferramentas, existe um segredo fundamental. A limpeza energética mais profunda e duradoura é aquela realizada com amor genuíno pelo espaço. Quando se caminha por um ambiente expressando gratidão – pelo abrigo que oferece, pela história que guarda, pelas lições que ensina, pelos silêncios que acolhe – o campo vibracional se eleva instantaneamente. A gratidão purifica. Mais potentemente do que qualquer ritual externo realizado mecanicamente.

Depois da limpeza, é importante selar o novo ciclo energético, marcando o recomeço. Isso pode ser feito de forma simples: com um perfume suave e natural no ar, um difusor de aromas com óleos essenciais que tragam alegria ou paz (como laranja ou gerânio), um pequeno altar renovado com uma flor fresca e uma vela acesa, uma música suave e elevada tocando ao fundo. Cada pessoa saberá, intuitivamente, como marcar esse recomeço de forma significativa para si. O que importa é que o gesto seja sentido, consciente. Que não seja automático. Que celebre o espaço agora livre, agora renovado, agora pronto para sustentar o próximo movimento da vida com mais harmonia e vitalidade. A casa, assim como o corpo, precisa de rituais de cuidado. Não porque ela adoece intrinsecamente, mas porque ela vive, respira, absorve. E tudo que vive, muda. Tudo que muda, acumula ciclos que precisam ser encerrados. Tudo que passa por um processo de limpeza consciente, torna-se novamente sagrado. Ao fazer da limpeza energética uma prática recorrente – talvez a cada mudança de estação, após eventos importantes, ou sempre que sentir uma sensação de peso ou estagnação – o lar se torna mais do que um espaço físico. Ele se torna um templo vivo. E dentro dele, quem habita também se transforma gradualmente. Porque não é apenas o ambiente que muda com esses rituais. É o ser que se percebe cada vez mais conectado a tudo ao seu redor, sensível às energias sutis. É o ser que aprende, lentamente, que limpar a casa é também uma forma poderosa de limpar a própria alma. E, nesse encontro profundo entre o invisível e o gesto cotidiano, nasce a verdadeira magia da presença consciente no lar.

Capítulo 22
Entrada Harmônica

A energia de uma casa não se inicia abruptamente ao cruzar a soleira. Ela começa a se formar muito antes, no caminho que leva até a porta, na forma como o limiar entre o mundo exterior e o refúgio interior é apresentado e cuidado. A entrada é esse ponto crucial de transição, o local onde o Chi, a energia vital universal, estabelece seu primeiro contato direto com o lar. A forma como essa passagem inicial está organizada, decorada, iluminada e mantida revela — e, de certa forma, determina — muito da qualidade energética que será vivida nos ambientes internos. Uma entrada harmônica transcende a mera questão estética; ela é profundamente simbólica. Comunica para o universo, para os visitantes que chegam e, principalmente, para o próprio morador ao retornar, a qualidade de presença, de acolhimento e de cuidado que se deseja cultivar dentro da própria vida.

Existem casas que, já à primeira vista, convidam, acolhem. O som dos passos no corredor parece desacelerar naturalmente, o ar ao redor da porta parece mais leve, os ombros relaxam quase que involuntariamente. Em outras residências, mesmo antes da porta se abrir, percebe-se um desconforto silencioso — objetos amontoados no caminho, bagunça acumulada na varanda ou hall, falta de luminosidade adequada, uma ausência palpável de energia de boas-vindas. Não é necessário possuir conhecimento técnico aprofundado em Feng Shui para sentir quando um portal de entrada está em desequilíbrio energético. O corpo percebe instantaneamente. A energia vital, o Chi, hesita em entrar.

No Feng Shui, a porta principal é frequentemente chamada de "boca do Chi". É através dela que entra a principal corrente de energia que vai alimentar e nutrir toda a casa. Se essa entrada estiver de alguma forma bloqueada, seja física ou energeticamente, se estiver negligenciada, suja ou desordenada, o fluxo de Chi será inevitavelmente enfraquecido logo na origem. Os ambientes internos, por consequência, refletirão esse bloqueio inicial de forma sutil, mas constante, manifestando-se como sensação de estagnação, falta de vitalidade ou dificuldade em concretizar projetos. É como tentar respirar profundamente através de um canudo estreito e amassado: o oxigênio até chega aos pulmões, mas não com a plenitude e a força necessárias para revitalizar todo o organismo.

A construção da harmonia na entrada começa pela garantia de espaço livre. O caminho que conduz até a porta deve estar completamente desimpedido, permitindo uma aproximação suave e fluida. Evite posicionar vasos de plantas muito grandes que obstruam a passagem, lixeiras expostas que tragam energia de descarte para perto da entrada, objetos quebrados ou em desuso, ou quaisquer elementos que causem uma sensação de aperto, de constrição. O percurso até o lar precisa ser como um rio que se aproxima calmamente de sua nascente, convidando à tranquilidade. A leveza desse trajeto prepara o campo vibracional tanto do visitante quanto do próprio morador para a transição para o espaço interno, sinalizando um ambiente de paz e ordem.

    A limpeza é outro ponto absolutamente essencial. Portas empoeiradas, com teias de aranha nos cantos, tapetes de entrada sujos ou desgastados, áreas externas adjacentes abandonadas ou mal cuidadas não apenas indicam descuido físico, mas também retêm energia densa, estagnada, impedindo que a energia fresca e nova entre com facilidade. Limpar a porta regularmente, manter os vidros (se houver) brilhando, varrer a calçada, o corredor de acesso ou a varanda são gestos que, além de sua função prática evidente, funcionam como poderosos rituais de renovação energética. A cada limpeza realizada com intenção, a energia estagnada é sacudida, liberada, e o campo vibracional da entrada se reorganiza, tornando-se mais receptivo e luminoso.

    Cuidar da iluminação também transforma radicalmente a energia da entrada. Luzes fracas, lâmpadas queimadas ou a completa inexistência de iluminação adequada na área externa drenam a vitalidade do espaço, transmitindo uma sensação de abandono, insegurança ou melancolia. Uma boa iluminação externa, por outro lado, transmite segurança, acolhimento, presença e cuidado. Não é necessário que seja uma iluminação excessivamente intensa ou cara; basta que seja clara o suficiente para iluminar bem o caminho e a porta, que seja funcional e, idealmente, constante durante a noite. Uma luz suave e quente acesa na entrada durante a noite pode funcionar como um farol interno, um sinalizador que orienta e acolhe, comunicando silenciosamente: "aqui há vida, aqui há beleza, aqui há cuidado".

O que está posicionado diretamente em frente à porta principal também importa significativamente. Evite o acúmulo de objetos descartáveis como sacos de lixo (mesmo que temporariamente), entulho de pequenas reformas, ou qualquer elemento que represente desorganização, decadência ou energia Sha (negativa). Se houver uma planta decorando a entrada, certifique-se de que esteja viva, saudável e bem cuidada. Uma planta morrendo ou doente na entrada pode simbolizar bloqueios ou dificuldades. Se houver um móvel, como um banco ou aparador, que esteja limpo, em bom estado de conservação e, idealmente, com alguma função clara (como apoio para chaves ou correspondência). Esse ponto de contato imediato entre o exterior e o interior deve expressar a qualidade de vida, a ordem e a beleza que se deseja alimentar dentro do lar.

Chegamos, então, à própria porta. Ela representa muito mais do que um simples item de segurança ou um componente estrutural da casa. Ela é um símbolo poderoso de passagem, de oportunidade, de conexão entre mundos. Deve abrir com facilidade, completamente, sem rangidos incômodos, sem obstáculos atrás dela que impeçam sua abertura total. Portas que emperram, que exigem força para abrir, ou que batem em móveis ao serem abertas, representam simbolicamente bloqueios energéticos, dificuldades em receber novas oportunidades, obstáculos no fluxo da vida. O gesto de abrir a porta para entrar em casa precisa ser fluido, fácil, quase ritualístico: ao abrir o lar, abre-se também o coração, abre-se o fluxo para a energia vital entrar.

As cores da porta também comunicam energias específicas. No Feng Shui tradicional, cada direção cardeal possui cores recomendadas para a porta de entrada, baseadas na teoria dos Cinco Elementos (por exemplo, portas voltadas para o Norte podem se beneficiar de cores como azul ou preto, associadas à Água; portas voltadas para o Leste, de verde ou marrom, ligadas à Madeira). Além dessas correspondências, é importante escolher tons que transmitam o sentimento desejado para quem chega. Portas em tons escuros, como preto, azul marinho ou vinho, quando bem cuidadas e em bom estado, podem evocar profundidade, proteção, mistério. Portas em cores claras ou vibrantes, como branco, amarelo, vermelho ou verde claro, tendem a chamar à leveza, à alegria, à vitalidade. O mais importante é que a porta esteja sempre limpa, sem rachaduras visíveis, com a pintura íntegra e bem conservada. Se possível, personalize-a com algum toque que represente a identidade dos moradores: uma guirlanda de boas-vindas (renovada sazonalmente), um símbolo de proteção discreto (como um olho grego ou um baguá), um número bem visível e bonito, um adorno que traga alegria.

O tapete da entrada também desempenha um papel mais significativo do que apenas limpar os sapatos. Ele representa simbolicamente a transição – o ato de deixar as energias do mundo lá fora para pisar o solo sagrado do lar. Por isso, sua escolha e manutenção merecem atenção. Deve ser bonito, limpo, inteiro, sem rasgos ou desgaste excessivo. Tapetes com frases positivas ("Bem-vindo", "Lar Doce Lar"), símbolos auspiciosos (como o nó infinito ou mandalas) ou simplesmente uma cor que evoque bem-estar e acolhimento podem ser grandes aliados nesse ponto de passagem energético. É fundamental mantê-lo sempre limpo – um tapete puído, manchado ou encardido retém exatamente o tipo de energia densa e suja que se quer evitar trazer para dentro de casa.

O interior imediato da porta, o primeiro vislumbre ao entrar, é outro ponto-chave para a harmonia. Ao abrir a porta e dar o primeiro passo para dentro, o que se vê primeiro? Uma parede branca, vazia e fria? Um cabideiro abarrotado de casacos, bolsas e sapatos desorganizados? Um móvel entulhado de correspondências e objetos aleatórios? Tudo isso comunica uma mensagem energética imediata. O ideal é que o primeiro olhar ao entrar na casa seja de harmonia, beleza e ordem. Pode ser um quadro inspirador com uma imagem que traga paz, uma planta viva viçosa num vaso bonito, uma peça de arte intencional que represente os valores da família, ou simplesmente um espaço livre e bem iluminado. O que importa é que haja uma sensação de clareza, de boas-vindas, de respiro.

O hall de entrada, quando existe como um cômodo ou espaço delimitado, funciona como um convite à transição consciente entre o exterior e o interior. Ele separa fisicamente o mundo público do universo privado e íntimo do lar. Por isso mesmo, é um espaço que merece atenção especial em sua decoração e energia. Não deve ser encarado como um depósito temporário de objetos ou um local de passagem negligenciado, mas sim como um portal energético. Um aparador elegante com flores frescas ou uma planta bonita, um espelho cuidadosamente posicionado (nunca refletindo diretamente a porta de entrada), um difusor com um aroma suave e acolhedor – tudo isso ajuda a estabelecer o tom energético da casa logo na chegada.

Espelhos, aliás, merecem um destaque particular na entrada. No Feng Shui, posicionar um espelho diretamente de frente para a porta principal é geralmente desaconselhado, pois acredita-se que ele pode "empurrar" o Chi de volta para fora, impedindo que a energia vital entre e circule pela casa. Contudo, colocado lateralmente em uma das paredes do hall, o espelho pode ser muito benéfico: ele amplia visualmente a entrada, reflete a luz (natural ou artificial), e cria uma sensação de maior espaço e acolhimento. Tudo depende da posição estratégica e da intenção por trás de seu uso.

Sinos de vento, móbiles que se movimentam suavemente com a corrente de ar ou outros elementos que produzam sons delicados também são bem-vindos na área da entrada (seja do lado de fora, na varanda, ou logo após a porta, no hall). Eles ativam o Chi estagnado, quebram padrões de energia parada e marcam sonoramente o portal entre os mundos externo e interno. Um sino que soa suavemente ao abrir a porta pode funcionar como uma saudação sutil à energia que entra, um lembrete sonoro da transição. O som deve ser agradável, discreto, e o objeto em si deve estar limpo, bem posicionado e afinado harmonicamente.

Cuidar da entrada é, em essência, cuidar da narrativa energética da casa. É decidir conscientemente como começa a história todas as vezes que alguém – seja um visitante ou o próprio morador – cruza o limiar. É comunicar ao universo e a si mesmo: "aqui se entra com respeito, com leveza, com presença". É lembrar a si mesmo, todos os dias ao retornar, que a vida acontece numa troca contínua entre fora e dentro, e que o ponto de encontro essencial é esse pequeno, mas poderoso, portal da entrada.

Se a casa não possui um hall formal, se a porta se abre diretamente na sala de estar ou em outro ambiente, torna-se ainda mais importante criar, simbolicamente, essa zona de transição. Isso pode ser feito com um tapete de formato ou cor diferente delimitando a área da entrada, uma iluminação específica nesse ponto, um biombo delicado criando uma barreira visual suave, ou até mesmo um arranjo de objetos significativos sobre um móvel próximo à porta. O importante é marcar o ponto onde se chega, onde se faz a pausa entre o "lá fora" e o "aqui dentro". O corpo e o espírito precisam dessa demarcação, dessa troca de chave energética.

No final, a entrada harmônica não é apenas o início físico da casa. Ela é o começo de tudo em termos de fluxo energético. É onde se cruza a fronteira sutil entre o potencial caos do mundo exterior e a intimidade protetora do ser. É onde se decide, inconscientemente, se a energia que entra será bem recebida e circulará livremente, ou se encontrará resistência e se perderá no atrito inicial. E, sobretudo, é onde o próprio morador se reencontra consigo mesmo, dia após dia, ao girar a chave, abrir a porta e adentrar o espaço sagrado que é o seu lar. Que cada chegada seja um retorno consciente ao seu centro. Que cada entrada seja uma bênção silenciosa. Que a casa, começando pela porta, seja sempre o espelho luminoso e acolhedor de quem você verdadeiramente é.

Capítulo 23
Sala Harmoniosa

A sala de estar ocupa uma posição central na dinâmica do lar, transcendendo a função de um simples cômodo. Ela é o coração visível da casa, o palco onde as presenças dos moradores e visitantes se cruzam, onde silêncios confortáveis são compartilhados sem necessidade de palavras, onde conversas significativas constroem pontes entre mundos íntimos. Em sua essência mais profunda, a sala representa o cenário primordial das interações sociais e familiares, das pausas restauradoras, dos encontros espontâneos que não exigem hora marcada nem formalidade. Como todo coração pulsante, sua saúde energética e funcional influencia diretamente o bem-estar de todo o organismo que é o lar. Se há harmonia vibrando nesse espaço central, há pulso vital, há vida circulando com vigor e propósito por todos os outros ambientes da casa.

Uma sala verdadeiramente harmoniosa não se define pelo seu tamanho físico, pela ostentação de móveis luxuosos ou pela adesão às últimas tendências decorativas ditadas pelo mercado. Ela se reconhece, primordialmente, pela sensação que evoca em quem nela adentra. Ao entrar, o corpo instintivamente relaxa. Os olhos encontram pontos de repouso visual, sem serem bombardeados por excesso de informação. O espírito se acomoda, sentindo-se seguro e acolhido. Existe uma atmosfera intangível, difícil de explicar em palavras, mas facilmente perceptível na pele: o espaço convida à permanência, sem ser invasivo; acolhe, sem sufocar; inspira, sem agitar. É um equilíbrio delicado entre conforto, beleza e funcionalidade energética.

A construção dessa harmonia desejada começa pela disposição cuidadosa dos elementos no espaço. O arranjo dos móveis, em particular, determina não apenas a estética, mas principalmente o fluxo do Chi – a energia vital – e, por consequência direta, o fluxo de comunicação e interação entre as pessoas que utilizam o ambiente. Sofás e poltronas posicionados de forma a se voltarem uns para os outros, criando um círculo ou semicírculo de conversa, sugerem diálogo, reciprocidade, escuta ativa. Essa configuração incentiva a conexão olho no olho, a troca de ideias, o compartilhamento de experiências. Já a disposição onde todos os móveis estão orientados exclusivamente para um aparelho de televisão indica uma centralidade dispersa, focada no entretenimento passivo, onde a interação humana tende a perder força e prioridade. O ideal, na maioria dos casos, é buscar um equilíbrio funcional e energético: a tela pode estar presente, como parte da vida moderna, mas não deve dominar completamente o ambiente ou ser o único foco. Deve permanecer em estado de espera, silenciosa quando não utilizada, enquanto as trocas reais, as conversas significativas, acontecem ao seu redor, talvez em um arranjo de assentos secundário ou simplesmente pela flexibilidade do uso.

A circulação dentro da sala também precisa ser respeitada e facilitada. Caminhos obstruídos por móveis mal posicionados, passagens excessivamente apertadas entre peças de mobiliário, móveis desproporcionais ao tamanho real do ambiente (sejam grandes demais, causando sensação de aperto, ou pequenos demais, parecendo perdidos no espaço) criam barreiras energéticas que, mesmo sendo muitas vezes imperceptíveis conscientemente, afetam o bem-estar geral. O corpo humano gosta de fluir pelo espaço sem esbarrar, sem se sentir constrangido. E o Chi, a energia vital, segue o mesmo princípio, buscando caminhos livres e suaves. Por isso, observe atentamente como você se move dentro da sua sala. Há fluidez natural? Existem interrupções constantes no trajeto? Alguma área específica parece ser evitada instintivamente por você ou por outras pessoas? Essas respostas silenciosas, observadas com atenção, revelam onde o espaço clama por ajuste, por liberação, por uma reorganização que permita um fluxo mais harmonioso.

As cores escolhidas para a sala desempenham outra camada importante na criação da atmosfera desejada. Tons terrosos (como marrons, beges, ocres), beges neutros, verdes suaves (que remetem à natureza e acalmam) ou laranjas apagados (que trazem calor sem agitação) tendem a transmitir uma sensação de aconchego, estabilidade e conforto. Contudo, não existe uma regra absoluta e universal. Tudo depende da vibração específica que se deseja cultivar naquele espaço e da personalidade dos moradores. Cores mais vibrantes, como amarelos, vermelhos ou azuis intensos, usadas com moderação, podem estimular encontros mais animados, conversas mais vivas, um ambiente mais festivo. Tons predominantemente neutros, por outro lado, favorecem a introspecção, a calma, um ambiente mais sereno e contemplativo. Uma combinação equilibrada, muitas vezes, é a chave para contemplar os diferentes momentos e humores vividos na sala. Um toque de vermelho vibrante numa almofada decorativa, um quadro com tons de azul profundo numa parede neutra, uma manta de cor mostarda jogada casualmente sobre o sofá – são pequenas inserções cromáticas que ativam a energia, trazem personalidade, mas não dominam ou sobrecarregam o ambiente.

A textura é outro aspecto vital, frequentemente subestimado, na criação de uma sala acolhedora. Tecidos macios ao toque (como veludo, chenille, lã, algodão penteado), tapetes espessos e convidativos que convidam os pés a descalçar, mantas e almofadas generosas que parecem abraçar o corpo – tudo isso colabora para que o ambiente seja sentido com o tato, de forma sensorial, e não apenas apreciado com os olhos. Uma sala não deve apenas parecer acolhedora em fotografias; ela precisa ser vivida como tal no dia a dia. O toque, nesse contexto, transforma-se em uma linguagem silenciosa de afeto, de conforto, de cuidado, comunicando ao corpo que ali é um lugar seguro para relaxar e se entregar. Materiais como madeira natural, pedra, cerâmica e fibras vegetais (como sisal, juta, vime) também contribuem com suas texturas únicas para enriquecer a experiência sensorial do espaço.

Elementos naturais são sempre bem-vindos e altamente recomendados para trazer vida e equilíbrio à sala de estar. Uma planta de porte maior posicionada em um canto estratégico, preenchendo o espaço verticalmente. Folhas verdes que se movem suavemente com a brisa que entra pela janela, trazendo um senso de movimento natural. Um vaso com flores frescas e coloridas sobre a mesa de centro ou aparador, renovando a energia e trazendo beleza efêmera. A natureza, quando introduzida no ambiente construído, quebra a rigidez, introduz o ritmo orgânico do mundo natural na linearidade muitas vezes estéril do concreto e dos materiais industrializados. E isso, invariavelmente, cura, acalma, reconecta. Mesmo uma única planta, desde que bem cuidada e saudável, já é capaz de mudar significativamente a frequência energética do ambiente. A presença do verde equilibra a energia vital (Chi), ajuda a purificar o ar (em alguns casos), suaviza formas arquitetônicas e convida à calma, à contemplação.

A iluminação, como em outros cômodos, pede sensibilidade e planejamento na sala de estar. Luzes excessivamente brancas e intensas, típicas de ambientes comerciais, podem agitar em excesso, criar uma atmosfera fria e impessoal. Luzes muito fracas ou mal distribuídas, por outro lado, podem obscurecer a vitalidade do espaço, tornando-o sombrio ou melancólico. O ideal é que haja diferentes pontos de luz, com intensidades e temperaturas de cor variadas, que possam ser ativados e combinados conforme o momento e a necessidade. Uma luz geral, talvez no teto, para momentos de maior atividade ou para receber visitas. Uma luz amarela suave, mais baixa, vinda de abajures ou arandelas, para criar um clima acolhedor no fim da tarde ou à noite. Uma vela acesa ou um abajur com luz bem delicada para conversas noturnas, momentos de relaxamento ou para assistir a um filme. A luz, quando bem posicionada e controlada, tem o poder de desenhar atmosferas distintas dentro do mesmo espaço. E cada atmosfera criada comunica e induz um estado interno específico.

O centro da sala, na perspectiva do Feng Shui, é frequentemente considerado um ponto de concentração e distribuição de energia, relacionado à saúde e ao equilíbrio geral (associado ao elemento Terra no Baguá). Idealmente, deve estar relativamente livre, limpo, permitindo que a energia respire e circule sem obstruções. Não é necessário que seja um espaço completamente vazio, mas é essencial que não seja pesado por móveis muito grandes ou excesso de objetos. Uma mesa de centro baixa e de proporções adequadas, talvez com poucos objetos significativos sobre ela (um livro, uma vela, um pequeno arranjo floral), um tapete que delimite a área de estar sem aprisioná-la visualmente, um espaço onde o olhar possa repousar tranquilamente sem ser interrompido por um excesso de informação visual – tudo isso contribui para a estabilidade e harmonia do centro energético da sala.

As paredes contam histórias silenciosas através do que nelas é exposto. E aqui entra novamente a importância da arte intencional, como já explorada em capítulo anterior, mas aplicada especificamente ao coração social da casa. Quadros que representem visualmente o que se deseja sentir e cultivar naquele espaço – paz (paisagens tranquilas), alegria (cores vibrantes, cenas lúdicas), união (imagens de grupos, mandalas). Fotografias que tragam à tona memórias felizes e significativas da família ou amigos. Texturas na parede (como um revestimento de madeira, pedra ou um tecido) que lembrem o toque acolhedor da natureza. É importante evitar imagens que transmitam sentimentos densos (tristeza, angústia, solidão), arte abstrata em excesso que possa gerar confusão mental, ou elementos que tragam emoções conflitantes ou lembranças desagradáveis. O que está nas paredes entra constantemente pelo olhar e reverbera sutilmente no corpo e no campo emocional dos ocupantes.

Evite também o acúmulo generalizado de objetos. Prateleiras lotadas de livros e souvenires sem significado atual, estantes repletas de objetos decorativos apenas para preencher espaço, mesas laterais ou de centro com excesso de adornos. O olhar humano precisa de respiros, de pausas visuais para não se cansar. O vazio é tão importante quanto a presença dos objetos; ele funciona como a moldura invisível que valoriza aquilo que foi escolhido para estar ali. Uma única peça de cerâmica artesanal com uma história, uma escultura simples com significado pessoal, um livro querido casualmente deixado sobre a mesa – esses detalhes cuidadosamente selecionados falam muito mais à alma do que uma coleção inteira de objetos esquecidos, acumulados sem critério.

O aroma da sala também compõe sua personalidade invisível. Um difusor elétrico ou de varetas com óleo essencial de lavanda (para calma), gerânio (para equilíbrio emocional) ou laranja doce (para alegria). Um incenso de boa qualidade queimado ocasionalmente (como sândalo ou olíbano para elevação). Velas aromáticas com perfumes suaves e naturais. Todos esses elementos criam trilhas olfativas que permanecem na memória afetiva associada ao lar. O cheiro da sala é, muitas vezes, a primeira impressão sensorial ao entrar nela. E ele deve ser suave, agradável, mas presente. Algo que comunique, silenciosamente: "aqui é seguro, aqui é bom estar, relaxe". Músicas suaves tocando ao fundo em volume baixo, o som delicado de sinos de vento vindos da varanda ou janela, ou até mesmo o murmúrio da água de uma pequena fonte de mesa – todos esses recursos auditivos podem ser usados para criar uma sala que também escuta, que embala, que respira em harmonia sonora junto com seus habitantes.

O mobiliário deve ser, acima de tudo, funcional e confortável, mas também pode carregar uma dimensão simbólica. Uma estante de livros bem organizada não é apenas um local de armazenamento; ela mostra o que nutre intelectualmente os moradores, quais são seus interesses, suas paixões. Uma mesinha de canto com um diário aberto, uma xícara de chá ainda morna, uma vela acesa – isso não é apenas decoração aleatória, é uma pequena narrativa visual sobre os hábitos e rituais de quem ali vive. A sala deve contar a história de quem ali reside, mas contar essa história de forma leve, organizada, com pausas e respiros. Como um bom livro, em que cada capítulo tem seu lugar e sua importância, mas há espaço em branco entre as linhas para que o leitor possa respirar, refletir e absorver o conteúdo.

E, por fim, mas não menos importante, há a presença invisível acumulada no espaço. O que não se vê diretamente, mas se sente profundamente. As conversas que ali aconteceram, os silêncios compartilhados com cumplicidade, as emoções que transbordaram – alegrias, tristezas, medos, esperanças. Tudo isso forma uma camada energética, uma atmosfera sutil que impregna o ambiente. Cuidar da sala é também cuidar dessa memória sutil. É realizar purificações energéticas regulares com intenção (usando fumaça, som, sal, visualização). É abrir as janelas diariamente, permitindo que o sol e o ar fresco toquem todos os cantos. É renovar a disposição dos móveis periodicamente, reordenar os objetos, perceber quando algo já não vibra mais com a energia atual e trocar por algo novo, verdadeiro, necessário para o momento presente. A sala, quando harmonizada e cuidada continuamente, torna-se o coração vivo e pulsante do lar. Ela pulsa. E cada batida dessa pulsação é uma celebração silenciosa da presença, da vida que ali acontece. Um espaço para receber o outro com generosidade, mas também para se receber, para se acolher em momentos de solidão ou introspecção. Um território fértil onde se cultiva a convivência harmoniosa, o descanso restaurador, a alegria simples de estar junto, de pertencer. Que sua sala diga ao mundo quem você é, de forma autêntica e bela. Que ela acolha seus momentos de partilha e seus necessários silêncios criativos. Que cada canto dela seja um convite permanente ao encontro – com o outro e, fundamentalmente, consigo mesmo. Porque na harmonia do espaço físico, floresce a harmonia da vida. E tudo começa, e sempre renasce, no coração da casa.

Capítulo 24
Cozinha Nutritiva

Um fogo sagrado reside no coração da casa. Sua natureza transcende o mero simbolismo; ele aquece fisicamente, transforma a matéria, nutre o corpo e conecta as almas. Este fogo primordial mora na cozinha, aquele espaço vital onde os elementos da natureza – terra, água, fogo, ar, metal – se misturam em alquimia constante, onde aromas evocativos sobem ao ar despertando memórias e apetites, onde o invisível da intenção se funde ao tangível dos ingredientes no gesto fundamental de alimentar. A cozinha é, em sua essência energética, o ventre do lar. É o local onde a matéria bruta se converte em sustento vital, onde a alquimia cotidiana transforma simples ingredientes em complexas memórias afetivas, em tradições familiares, em saúde. Quando há consciência permeando esse espaço, ele deixa de ser um simples ambiente funcional, um local de tarefas domésticas, e torna-se um verdadeiro templo da nutrição, um centro irradiador de abundância, cuidado e amor manifesto.

Cozinhar, quando realizado com presença e intenção, é um ato de profundo amor – por si mesmo e pelos outros. Mas esse amor começa a ser semeado muito antes da panela ir ao fogo. Inicia-se no olhar cuidadoso para o próprio espaço onde a mágica acontece. No Feng Shui existencial, a cozinha é vista como o centro vital da casa, intimamente ligada à saúde, à prosperidade e à vitalidade dos moradores. Sua organização impecável, sua limpeza constante e sua harmonia energética geral têm um impacto direto e significativo na energia de todos que compartilham aquele lar. Uma cozinha negligenciada ou caótica pode, sutilmente, minar a saúde e dificultar o fluxo da abundância. Uma cozinha cuidada e vibrante, por outro lado, nutre em todos os níveis.

A presença marcante do elemento fogo, tão essencial e característico neste cômodo, não deve jamais ser negligenciada. O fogão é o seu ponto focal indiscutível. Muito mais do que um simples aparelho eletrodoméstico, ele representa simbolicamente o poder de transformar – tanto os alimentos crus em refeições nutritivas quanto, metaforicamente, a própria realidade dos que vivem ali, através da energia da ação e da manifestação. Um fogão mantido limpo, bem cuidado, com todas as bocas e o forno funcionando perfeitamente, é um símbolo ativo e poderoso de prosperidade, de capacidade de gerar sustento e calor vital. A negligência nesse ponto específico não é apenas uma questão prática de higiene ou funcionalidade; ela reverbera energeticamente como um sinal de escassez, descuido com a própria fonte de nutrição, estagnação na capacidade de transformar e criar. Manter o fogão limpo e funcional é, simbolicamente, manter vivo e honrado o fogo sagrado da casa.

Cada chama que se acende no fogão, cada panela que se aquece sobre ele, cada alimento que ali é preparado carrega consigo uma intenção, mesmo que inconsciente. É por isso que o estado de espírito, os pensamentos e os sentimentos de quem cozinha durante o preparo das refeições também influenciam diretamente o resultado final, não apenas no sabor, mas na qualidade energética do alimento. A cozinha pede atenção plena, presença. Ela naturalmente rejeita o automatismo, o estresse, a pressa, o impulso descuidado. Alimentar é um gesto de criação, de doação de energia. O alimento, por sua natureza receptiva, absorve a energia do momento do preparo. Uma sopa simples feita em silêncio, com calma e amor, pode curar mais profundamente do que muitas palavras. Um bolo assado com alegria genuína, com a intenção de celebrar, aquece mais a alma do que qualquer cobertor.

A disposição dos móveis e objetos na cozinha também merece atenção cuidadosa para garantir um fluxo harmonioso. Bancadas de trabalho desobstruídas, limpas e organizadas, transmitem uma sensação de fluidez, facilitam a movimentação e permitem um preparo mais consciente e prazeroso dos alimentos. Quando o espaço está livre, os movimentos tendem a se tornar mais lentos, mais cuidadosos, mais respeitosos com os ingredientes e com o próprio ato de cozinhar. Já o acúmulo excessivo – de eletrodomésticos raramente usados sobre a bancada, de utensílios pendurados por toda parte, de potes esquecidos em cantos – cria ruído visual, dificulta a limpeza e bloqueia a circulação suave do Chi. O convite aqui é à simplicidade funcional, à valorização daquilo que é verdadeiramente necessário, útil e, idealmente, belo. Organizar armários e gavetas, descartando o que não se usa mais, agrupando itens semelhantes, otimizando o espaço, contribui enormemente para a sensação de ordem e eficiência.

A geladeira é outro ponto de poder energético dentro da cozinha. Muitas vezes negligenciada em sua organização interna, ela é o repositório da energia vital que será ingerida pelo corpo. Alimentos vencidos, esquecidos no fundo das prateleiras, deteriorados ou mal conservados não apenas ocupam espaço físico precioso – eles carregam uma vibração de estagnação, desperdício e energia "morta". Manter a geladeira consistentemente limpa, organizada, com alimentos frescos, visíveis e facilmente acessíveis é como purificar a fonte de onde a energia vital será distribuída para os moradores. Utilizar potes transparentes, etiquetar sobras, fazer uma revisão semanal do conteúdo são práticas que ajudam a manter essa energia fluindo de forma saudável.

O mesmo princípio se aplica à despensa ou aos armários onde se guardam os alimentos secos. Prateleiras abarrotadas de pacotes e latas, embalagens abertas há meses perdendo suas propriedades, produtos empilhados sem propósito ou organização lógica – tudo isso impede que o alimento seja tratado com respeito e que o fluxo de abundância circule com consciência. Uma despensa organizada, com itens agrupados por tipo, recipientes herméticos para grãos e farinhas, e uma visibilidade clara do que se tem, funciona como um mapa da nutrição da casa. Ela revela os hábitos alimentares, o que realmente se consome, o que pode estar em excesso, o que está faltando. É, também, uma expressão simbólica do inconsciente coletivo da casa. Alguém que acumula excessivamente alimentos, muito além do necessário, pode estar nutrindo um medo silencioso de faltar, uma insegurança em relação à provisão. Alguém que mantém tudo escondido, desorganizado, pode estar, simbolicamente, negando ou dificultando o acesso à própria abundância e nutrição.

As cores presentes na cozinha influenciam diretamente o apetite, o humor e a disposição para cozinhar e comer. Tons quentes – como amarelos solares, laranjas vibrantes, vermelhos estimulantes (usados com moderação) e tons terrosos acolhedores – evocam vitalidade, alegria, energia e estimulam o apetite. Contudo, não devem ser usados em excesso, para não criar um ambiente agitado ou pesado. Um equilíbrio com cores neutras (branco, cinza claro, bege) ou claras (azul pálido, verde menta) permite que a luz se expanda, que o espaço respire e que a sensação seja de limpeza e frescor. Uma parede pintada com uma cor viva como ponto focal, uma toalha de mesa ou panos de prato estampados e coloridos, um vaso com frutas frescas sobre a bancada – são pequenos pontos de cor que ativam o campo vibracional da cozinha sem oprimir os sentidos, trazendo alegria e dinamismo.

O aroma é outro aliado poderoso na criação de uma cozinha nutritiva. O cheiro inconfundível do café recém-passado pela manhã, das ervas frescas sendo cortadas sobre a tábua, do alho e da cebola dourando suavemente no azeite – tudo isso antecipa a nutrição, prepara o corpo e a mente para receber o alimento, antes mesmo que ele chegue à boca. Aromas não apenas ativam o paladar, mas também despertam emoções profundas, memórias afetivas, sensações de conforto e pertencimento. Por isso, use os aromas com intenção. Um raminho de alecrim fresco num copo com água no canto da pia traz proteção e vitalidade. Um vasinho de hortelã ou manjericão sobre a mesa ou peitoril da janela oferece frescor e conexão com a terra. Uma infusão de especiarias como canela e cravo fervendo suavemente no fogão em dias frios traz acolhimento. Cada cheiro natural tem o poder de reconectar à ancestralidade, à infância, à generosidade da natureza.

Falando em natureza, não se pode deixar de lado a importância da presença viva dos alimentos in natura na cozinha. Frutas frescas e coloridas expostas em uma fruteira bonita sobre a mesa ou bancada, legumes e verduras visíveis em cestas arejadas (se apropriado para sua conservação), ervas frescas crescendo em pequenos vasos na janela. Tudo isso não apenas decora, mas convida a uma alimentação mais consciente, mais conectada aos ciclos naturais, mais orgânica. A vida gera vida. E quando essa vida se faz visível e acessível na cozinha, há um lembrete diário e poderoso de que nutrir não é apenas um ato mecânico de ingerir calorias – é viver em sintonia com a terra, com as estações, com a energia vital dos alimentos.

O local onde as refeições são realizadas também deve ser honrado e cuidado. Uma mesa posta com atenção e carinho, mesmo que de forma simples para o dia a dia, transforma a refeição de um ato banal em um pequeno ritual sagrado. Guardanapos de tecido em vez de papel, uma vela acesa no centro da mesa (mesmo durante o dia), um pequeno centro de mesa com flores, folhas ou frutas da estação. Comer com beleza, com atenção aos detalhes, é uma forma de expressar gratidão ao alimento, a todos que participaram de sua produção, ao próprio corpo por sua capacidade de recebê-lo e transformá-lo em energia. Evite comer apressadamente em frente à televisão, de pé na cozinha, ou com a mente dispersa em preocupações. Esses hábitos diluem a energia da nutrição, fragmentam a presença e transformam o ato sagrado de se alimentar em mero automatismo. A digestão, tanto física quanto energética, é prejudicada.

Se há uma copa ou espaço de refeições integrado à cozinha, que ele seja um prolongamento desse cuidado e dessa intenção. Nada de acumular papéis de contas, correspondências, roupas para passar ou objetos desconexos sobre a mesa de refeições. A energia do alimento deve poder circular livremente, sem interferências de outras atividades ou preocupações. A ordem externa facilita a digestão interna e a apreciação do momento presente. As palavras ditas durante o preparo dos alimentos e durante as refeições também possuem um peso energético que influencia a qualidade do que se consome. Queixas constantes, discussões acaloradas, julgamentos sobre a comida ou sobre os outros – tudo isso é absorvido energeticamente pelo ambiente e, consequentemente, pelo alimento. O ambiente da cozinha, por sua própria natureza alquímica e transformadora (ligada ao elemento Fogo), funciona como um amplificador energético. Use esse campo com sabedoria e consciência. Cozinhar ouvindo uma música suave e alegre, entoando um mantra de gratidão, ou simplesmente em silêncio meditativo, permite que a energia do alimento seja elevada, tornando-o mais nutritivo em todos os níveis.

É possível também criar um pequeno altar na cozinha, um ponto focal de intenção e gratidão. Não precisa ser algo ostensivo ou necessariamente religioso. Pode ser apenas um canto discreto sobre uma prateleira ou bancada, com uma pedra bonita encontrada na natureza, uma pequena planta, uma imagem que evoque gratidão pela abundância (como uma espiga de milho, uma imagem de Deméter ou Lakshmi), ou simplesmente uma vela. Um lugar onde, antes de começar a preparar os alimentos, se possa respirar fundo por um instante e oferecer uma intenção silenciosa, como: "Que este alimento me nutra em todos os níveis – corpo, mente e espírito" ou "Gratidão pela abundância em minha mesa". A cozinha, quando assim tratada, ritualizada, transforma-se verdadeiramente num espaço de bênção.

Quando a cozinha é um espaço compartilhado com outros moradores, é fundamental que todos participem, de alguma forma, da manutenção de sua harmonia. Dividir as responsabilidades da limpeza e organização, limpar com alegria e cooperação (em vez de ressentimento), preparar refeições juntos sempre que possível. Essas práticas fortalecem os laços familiares ou comunitários, dissolvem tensões e transformam as tarefas cotidianas em momentos de convivência significativa e nutritiva.

Lembre-se sempre: não se trata de buscar uma perfeição inatingível ou de transformar a cozinha num cenário de revista de decoração. A cozinha nutritiva é um espaço real, vivo, dinâmico, mutável. Haverá dias de louça acumulada na pia, de cansaço que leva a refeições improvisadas, de sobras requentadas. E tudo bem. O importante é que a energia base, a intenção predominante, seja de cuidado, de presença, de respeito pelo que ali acontece – o milagre diário da transformação da matéria em vida. Porque alimentar-se é um dos atos mais íntimos, fundamentais e poderosos que existem. É, literalmente, incorporar o mundo exterior. É fazer do que está fora, parte essencial de si. Quando esse processo é cercado de consciência e beleza, a cozinha torna-se não apenas mais um cômodo da casa, mas um coração quente e vibrante, pulsando energia de vida, saúde e abundância para todo o lar. E nesse pulsar harmonioso, o corpo físico se fortalece. As relações interpessoais se aquecem. A alma se reconecta com a fonte da nutrição universal. A cozinha nutritiva, então, não é apenas onde se come. É onde se aprende, todos os dias, a viver com mais consciência, mais prazer sensorial e mais profunda gratidão. Onde o alimento é reconhecido como semente, fogo e flor — tudo ao mesmo tempo. Onde o lar se revela, talvez mais do que em qualquer outro espaço, como o verdadeiro centro de cura e vitalidade.

Capítulo 25
Quarto Tranquilo

O corpo incessantemente busca repouso, um porto seguro onde possa ancorar após as travessias diárias. A mente anseia por silêncio, um espaço livre das turbulências do pensamento incessante, onde a quietude possa finalmente se instalar. A alma, por sua vez, procura recolhimento, um refúgio íntimo para processar as vivências, sonhar e simplesmente ser. É no quarto que estas três dimensões essenciais do nosso ser encontram, ou ao menos deveriam encontrar, um abrigo capaz de acolhê-las, nutri-las e regenerá-las profundamente. Este cômodo transcende a mera funcionalidade de ser um local para dormir; ele se configura como o espaço sagrado onde dissolvemos as camadas do mundo exterior, onde os ruídos da existência cotidiana finalmente cessam, onde os olhos se fecham não apenas para o escuro físico, mas para que o vasto universo interior possa se revelar em sua plenitude. Um quarto verdadeiramente tranquilo não representa um luxo dispensável, mas sim uma necessidade vital. Quando o espaço dedicado ao descanso vibra em harmonia, toda a tapeçaria da vida passa a pulsar em um ritmo diferente, mais sereno, mais conectado, mais vivo.

O quarto funciona como um santuário pessoal, um território íntimo e inviolável. Independentemente de ser um espaço compartilhado ou solitário, é ali que a vulnerabilidade encontra permissão para existir sem máscaras, onde os sonhos mais profundos são gestados nas brumas do inconsciente, onde o cansaço acumulado do dia se desfaz em suspiros longos e libertadores. A sabedoria do Feng Shui reconhece neste ambiente um papel central e insubstituível na manutenção da saúde física, mental e energética. A energia que cultivamos neste espaço reverbera por todas as outras áreas da nossa existência. O quarto merece, portanto, um cuidado que ultrapassa em muito a simples preocupação estética. Ele precisa ser conscientemente construído e mantido como um ninho acolhedor, um casulo protetor onde a metamorfose do descanso pode ocorrer, um templo íntimo onde cada elemento convida ao desligamento consciente do mundo exterior e ao mergulho profundo no universo interior.

O primeiro passo concreto para transformar um quarto comum em um genuíno espaço de serenidade reside na compreensão de que o descanso é uma experiência sensorial completa e integrada. Não se trata apenas de fechar os olhos e esperar o sono chegar. O corpo sente, a visão absorve, a audição registra, a respiração se aprofunda ou se agita, o toque percebe, a sensação geral se instala. Absolutamente tudo que compõe o ambiente – as cores que pintam as paredes e vestem a cama, as texturas que acariciam a pele, os sons que preenchem o silêncio ou o perturbam, os odores que flutuam no ar, a disposição dos móveis que guiam o fluxo de energia – influencia diretamente na qualidade e profundidade do repouso. Cada detalhe comunica, mesmo na penumbra ou na escuridão total. Cada elemento é uma nota na sinfonia do sono. A atenção a esses detalhes é, portanto, fundamental.

Inicia-se pela cama, que é muito mais que um simples móvel; é o altar sagrado do sono, o palco onde o inconsciente encena seus dramas e revelações. A sua posição no quarto é de importância crucial. Idealmente, a cabeceira deve estar solidamente encostada em uma parede firme, sem vãos ou instabilidades, e nunca diretamente sob janelas, pois essa configuração transmite uma sensação de segurança energética fundamental para o relaxamento profundo. A parede sólida atrás da cabeça funciona como um escudo protetor, permitindo que o corpo se entregue ao descanso sem a necessidade inconsciente de vigilância. É também altamente recomendável que, da posição deitada, seja possível visualizar a porta de entrada do quarto, embora não diretamente alinhada a ela. Estar de frente para a porta pode gerar um fluxo de energia muito direto e agitado, enquanto estar completamente de costas cria vulnerabilidade. A visão oblíqua da porta oferece um sentido sutil de controle, amparo e proteção, acalmando o sistema nervoso mesmo sem que tenhamos consciência disso.

A estrutura física da cama deve ser firme, estável e, acima de tudo, confortável, proporcional ao tamanho do espaço disponível. Uma cama excessivamente grande em um quarto pequeno pode gerar uma sensação claustrofóbica de opressão, dificultando o relaxamento.

Uma cama pequena demais em um ambiente muito amplo pode, por outro lado, transmitir uma sensação de insegurança ou desamparo. O equilíbrio dimensional é chave. O colchão, esse território íntimo do descanso profundo, merece atenção especial. Deve ser de boa qualidade, oferecendo o suporte adequado à coluna e ao corpo. Sua troca periódica deve ser considerada, não apenas pelo desgaste físico, mas porque ele absorve, noite após noite, não apenas o peso do corpo, mas também as cargas emocionais, as tensões e as preocupações da rotina. Ele se torna um registro energético das nossas noites.

Um ponto frequentemente negligenciado, mas de grande impacto energético, é o espaço sob a cama. Evite categoricamente guardar objetos ali. Malas de viagem, caixas com documentos antigos, sapatos acumulados, roupas fora de estação: tudo isso cria um bloqueio no fluxo de energia vital (o Chi) que deveria circular livremente sob o corpo durante o sono. Esse fluxo ascendente nutre e restaura o corpo energético. O vazio sob a cama permite que o Chi circule sem impedimentos, favorecendo um repouso verdadeiramente profundo e restaurador. O acúmulo, mesmo que invisível aos olhos durante o dia, cria um campo persistente de estagnação energética que se projeta sobre a qualidade do sono, podendo levar a noites agitadas, sonhos perturbadores ou sensação de cansaço ao acordar.

As roupas de cama funcionam como peles simbólicas que envolvem o corpo durante o estado mais vulnerável do sono. Tecidos naturais, como algodão de boa qualidade, linho ou seda, permitem que a pele respire e criam uma experiência tátil de puro aconchego e conforto. Cores suaves e tranquilas – como tons pastéis de azul, lavanda, verde claro, bege, rosa pálido ou branco – induzem visualmente à tranquilidade e ao relaxamento. Evite estampas muito vibrantes, cores excessivamente estimulantes (como vermelho ou laranja intenso) ou tecidos sintéticos, que podem gerar calor excessivo, irritação na pele e interferir na sensação de acolhimento natural. A cama deve ser um convite visual ao descanso. Sua imagem deve evocar suavidade, conforto e paz.

As paredes do quarto, igualmente, devem participar desse diálogo com o silêncio e a calma. Evite cores muito intensas ou escuras, que podem ser opressivas ou estimulantes demais para um ambiente de descanso. Quadros com imagens perturbadoras, abstratas em excesso ou que evoquem conflito devem ser realocados para outros espaços da casa. O excesso de objetos visuais nas paredes ou prateleiras cria ruído mental. O quarto é, por excelência, o território da calma visual. É o lugar onde os olhos devem encontrar repouso antes mesmo de se fecharem para o sono. Uma ou duas imagens que sejam genuinamente inspiradoras, um símbolo pessoal que evoque paz e proteção, um objeto querido que traga uma memória afetiva positiva – isso é suficiente. O excesso, mais uma vez, revela-se como o inimigo sorrateiro do repouso profundo.

A presença de aparelhos eletroeletrônicos no quarto merece atenção especial e redobrada. A televisão, embora um hábito comum para muitas pessoas, interfere diretamente na qualidade do sono e na energia do ambiente. Mesmo quando desligada, a presença física do aparelho continua emanando um campo eletromagnético que pode perturbar o campo energético humano durante o sono. Funciona também como um portal simbólico para o mundo exterior, cheio de estímulos, informações e dispersão, exatamente o oposto do que se busca em um santuário de descanso. Idealmente, a televisão não deveria fazer parte do mobiliário do quarto. Se sua remoção for inviável, crie rituais para minimizar seu impacto: cubra-a com um tecido leve e opaco durante a noite, desconecte-a da tomada (evitando a luzinha do standby) e estabeleça um horário limite para seu uso, desligando-a pelo menos uma hora antes de dormir.

Celulares, tablets e notebooks seguem a mesma lógica. Estes dispositivos deveriam, idealmente, dormir fora do quarto, carregando em outro cômodo. A tentação de verificar notificações ou navegar na internet antes de dormir ou logo ao acordar é uma das maiores sabotadoras do descanso reparador. Se manter o celular no quarto for uma necessidade (como despertador, por exemplo), coloque-o o mais longe possível da cabeceira, preferencialmente em modo avião ou completamente desligado. Jamais use esses aparelhos na cama imediatamente antes de dormir. A luz azul emitida pelas telas interfere drasticamente na produção de melatonina, o hormônio natural que regula o sono, prolongando a vigília mental mesmo quando o corpo já implora por pausa.

A iluminação do quarto deve ser pensada para seguir o ritmo natural do sol: mais intensa e clara durante o dia, se possível aproveitando a luz natural, e tornando-se progressivamente mais suave e quente ao entardecer, culminando na escuridão quase total durante a noite. Luminárias com controle de intensidade (dimmer), abajures com lâmpadas de luz quente (amarelada), velas (usadas com segurança) ou lâmpadas de tonalidade âmbar criam uma atmosfera que sinaliza ao corpo e à mente que é hora de relaxar e desacelerar. A luz funciona como uma linguagem sutil e poderosa. O corpo compreende instintivamente quando ela diz: "agora é tempo de pausa, de recolhimento".

A escuridão completa durante a noite é essencial para um sono reparador. Cortinas do tipo blackout são excelentes aliadas para bloquear a luz externa proveniente de postes de rua, faróis de carros ou prédios vizinhos. Esse bloqueio luminoso permite que o ciclo circadiano do corpo se regule com mais precisão, otimizando a produção de melatonina e a entrada nas fases mais profundas e restauradoras do sono. Dormir em ambientes claros ou com luzes acesas, mesmo que fracas, desregula o ritmo biológico natural, afeta negativamente a qualidade do sono profundo e pode, a longo prazo, interferir na imunidade e em outros processos fisiológicos. Quando não for possível garantir a escuridão absoluta, máscaras de dormir feitas de tecido macio e confortável podem ser grandes aliadas.

O som também compõe a arquitetura invisível do descanso. Ruídos externos constantes ou intermitentes devem ser minimizados tanto quanto possível. Vedar frestas em janelas, usar tapetes espessos que absorvam o som ou reorganizar móveis podem ajudar. Quando a eliminação do ruído externo não for viável (como em áreas urbanas muito movimentadas), o uso de ruído branco (um som constante e neutro que mascara outros sons), sons da natureza gravados (chuva, ondas do mar, vento suave) ou músicas de frequência específica para relaxamento (como sons binaurais ou música ambiente suave) podem ajudar a criar uma paisagem sonora mais propícia ao sono. O silêncio absoluto, quando presente e confortável, deve ser celebrado. Contudo, o mais importante não é a ausência total de som, mas a criação de um ambiente auditivo que embale e acalme, em vez de alertar ou perturbar.

A ventilação adequada é outro elemento vital para um quarto saudável. Um ambiente sem circulação de ar torna-se energeticamente espesso, denso, abafado – tanto fisicamente, pela acumulação de dióxido de carbono e umidade, quanto energeticamente, pela estagnação do Chi. Sempre que possível, mantenha uma janela aberta durante parte do dia para permitir a renovação do ar. Pela manhã, abra as cortinas e janelas para que o sol entre e purifique o espaço. Ao entardecer, antes de dormir, permita que uma brisa suave circule, limpando resquícios energéticos da noite anterior e preparando o ambiente para um novo ciclo de descanso. O ar em movimento é fundamental para manter o campo invisível do quarto limpo e vibrante.

A presença de plantas no quarto é bem-vinda e benéfica, desde que haja ventilação adequada para garantir a troca gasosa durante a noite. Espécies como lavanda (cujo aroma é comprovadamente relaxante), jasmim, lírio-da-paz (que ajuda a filtrar toxinas do ar) ou a popular espada-de-são-jorge (conhecida por sua capacidade de purificação e proteção energética) não apenas purificam o ar, mas também trazem a suavidade e a vitalidade da natureza para o ambiente de descanso. Evite, no entanto, um excesso de plantas ou espécies com aromas muito fortes e estimulantes. No quarto, a palavra de ordem é delicadeza e equilíbrio.

Não se deve esquecer do chão que nos recebe ao despertar. Tapetes macios e confortáveis posicionados ao lado da cama fazem uma grande diferença na transição do sono para a vigília. O primeiro toque dos pés ao sair da cama deve ser acolhedor. Uma superfície quente, agradável, simboliza o contato inicial do dia com o mundo físico. Que esse toque seja um gesto de carinho e conforto, e não um choque de frieza ou aspereza.

Na cabeceira da cama, a simplicidade deve reinar. Mantenha poucos e significativos objetos. Um livro inspirador, uma pedra com energia calmante (como ametista ou quartzo rosa), uma imagem que evoque paz e serenidade, um pequeno difusor com um aroma suave e relaxante (lavanda, camomila, sândalo são excelentes opções). O excesso de informação visual ou de objetos acumulados ao lado da cama fragmenta o campo vibracional do sono e pode manter a mente agitada. A simplicidade neste ponto é o caminho mais seguro para a tranquilidade.

Por fim, considere os símbolos presentes no quarto. O ambiente deve conter elementos que sustentem as intenções mais profundas do coração de quem ali dorme. Um casal pode escolher manter uma imagem que represente a união, a paixão equilibrada, o companheirismo e o respeito mútuo. Alguém em busca de um relacionamento amoroso pode optar por um símbolo de acolhimento, de abertura para o amor, de fortalecimento do merecimento e do amor-próprio. Uma pessoa que vive só pode desejar ter por perto representações do autocuidado, do autoconhecimento, da paz interior. O fundamental é que o espaço do quarto espelhe, de forma simbólica e intencional, aquilo que a alma deseja nutrir e atrair para a sua vida.

    Um quarto tranquilo não é um cenário estático e imutável. Ele se transforma organicamente junto com o morador. Precisa ser revisitado, reorganizado, reenergizado sempre que uma mudança interna significativa ocorrer, seja ela uma nova fase da vida, um processo de cura ou uma mudança de perspectiva. O quarto é o reflexo mais íntimo do estado interior do ser. Não existem, portanto, fórmulas mágicas ou regras universais. Existe a necessidade de escuta sensível, de presença atenta, de intenção clara. Quando todos esses elementos estão alinhados, o quarto transcende sua função física e se transforma em um verdadeiro útero energético. Um lugar onde se entra carregado pelas demandas do dia e se sai renovado pela alquimia do descanso. Onde o sono não é apenas uma pausa fisiológica, mas um profundo renascimento diário. Onde os sonhos encontram um espaço seguro para comunicar suas mensagens. Onde o corpo se entrega confiantemente. Onde o espírito encontra repouso verdadeiro. Onde o silêncio, finalmente, diz tudo. Que cada noite passada em seu quarto seja um retorno consciente ao essencial. Que ali você possa verdadeiramente deixar o mundo do lado de fora e se lembrar, na quietude e na escuridão mais profundas, da luz inextinguível que sempre pulsa dentro de você. Porque, em última análise, o quarto tranquilo não é apenas um espaço físico bem arranjado. É um estado de alma cultivado e refletido.

Capítulo 26
Banheiro Revigorante

Entre o primeiro contato revitalizante da água com a pele pela manhã e o último mergulho no silêncio reparador da noite, existe na casa um espaço singular de transição que, quando devidamente harmonizado, se transforma em um verdadeiro portal de renovação. O banheiro, frequentemente negligenciado em sua importância energética ou tratado apenas como um cômodo estritamente funcional, é, na verdade, o epicentro onde se dissolve aquilo que não serve mais ao nosso ser. É neste ambiente íntimo que o corpo físico se limpa das impurezas do dia, mas é também onde o espírito encontra oportunidade para se renovar, liberando cargas e tensões acumuladas. Ele representa o espaço sagrado do descarrego energético, da purificação física profunda e da libertação simbólica de pesos invisíveis. Quando compreendido e vivenciado sob essa perspectiva mais ampla, o banheiro transcende sua função básica e torna-se um santuário pessoal de reconexão, um spa da alma integrado ao lar.

A antiga sabedoria do Feng Shui reconhece no banheiro um ponto particularmente delicado na dinâmica energética da casa. É ali que a energia vital, o Chi, tende a escoar, a se dissipar. Literalmente, através dos ralos, das descargas, dos canos e do próprio fluxo constante de água, a energia que deveria nutrir o lar pode ser inadvertidamente drenada. Por essa razão fundamental, todo cuidado dispensado a este ambiente não se resume a uma mera questão de higiene ou estética – configura-se como uma estratégia energética crucial para a manutenção do bem-estar geral da residência e de seus habitantes. Um banheiro negligenciado, sujo, desorganizado ou com problemas hidráulicos funciona como um ralo energético, drenando sutilmente o Chi de toda a casa, o que pode se manifestar como cansaço, falta de prosperidade ou sensação de estagnação na vida dos moradores. Em contrapartida, um banheiro tratado com reverência, mantido limpo, organizado e vibrante, transforma esse fluxo natural de escoamento em uma corrente poderosa de limpeza espiritual, emocional e vital, beneficiando todo o sistema do lar.

    O primeiro gesto concreto de respeito e cuidado para com este espaço é mantê-lo impecavelmente limpo. E essa limpeza vai além da aparência superficial; ela precisa ser profunda e consciente. Os azulejos devem brilhar, refletindo a luz e a pureza. O vaso sanitário, símbolo principal do descarte, deve estar sempre impecável e com a tampa abaixada quando não estiver em uso, minimizando a perda de energia. Os espelhos, portais para a autoimagem, devem estar sem manchas, refletindo com clareza. O box do chuveiro deve estar livre de mofo, resíduos de sabão ou acúmulos que denotam estagnação. A limpeza do banheiro não deve ser encarada como uma tarefa rotineira qualquer, mas sim como um ritual periódico de purificação. A cada faxina, não apenas se elimina a sujeira física, mas também se retiram conscientemente as energias densas que ficaram impregnadas ali: os pensamentos negativos, os resquícios energéticos que o banho levou consigo, os pesos emocionais que simbolicamente se escoaram junto com a água.

A água, elemento central e definidor deste ambiente, é a protagonista. Ela corre, lava, purifica, leva embora o que não é mais necessário. Mas ela também tem o poder de renovar, de revitalizar, de trazer vida. É preciso, portanto, cuidar atentamente do seu fluxo. Torneiras que pingam incessantemente, chuveiros com vazamentos constantes, registros emperrados ou difíceis de manusear: tudo isso simboliza, energeticamente, perdas invisíveis, desgastes contínuos, desperdício de energia vital e de recursos. Um banheiro com vazamentos sugere, no plano simbólico, que algo precioso está sendo drenado da vida dos moradores sem que haja consciência disso – pode ser tempo, dinheiro, energia criativa, vitalidade física ou emocional. Consertar prontamente esses pontos de vazamento é muito mais do que uma simples manutenção hidráulica – é um ato de reparo simbólico da própria capacidade de reter e nutrir a abundância em suas diversas formas.

A disposição dos elementos e a organização dentro do banheiro também falam muito sobre a energia do local. Um banheiro revigorante preza pela ordem e pela clareza visual. Os produtos de higiene e cosméticos não devem estar amontoados desordenadamente sobre a pia ou empilhados nos cantos do box. O acúmulo visual transmite confusão mental e energética, e cada frasco que não se usa mais, mas permanece ali ocupando espaço, retém energia estagnada. A filosofia aqui é clara: menos é mais. Mantenha apenas o que é essencial, o que é belo aos seus olhos, o que é genuinamente necessário para seus rituais de cuidado. O que não se encaixa nesses critérios deve seguir outro caminho – ser descartado, doado ou realocado.

Os armários e gavetas devem espelhar essa mesma organização. Abrir uma gaveta e encontrar itens vencidos, escovas de cabelo velhas e quebradas, cosméticos ressecados pelo tempo, toalhas encardidas ou rasgadas – tudo isso carrega não apenas uma desordem visual, mas uma vibração empobrecida e de descuido. O banheiro funciona como um espelho direto do nosso autocuidado, da nossa autoestima. O que mantemos ali, mesmo que escondido da vista dos outros, revela intimamente como enxergamos nosso próprio valor e merecimento. Abrir espaço físico, eliminar o inútil, reorganizar os itens restantes com beleza e funcionalidade é como declarar, sem precisar de palavras: "Eu me cuido, eu me valorizo, eu me importo comigo e mereço um espaço que reflita a minha essência e o meu bem-estar".

A iluminação desempenha, mais uma vez, um fator essencial na criação de uma atmosfera revigorante. Sempre que possível, a luz natural deve ser convidada a entrar. Um banheiro com janela é um verdadeiro presente energético. O sol tem propriedades naturais de limpeza e purificação, ele eleva a vibração do ambiente. Mesmo que seja por apenas alguns minutos por dia, permita que os raios solares toquem o chão, os azulejos, os objetos. Deixe que o ar circule livremente, que a umidade residual do banho vá embora, que a vida do exterior entre e renove o espaço. Quando a luz natural não for uma possibilidade, a iluminação artificial deve ser escolhida com critério. Que seja clara o suficiente para a funcionalidade, mas também suave e acolhedora. Evite luzes excessivamente brancas, frias e agressivas, que remetem a ambientes clínicos e impessoais. Uma iluminação mais quente (amarelada), bem posicionada, talvez com pontos de luz indireta ou um dimmer para ajustar a intensidade, pode transformar completamente o ambiente, convertendo-o em um refúgio de relaxamento.

As cores utilizadas no banheiro também têm um papel relevante na sua vibração. Tons claros, como branco, bege, azul-claro ou verde-água, tendem a ampliar visualmente o espaço, transmitir sensação de limpeza e frescor. São escolhas seguras e eficazes para este ambiente. Contudo, um toque de cor pode ser muito bem-vindo para aquecer e personalizar o espaço, evitando a monotonia. Uma toalha de banho num tom terroso vibrante, uma planta com folhas de um verde intenso, uma vela decorativa de cera escura e perfumada, um pequeno quadro colorido. O equilíbrio entre a base clara e os pontos de cor acolhedora faz com que o banheiro deixe de ser um espaço meramente funcional e passe a ser percebido como um recanto de conforto e beleza estética.

Os espelhos são pontos de grande força e significado neste ambiente. Eles ampliam o espaço físico, duplicam a luz disponível e refletem nossa própria imagem, influenciando nossa auto-percepção. Por isso, devem estar sempre impecavelmente limpos e bem conservados. Um espelho sujo, manchado ou embaçado turva não apenas a imagem refletida, mas também a vibração energética do local. Evite espelhos quebrados, lascados ou mal posicionados (por exemplo, cortando a cabeça ou refletindo diretamente o vaso sanitário). Que o espelho seja um aliado na construção da autoestima, mostrando o melhor de quem se olha. Que ele funcione como uma moldura para a presença consciente, e não como um retrato do descuido ou da fragmentação.

Plantas podem – e devem – fazer parte da decoração e da energia do banheiro, desde que as condições de luz e umidade sejam adequadas para a espécie escolhida. Algumas plantas prosperam particularmente bem em ambientes úmidos e com pouca luz direta, características comuns a muitos banheiros. Samambaias, jiboias, espada-de-são-jorge, lírio-da-paz e algumas variedades de bambu são ótimas opções. Elas trazem a energia viva da natureza para o ambiente, ajudam a purificar o ar (absorvendo certas toxinas) e elevam a frequência vibracional do espaço. Uma planta bem posicionada, saudável e viçosa, tem o poder de revigorar instantaneamente o ambiente. É como trazer um sopro de floresta, um fragmento de natureza selvagem, para dentro do espaço íntimo de transição e purificação. Onde há verde pulsante, há vitalidade.

Pequenos gestos e detalhes podem transformar completamente a energia e a experiência de estar no banheiro. Acender uma vela aromática durante o banho cria uma atmosfera de spa e relaxamento. Utilizar um cesto bonito e organizado para as roupas usadas evita a sensação de desordem. Colocar uma pedra natural polida ou um cristal (como quartzo rosa ou ametista) sobre a borda da banheira ou da pia adiciona um toque de energia da terra. Pendurar um quadro com uma imagem serena da natureza (uma cachoeira, uma floresta, o mar) pode servir como um ponto focal relaxante. Usar um tapete macio e absorvente aos pés ao sair do banho proporciona conforto imediato. Cada elemento, quando escolhido e posicionado com intenção clara, transforma o que seria banal e rotineiro em um verdadeiro ritual de autocuidado.

O aroma também é parte integrante e fundamental dessa experiência sensorial. Evite ambientadores sintéticos e agressivos, que apenas mascaram odores e podem ser prejudiciais à saúde respiratória. Prefira fontes naturais de aroma: óleos essenciais puros difundidos em pequena quantidade, sprays de ambiente feitos com hidrolatos e óleos essenciais, sabonetes artesanais com perfumes suaves, sachês com ervas secas. Aromas como lavanda (relaxante), eucalipto (refrescante e purificador), capim-limão (revigorante), alecrim (energizante) são particularmente adequados para o banheiro. O cheiro do banheiro deve sugerir limpeza, renovação, frescor e pureza. Um difusor discreto, um punhado de ervas secas em um potinho, um sachê perfumado pendurado discretamente atrás da porta – são pequenos detalhes que efetivamente mudam a atmosfera e a percepção do espaço.

E então chegamos ao momento ápice do ritual diário: o banho. Seja ele de chuveiro ou de imersão, este é o ponto culminante da purificação e renovação. O corpo se entrega ao elemento água. A mente tem a oportunidade de soltar as tensões. A água corre, toca a pele, leva embora impurezas físicas e energéticas. É crucial que este momento seja vivido com presença e intenção. Evite banhos apressados, mecânicos, com o corpo funcionando no automático e a mente vagando por preocupações ou planejamentos. Mesmo que o tempo disponível seja curto, que o gesto de se banhar seja inteiro, consciente. Ao molhar o rosto, perceba a textura e a temperatura da água. Ao ensaboar os braços, sinta o próprio toque, o contato da pele. Ao enxaguar, visualize ou intencione que tudo o que pesa, tudo o que não serve mais, também se vá com a água que escorre pelo ralo. Não se trata de pensamento mágico, mas de direcionar a energia e a consciência. A água limpa. O corpo responde a essa intenção. A energia se renova.

    Banhos de ervas podem potencializar ainda mais esse processo. Preparar uma infusão concentrada com ervas como camomila (calmante), manjericão (energizante e protetor), lavanda (relaxante), alecrim (revigorante e clareador mental) ou sal grosso (para limpeza profunda) e jogar essa água do pescoço para baixo após o banho convencional é uma prática ancestral e poderosa. Cada erva possui sua força e propriedade energética específica. Cada banho pode ter sua intenção clara: acalmar a mente, energizar o corpo, limpar o campo áurico. Pode ser um presente oferecido de si para si mesmo, um ato de profundo carinho e cuidado energético.

Se houver uma banheira, que ela não seja apenas um objeto decorativo ou subutilizado. Que seja usada, mesmo que esporadicamente, como um templo de imersão e relaxamento profundo. Um banho quente com sais de Epsom, pétalas de flores, óleos essenciais escolhidos intuitivamente. Um tempo dedicado ao silêncio, talvez com a luz principal apagada e apenas a chama de uma vela acesa. O corpo flutua na água morna, a mente dissolve as preocupações, o coração desacelera seu ritmo.

Ao sair do banho, o ritual de cuidado continua e se completa. Envolver-se em toalhas macias, limpas e, se possível, levemente perfumadas. Vestir um roupão que acolha o corpo ainda úmido. Aplicar um creme ou óleo hidratante com movimentos lentos e conscientes. Olhar-se no espelho com um olhar de ternura e aceitação. Tudo isso alimenta não apenas o corpo físico, mas também o corpo emocional e energético.

O banheiro revigorante é aquele que permite que o ciclo de limpeza e renovação se feche de forma completa e satisfatória. É o espaço onde se entra carregando o peso do dia e se sai sentindo-se leve, limpo, renovado. Onde a água não apenas lava o corpo, mas também desperta a consciência. Onde o silêncio pode ser profundo, mas repleto de significados e insights. Onde a intimidade consigo mesmo não é vista como fragilidade, mas como fonte de força e autoconhecimento. Onde o autocuidado transcende a vaidade e se torna um ato de profunda reverência pela vida que habita em nós. Cuidar do banheiro é, em essência, cuidar do próprio rito sagrado de renascimento diário. É lembrar, todos os dias, que somos seres feitos de camadas, de ciclos, de constantes transformações. E que, ao remover conscientemente aquilo que não nos serve mais, abrimos espaço precioso para tudo aquilo que ainda podemos ser, florescer e manifestar. Que cada banho seja um retorno à fonte. Que cada ida ao banheiro seja um convite à pausa consciente e à purificação. Que cada limpeza ali realizada seja também uma profunda purificação interna. E que, nesse pequeno e muitas vezes subestimado espaço da casa, se revele o grande e transformador poder de se renovar – sempre, profundamente, verdadeiramente.

Capítulo 27
Escritório Produtivo

Existe na casa um território especial onde a mente encontra asas para voar, onde as ideias abstratas buscam ganhar forma concreta, onde o foco se aprofunda e encontra morada para florescer. Este lugar, ainda que muitas vezes improvisado em meio à dinâmica do lar, funciona como o ponto nevrálgico de conexão entre o vasto mundo interno da inspiração e o mundo externo da ação manifesta. O escritório – seja ele um cômodo dedicado exclusivamente a essa função, uma escrivaninha estrategicamente posicionada em um canto tranquilo da sala ou um espaço adaptado com criatividade ao lado de uma janela luminosa – possui uma função intrinsecamente sagrada: a de sustentar e nutrir a energia da criação, da concentração profunda e da expressão autêntica do nosso potencial. Dentro da perspectiva do Feng Shui existencial, o escritório é compreendido como o território do propósito manifesto, o palco onde a vocação encontra voz e ação. É ali que se trabalha, se estuda, se escreve, se planeja, se projeta o futuro desejado. É o espaço onde o intelecto encontra a estrutura necessária para se organizar e onde o espírito encontra um canal livre para se expressar. Por essa razão fundamental, a energia deste ambiente precisa ser cuidadosamente cultivada, protegida e mantida em alta vibração.

Um escritório verdadeiramente produtivo e inspirador não se define pela quantidade de estímulos visuais, pela presença de equipamentos de última geração ou por seguir as últimas tendências de decoração corporativa. Ele é, antes e acima de tudo, um lugar onde o silêncio criativo pode respirar livremente, onde a mente encontra clareza e onde o fluxo de trabalho acontece com naturalidade e prazer. A produtividade genuína, aquela que brota da conexão com o propósito e não da pressão externa, nasce do mais puro equilíbrio. Não se trata de movimento acelerado e frenético, tampouco de inércia e procrastinação. Trata-se de fluidez. E essa fluidez só consegue se manifestar plenamente quando o ambiente físico está em perfeita sintonia com as necessidades do corpo, da mente e da alma de quem o utiliza. O espaço de trabalho precisa oferecer suporte ergonômico adequado para o corpo físico, mas também, e talvez de forma ainda mais crucial, suporte emocional e energético para a mente e o espírito. Ele precisa acolher o pensamento lógico e analítico, mas também permitir o vazio fértil, o espaço de "não saber", necessário para que o novo, o inesperado, o verdadeiramente criativo possa emergir.

A escolha da posição da mesa de trabalho dentro do ambiente é o primeiro ponto de força a ser considerado. É um dos fatores que mais impactam a sensação de segurança e controle sobre o próprio trabalho. Sempre que possível, a mesa deve estar posicionada de forma a permitir que a pessoa sentada veja a porta de entrada, ou ao menos que o campo visual periférico perceba quem entra no ambiente. Esta é a chamada "posição de comando" no Feng Shui. Não se trata de uma questão de vigilância ou desconfiança, mas sim de percepção energética. Trabalhar de costas para a porta gera uma sensação inconsciente e constante de vulnerabilidade, como se algo pudesse "atacar pelas costas", o que mantém o sistema nervoso em um estado sutil de alerta, prejudicando a concentração profunda. Já quando se está de frente ou de lado para a entrada, há uma sensação inerente de clareza, presença, controle e segurança, permitindo que a mente relaxe e se foque na tarefa.

As costas da pessoa sentada, idealmente, devem estar protegidas por uma superfície sólida. Uma parede firme, uma estante de livros bem ancorada e organizada, ou até mesmo um biombo estável podem cumprir essa função. Essa proteção física transmite simbolicamente estabilidade e apoio. Evite posicionar a cadeira de trabalho com as costas voltadas diretamente para janelas grandes ou corredores de passagem, pois o fluxo de energia (Chi) se torna muito instável e dispersivo nessas configurações. Um bom encosto na cadeira é mais do que um suporte físico para a coluna; ele é um símbolo poderoso. Representa o apoio às próprias decisões, a base firme sobre a qual os projetos e ideias se constroem e se sustentam.

A mesa de trabalho, por sua vez, deve ser um reflexo da clareza mental desejada: limpa, organizada, mas também viva e inspiradora. Evite o excesso de objetos sobre a superfície. O essencial costuma bastar: o computador ou caderno principal, uma caneta especial que traga prazer ao escrever, talvez uma pequena planta que traga vida, e um item que seja genuinamente inspirador (uma foto, uma pedra, uma citação). Quando a superfície de trabalho está abarrotada de papéis, livros, canetas e objetos diversos, o pensamento tende a se dispersar junto com o olhar. O caos visual inevitavelmente se traduz em caos mental. Uma mesa livre, com espaço para respirar, funciona como uma tela em branco: ela convida à criação, à organização das ideias. E a criação, para florescer, precisa de espaço físico e mental. Utilize organizadores, gavetas bem compartimentadas, pastas etiquetadas: tudo deve ter seu lugar designado. Um escritório produtivo não precisa ser estéril ou impessoal, mas necessita ser ordenado. Cada coisa onde deve estar. O tempo precioso não deve ser desperdiçado procurando papéis perdidos, cabos emaranhados ou livros essenciais. A clareza na organização externa induz e sustenta a clareza interna. E é essa clareza que nutre o foco, a presença, a entrega total ao trabalho.

 A iluminação é outro pilar fundamental para um ambiente de trabalho saudável e produtivo. A luz natural é sempre a melhor opção, pois além de gratuita, sincroniza nosso relógio biológico e melhora o humor. Se possível, posicione a mesa de trabalho próxima a uma janela, de forma que a luz natural incida lateralmente, evitando reflexos diretos na tela do computador ou sombra sobre a área de escrita. Permita que a luz do dia acompanhe o ritmo das suas tarefas. O sol da manhã é particularmente estimulante, despertando a mente e aquecendo o corpo para o início das atividades. Mesmo nos dias nublados, a simples presença da vista para o exterior traz uma sensação de amplitude e conexão que beneficia a mente. Quando a luz natural não for suficiente ou durante a noite, escolha luminárias que ofereçam uma luz de tonalidade quente (amarelada), suave e bem distribuída pelo ambiente. Evite luzes de teto muito duras, fluorescentes brancas ou focos de luz muito intensos e diretos, que podem causar fadiga visual e mental. A iluminação deve acolher o olhar, facilitar a leitura e a concentração, sem agredir ou cansar.

As cores escolhidas para o escritório devem dialogar com o tipo de atividade que será predominantemente exercida ali e com a personalidade de quem o utiliza. Tons claros e neutros, como branco, bege ou cinza claro, favorecem a serenidade, a amplitude visual e a continuidade do pensamento. Azuis e verdes suaves são conhecidos por estimular a concentração, a calma e o equilíbrio mental, sendo ótimos para tarefas que exigem foco prolongado. Um toque estratégico de amarelo ou laranja pode ativar a criatividade, o otimismo e a comunicação. Tons terrosos, como marrom ou ocre, trazem sensação de estabilidade, segurança e enraizamento, bons para atividades que exigem planejamento e estrutura. O mais importante, contudo, é que haja harmonia na paleta escolhida. Cores excessivamente gritantes, contrastes muito fortes ou padrões visuais muito agitados podem quebrar o ritmo interno, gerar ansiedade e drenar a energia mental.

As paredes do escritório funcionam como telas em branco para a inspiração. Elas podem conter imagens que evoquem seu propósito profissional, frases que nutram sua motivação diária, símbolos que representem conquistas passadas ou metas futuras. Mas, novamente, nada em excesso. Um ou dois elementos bem escolhidos e significativos já são suficientes para sustentar o campo vibracional desejado. Um quadro com uma paisagem natural que acalme a mente nos momentos de pausa. Uma mandala que ajude a organizar o olhar e o pensamento. Uma fotografia que conecte você com sua missão de vida ou com pessoas que o inspiram. A parede deve ser um estímulo sutil e positivo, não uma fonte de distração constante ou poluição visual.

O som ambiente também exerce uma influência poderosa na produtividade e no bem-estar. Para muitas pessoas, o silêncio absoluto é o estado ideal para a concentração profunda. Para outras, um fundo musical suave pode ajudar a focar e a bloquear distrações menores.

Capítulo 28
Espaço Sagrado

Existe um ponto singular na casa, um recanto cuja medida transcende os metros quadrados. Sua essência não reside no luxo material ou na exigência de um silêncio absoluto, tampouco se prende a uma crença específica, religião ou prática ritualística definida. Esse ponto floresce a partir de uma intenção pura, nutre-se da presença atenta e desabrocha na repetição amorosa de um gesto fundamental: o ato de sentar-se em si mesmo, de voltar-se para o núcleo interior. O espaço sagrado, quando estabelecido dentro do lar, converte-se no solo fértil onde o espírito encontra abrigo para se revelar, para repousar serenamente, para reencontrar a conexão com aquela centelha divina que pulsa incessantemente além do turbilhão das rotinas diárias e das demandas do mundo externo. Ele se torna um refúgio íntimo, um oásis de tranquilidade em meio à agitação cotidiana.

A busca por um espaço sagrado reverbera como uma necessidade ancestral profundamente enraizada na alma humana. Desde os primórdios da civilização, o ser humano sentiu o impulso de demarcar territórios de transcendência, erguendo altares simples, formando círculos de pedra sob o céu aberto, dedicando cantos específicos à oração e à contemplação, ou deixando marcas simbólicas nas paredes de cavernas remotas. Todas essas manifestações compartilhavam um propósito comum: marcar, no plano físico e tangível, a presença palpável do invisível, do mistério que permeia a existência. Hoje, mesmo imersos em uma teia complexa de compromissos inadiáveis, bombardeados pela tecnologia onipresente e pressionados pelas urgências fabricadas do dia a dia, esse chamado primordial por conexão interior não se extinguiu; pelo contrário, talvez se faça ainda mais necessário. O lar, quando verdadeiramente reconhecido e honrado como uma extensão viva e pulsante do nosso próprio ser, clama por abrigar um ponto de reconexão, um epicentro de silêncio e introspecção. O objetivo não é criar uma fuga alienante do mundo, mas sim estabelecer um lembrete constante de quem realmente somos na quietude essencial que sustenta toda a manifestação, um farol para não nos perdermos na superficialidade das aparências e exigências externas.

A criação desse espaço sagrado pessoal inicia-se com a consagração deliberada de um território dentro da casa, dedicando-o exclusivamente à escuta profunda e atenta. Não existem regras fixas ou fórmulas universais para sua concepção, apenas princípios vivos que devem ressoar com a verdade de cada indivíduo. O princípio mais fundamental é que este lugar seja autenticamente seu, um reflexo da sua busca interior. Deve ser intencionalmente reservado para pausas conscientes, momentos dedicados a práticas que nutram o espírito, e rituais simples que o reconduzem ao seu centro de equilíbrio e serenidade. Pode manifestar-se como um canto tranquilo na sala de estar, um tapete cuidadosamente posicionado no quarto, uma varanda banhada pelo silêncio da manhã, ou mesmo um recanto especial no jardim, sob a sombra de uma árvore amiga. O tamanho físico é, de fato, irrelevante. A verdadeira dimensão desse espaço reside na vibração que ele emana, cultivada pela sua presença dedicada e intencional. Ele deve ser um lugar que, apenas ao ser contemplado, evoque uma sensação imediata de serenidade, um convite ao recolhimento. Um ambiente onde o corpo possa instintivamente desacelerar seu ritmo frenético, onde a percepção do tempo se dilate, permitindo uma imersão no presente, e onde a mente agitada encontre, finalmente, um ponto de quietude e clareza.

    A primeira etapa prática envolve a escolha cuidadosa desse local. Percorra sua casa com a sensibilidade de quem procura o lugar ideal para uma semente preciosa germinar. Observe atentamente onde há menos tráfego de pessoas, onde a luz natural toca o ambiente com suavidade particular, onde os ruídos do mundo exterior chegam mais filtrados, quase como um murmúrio distante. Uma vez identificado um potencial candidato, sente-se ali por alguns minutos preciosos. Permita-se sentir o espaço. Perceba as sensações que emergem no corpo. Respire profunda e conscientemente. Feche os olhos por um instante, voltando-se para dentro. Se o corpo responder com relaxamento, se o peito se abrir numa sensação de expansão, se os pensamentos começarem a silenciar como folhas caindo suavemente, então você provavelmente encontrou o seu ponto de poder, o local ideal para ancorar seu espaço sagrado.

Após a escolha, esse espaço necessita ser ancorado energeticamente, delimitado simbolicamente. Isso se realiza através da introdução cuidadosa de símbolos que ressoem com sua jornada pessoal. Um tecido bonito estendido sobre o chão, talvez com padrões que evoquem tranquilidade ou conexão espiritual. Uma almofada especial, confortável e convidativa, que sirva de assento para suas práticas. Uma vela, representando a luz interior e a chama da consciência. Uma imagem que inspire ou acalme – pode ser uma fotografia da natureza, uma obra de arte abstrata, um símbolo geométrico sagrado. Uma pedra recolhida numa caminhada significativa, uma concha que traga a memória do mar, uma flor fresca que celebre a impermanência e a beleza do presente. Cada objeto selecionado para habitar este espaço deve carregar um significado profundo para você. Deve ser colocado com consciência plena, com uma intenção clara. A função desses elementos não é meramente decorativa; eles atuam como guardiões do campo sutil que será cultivado e ativado naquele local, ajudando a manter a energia elevada e focada.

Não existe um manual sobre quais objetos são "certos" ou "errados". A escolha é profundamente pessoal e intuitiva. Algumas pessoas sentem uma forte conexão com imagens religiosas que representam sua fé: uma estatueta de Buda, um crucifixo, a imagem de um orixá ou de uma divindade hindu. Outras preferem conectar-se através de símbolos da natureza, sentindo a força telúrica de um cristal bruto, a leveza de uma pena encontrada ao acaso, a solidez de uma pedra polida pelo rio. Há ainda quem opte por elementos que marcam sua trajetória pessoal: a fotografia de um mestre espiritual ou mentor querido, uma carta escrita à mão que contenha palavras de sabedoria, um objeto herdado de um ente amado que evoque proteção e continuidade. O fio condutor que une todos esses objetos possíveis não é sua forma ou valor material, mas o sentido profundo que carregam para o indivíduo. Eles não funcionam como amuletos mágicos, mas sim como lembretes constantes da nossa natureza essencial. São âncoras simbólicas que estabelecem uma ponte visível entre o mundo cotidiano e a dimensão do mistério, do sagrado, do transcendente.

No coração desse espaço, a presença de uma vela acesa durante os momentos de prática pode ser particularmente poderosa. A chama viva é um arquétipo universal da luz interior, do fogo da consciência que nunca se extingue completamente, mesmo nos momentos de escuridão. É o mesmo fogo primordial que pulsa no centro do nosso coração, a centelha divina que nos anima. A luz da vela, quando acesa com intenção durante a meditação, a oração ou o simples silêncio contemplativo, cria um campo vibracional de respeito, clareza e presença focada. Ela ajuda a delimitar o espaço ritualístico e a concentrar a energia, funcionando como um farol para a alma.

A prática a ser realizada nesse espaço é igualmente livre e adaptável às necessidades e inclinações de cada um. Não precisa ser algo complexo ou demorado. Pode ser uma meditação silenciosa de apenas cinco minutos ao acordar ou antes de dormir. Pode ser a recitação de uma oração sussurrada com fervor. Pode envolver a escrita intuitiva em um caderno dedicado, deixando fluir pensamentos, sentimentos e insights sem censura. Pode ser o ato de ouvir uma música suave e inspiradora, de olhos fechados, permitindo que a melodia toque as fibras mais íntimas do ser. Pode ser a entoação de um mantra que acalme a mente e eleve o espírito. Ou pode ser, simplesmente, o ato de sentar-se confortavelmente, respirar de forma consciente e cultivar um sentimento de gratidão pelo momento presente. O espaço sagrado está a serviço daquilo que, naquele instante específico, reconecta você ao seu núcleo essencial, à sua verdade mais profunda.

A chave para a vitalidade desse espaço reside na constância, na criação de um ritmo regular de encontro. Estabelecer um hábito, mesmo que breve, de visitar seu espaço sagrado diariamente ou algumas vezes por semana, fortalece sua energia. A alma, metaforicamente, acostuma-se com esse lugar de recolhimento. Com o tempo, ele se transforma em um campo magnético de paz e clareza. Cada vez que você se senta ali, é como se um véu sutil se abrisse, facilitando o acesso a estados mais profundos de consciência. A respiração tende a mudar, tornando-se mais lenta e profunda; os ombros relaxam, liberando tensões acumuladas; a mente, gradualmente, aquieta seu fluxo incessante. O espaço começa a "guardar" a energia de suas intenções, suas preces, suas lágrimas de liberação, seus momentos de profunda gratidão. Ele se torna um espelho silencioso e compassivo da sua jornada interior, um registro vivo do seu crescimento espiritual.

A purificação regular desse espaço é, portanto, essencial para manter sua potência. Isso inclui tanto a limpeza física quanto a energética. Varra o chão com atenção, limpe os objetos simbólicos com um pano leve e seco, troque as flores frescas quando murcharem, se houver. Abra a janela para ventilar, deixe a luz do sol tocar os elementos, se possível. Utilize métodos de limpeza energética que ressoem com você: passe suavemente a fumaça de ervas como sálvia, palo santo ou alecrim; borrife uma névoa de água com algumas gotas de óleo essencial de lavanda ou olíbano; faça soar um sino ou uma tigela tibetana para dissipar energias estagnadas. O método específico é menos importante do que a intenção por trás dele: manter o campo vibracional renovado, leve, claro e vivo. Um espaço sagrado que acumula energia estagnada perde seu poder de catalisador. Ele precisa respirar em uníssono com você.

A música pode ser uma poderosa aliada na criação da atmosfera desejada. Sons de tigelas tibetanas, conhecidos por suas qualidades harmonizadoras; cânticos devocionais de diferentes tradições espirituais; gravações de sons da natureza, como água correndo, pássaros cantando ou o vento nas árvores; melodias suaves de flautas ou instrumentos de corda; músicas especificamente compostas para meditação ou relaxamento. O som tem a capacidade de elevar a vibração do ambiente e facilitar estados alterados de consciência. Contudo, o silêncio profundo também possui um valor inestimável. Aprender a estar confortavelmente em silêncio, sem a necessidade de preenchê-lo, é uma das práticas mais potentes que o espaço sagrado pode oferecer. Sentar-se e apenas ouvir os sons sutis do próprio corpo, o ritmo da respiração, o murmúrio dos pensamentos que gradualmente se dissolvem na quietude — isso é um profundo alimento para a alma.

O espaço sagrado também se revela um refúgio poderoso em momentos de transição ou dificuldade. Um dia particularmente desafiador no trabalho. Uma notícia inesperada que abala as estruturas internas. O fim de um ciclo importante, como um relacionamento ou um emprego. Uma escolha difícil a ser feita, que exige clareza e discernimento. Nesses momentos, retirar-se para o seu espaço sagrado, respirar profundamente, acender uma vela, talvez escrever sobre o que se sente ou simplesmente permitir-se estar com a emoção presente, pode trazer uma clareza surpreendente. A casa, nesse sentido, transforma-se em uma aliada terapêutica. Em vez de ser apenas um abrigo físico, passa a abrigar e a conter também as dores, os medos e os encantos da alma, oferecendo um continente seguro para o processamento emocional.

Para famílias ou casais, a beleza do espaço sagrado pode ser compartilhada, criando um ponto de união espiritual. Um pequeno altar familiar onde se colocam objetos que representem os valores e as intenções conjuntas. Um lugar onde todos possam se reunir em silêncio por alguns momentos, fazer uma oração juntos, ou ter conversas mais profundas e significativas, longe das distrações do cotidiano. As crianças, em particular, costumam se encantar com esses espaços. Elas compreendem, de forma intuitiva e natural, que ali é um "canto do coração", um lugar especial. Percebem que ali não se grita, não se corre desordenadamente, não se compete. Ali se ouve com atenção. Se sente com o coração. Se cuida um do outro e do espaço em si.

É uma experiência comum que, ao criar e cultivar esse espaço, as pessoas expressem um sentimento de surpresa: "Eu não sabia o quanto precisava disso." Vivemos em uma era de excessos avassaladores – excesso de informações, de estímulos sensoriais, de exigências externas e internas. A alma, para poder florescer em sua plenitude, necessita desesperadamente de espaços onde possa simplesmente ser o que é em sua essência: vastidão, silêncio, conexão. Criar um espaço sagrado no lar é, portanto, um ato de resistência amorosa contra a fragmentação e a superficialidade. É declarar ao mundo, e principalmente a si mesmo, que entre o barulho incessante e a pressa contagiante, existe um ponto de silêncio inviolável, um centro de paz acessível. Um ponto onde tudo pode começar de novo, a cada respiração.

Com o tempo e a prática dedicada, a energia cultivada nesse espaço começa a transbordar. Ele deixa de ser um ponto isolado e passa a impregnar sutilmente o restante da casa. A cozinha pode ganhar uma atmosfera de maior presença e gratidão. O quarto pode tornar-se mais sereno e propício ao descanso reparador. A sala de estar, mais acolhedora e convidativa à conexão genuína. O sagrado, por sua natureza expansiva, não fica contido. Ele se espalha como ondas na água. Ele transforma. Ele contagia positivamente todo o ambiente. E, talvez o mais profundo, o espaço sagrado interno começa a florescer com mais vigor. A prática externa nutre e reflete a prática interna. Você começa a carregar esse estado de silêncio e presença consigo, mesmo fora de casa. No meio do trânsito congestionado, na fila do supermercado, durante uma conversa difícil no trabalho. O altar essencial está agora dentro de você. A vela da consciência arde no centro do peito. O som sutil da paz interior pode ser ouvido mesmo em meio ao ruído externo. A casa, então, cumpre sua função mais elevada e nobre: espelhar fielmente o que há de mais essencial, verdadeiro e luminoso em quem a habita.

Que cada lar possa abrigar seu próprio espaço sagrado, não importa quão simples ou elaborado ele seja. Que ele seja verdadeiro, autêntico, vibrante com a energia de quem o cuida. Que ele possa receber seus risos de alegria, suas lágrimas de cura, suas orações de esperança. Que ali você possa se encontrar consigo mesmo, com o Mistério que permeia tudo, com a paz profunda que nenhuma circunstância exterior pode verdadeiramente roubar. Porque onde existe um canto dedicado à presença, floresce um caminho seguro de volta para casa — a casa interior, que começa dentro de nós e se reflete, como um espelho fiel, em cada canto que escolhemos habitar com a alma.

Capítulo 29
Jardim Vivo

Chega um instante em que a própria estrutura da casa parece ansiar por transcender seus limites físicos, suas paredes de alvenaria. Uma respiração mais ampla busca emergir, um desejo latente de reconectar-se com o pulso vital do mundo que vibra incessantemente do lado de fora. Essa pulsação essencial da natureza, no entanto, não precisa ser uma realidade distante ou inacessível. Ela pode florescer ali mesmo, no espaço adjacente ao lar: no quintal esquecido, na varanda ensolarada, no terraço com vista para a cidade, ou até mesmo no modesto canteiro que enfeita a janela da cozinha. O jardim, em sua manifestação mais pura e fundamental, representa o ponto de toque sagrado onde a casa encontra a Terra – e, simultaneamente, onde o morador reencontra e toca sua própria natureza primordial, muitas vezes adormecida pela vida urbana.

A vitalidade de um jardim vivo não se mede por sua extensão ou pela complexidade de scu projeto paisagístico. Ele pode ser um vasto terreno adornado com árvores centenárias e serpenteantes caminhos de pedras, ou pode caber, com graça e abundância, em apenas três vasos cuidadosamente cultivados na sacada de um apartamento compacto. O que verdadeiramente define um jardim vivo é a vibração que emana dele, a energia vital que ali se movimenta de forma dinâmica e perceptível. É a presença constante da vida em seu ciclo ininterrupto de transformação – o brotar hesitante de uma nova folha, o crescimento vigoroso em direção à luz, o desabrochar efêmero e colorido de uma flor, o secar natural das folhas no outono, e o renascimento resiliente na primavera seguinte. Um jardim que pulsa com essa dinâmica natural torna-se um espelho sensível e revelador da própria alma do lar e de seus habitantes.

O contato direto com os elementos naturais, mesmo que através de gestos simples e cotidianos, desencadeia efeitos profundos e cientificamente mensuráveis no nosso bem-estar integral. Pesquisas demonstram consistentemente a redução dos níveis de estresse, a regulação benéfica do sistema nervoso autônomo (diminuindo a resposta de "luta ou fuga"), o aumento da capacidade criativa e da clareza mental, a melhoria significativa do humor e até mesmo o fortalecimento do sistema imunológico. A ciência moderna começa a comprovar empiricamente aquilo que a sabedoria ancestral já reconhecia intuitivamente há milênios: ao tocar o verde, ao sentir a terra, ao observar o ciclo das plantas, algo profundo dentro de nós retorna ao seu estado original de equilíbrio e pertencimento. Emerge um reconhecimento silencioso, uma memória celular ancestral que sussurra: pertencemos à Terra, somos parte intrínseca dela.

A criação de um jardim vivo inicia-se com uma escolha consciente: a decisão de permitir que a natureza participe ativamente da vida cotidiana, de abrir as portas do lar para sua presença curadora. Essa permissão é, em si, um gesto de profunda humildade, um ato de escuta atenta aos ritmos naturais e uma rendição confiante à sabedoria inerente aos ciclos das estações. Implica reconhecer que, mesmo residindo em uma metrópole predominantemente cinzenta e artificial, existe sempre um espaço potencial para a vida germinar – desde que haja a intenção e a disposição para nutri-la.

Para aqueles que dispõem de um quintal, o convite à jardinagem se apresenta de forma mais ampla e generosa. Contudo, mesmo nesses casos, é comum que o espaço externo seja relegado a um estado de esquecimento, transformando-se em depósito de entulho, acumulador de objetos sem uso, ou simplesmente uma área de abandono energético. Reverter essa situação não exige, necessariamente, grandes obras de infraestrutura ou investimentos financeiros vultosos. Exige, primordialmente, presença atenta e vontade de interagir. O primeiro passo concreto é a limpeza: retirar o que não serve mais, remover detritos, deixar a terra respirar novamente. Em seguida, vem a observação cuidadosa: onde a luz do sol incide com mais intensidade? Onde se formam áreas de sombra fresca? Para onde a água da chuva escorre naturalmente? A própria natureza já oferece pistas valiosas sobre onde deseja florescer com mais vigor. Basta aprender a perceber seus sinais sutis.

A escolha das plantas que irão compor o jardim é um processo que combina conhecimento prático e intuição sensível. Claro, é fundamental observar as condições específicas do local – o clima da região, a quantidade de luz solar direta ou indireta, o tipo de solo e sua drenagem. Mas, além desses fatores técnicos, existe um chamado interior, uma atração inexplicável que nos conecta a certas espécies. Algumas pessoas sentem-se magneticamente atraídas pela resiliência e formas geométricas das suculentas; outras, pelo perfume inebriante e cores vibrantes das flores; outras ainda, pelo desejo de colher os frutos de árvores que elas mesmas plantaram. Não existe uma escolha "certa" ou "errada" nesse domínio. Existem afinidades vibracionais. Cada planta, segundo diversas tradições, carrega um tipo específico de Chi, uma assinatura energética única. Algumas são conhecidas por suas propriedades de elevar o ânimo, outras por acalmar os nervos, e outras ainda por oferecer uma sensação de proteção energética ao ambiente. Ao montar seu jardim, permita-se escutar com o corpo, sentir a energia das plantas. Deixe-se guiar não apenas pela razão prática, mas também pelo sentir intuitivo, escolhendo aquelas que ressoam com sua alma.

Para quem reside em apartamentos ou casas sem área externa, a limitação física pode parecer um obstáculo, mas nunca é uma barreira intransponível para a criação de um jardim vivo. A criatividade oferece soluções encantadoras: um jardim vertical instalado na parede da varanda, transformando um espaço limitado em um painel verdejante; vasos de diferentes tamanhos dispostos estrategicamente na janela da cozinha, trazendo vida e cor ao ambiente; pequenas hortas cultivadas em jardineiras suspensas ou em prateleiras bem iluminadas; plantas pendentes que descem graciosamente pelas estantes, suavizando ângulos e adicionando movimento. A vida vegetal é extraordinariamente generosa e adaptável. Basta um punhado de terra fértil, acesso à luz adequada e água na medida certa, e ela encontra seu caminho para crescer. Basta um pouco de cuidado atento e carinhoso, e ela responde com uma beleza que nutre os sentidos e a alma.

As ervas aromáticas são particularmente adequadas e recompensadoras para espaços menores. Alecrim, manjericão, hortelã, tomilho, orégano, sálvia, cebolinha, salsa – a lista é vasta. Além de serem extremamente práticas na cozinha e de perfumarem delicadamente o ambiente, essas plantas estabelecem um elo direto e poderoso entre o cultivo e o alimento. O ato de colher suas próprias folhas frescas para preparar um chá revigorante ou para temperar a comida do dia a dia é um gesto ancestral de profunda reconexão com os ciclos da terra e com a origem do nosso sustento. É uma forma de devolver ao ato de alimentar uma dignidade e uma sacralidade muitas vezes esquecidas na correria moderna.

As flores, com sua exuberância e delicadeza, também desempenham um papel crucial na composição do jardim vivo. Gerânios coloridos, lavandas perfumadas, cravos de múltiplas tonalidades, violetas tímidas. Cada flor possui sua cor única, seu perfume característico, seu tempo particular de floração e murcha. As flores são como mensageiras da impermanência e da beleza efêmera. Elas nos ensinam sobre a importância de viver o presente em sua totalidade, sobre a beleza que reside na entrega completa ao momento. Um jardim que acolhe flores é um jardim que canta melodias silenciosas, que celebra a vida em suas formas mais vibrantes e transitórias.

E não podemos esquecer o elemento essencial das folhagens – samambaias com suas frondes delicadas, costelas-de-adão com suas folhas imponentes e recortadas, jiboias que se adaptam e crescem com vigor, marantas que parecem rezar ao anoitecer. Verdes profundos, texturas variadas que convidam ao toque, formas orgânicas que se movimentam suavemente ao menor sopro de vento. As folhas nos lembram constantemente da respiração, da troca vital entre o mundo interior e o exterior. Elas simbolizam que tudo na vida opera em ritmo, em pulsação, em fluxo contínuo de dar e receber.

Integrar os princípios do Feng Shui ao planejamento e cuidado do jardim pode aprofundar ainda mais essa conexão energética e simbólica. Uma pedra grande e sólida, representando o elemento Terra, posicionada harmoniosamente ao lado de um pequeno lago ou fonte, que simboliza o elemento Água, cria um diálogo visual e energético poderoso entre estabilidade e fluidez. Um sino dos ventos, feito de materiais naturais como bambu ou metal, pendurado no alpendre ou na entrada do jardim, ativa o elemento Ar com sons suaves e curativos, ajudando a movimentar o Chi estagnado. Uma pequena estátua de Buda, de um animal guardião como um leão ou uma tartaruga, ou de uma divindade que inspire devoção e proteção, pode ancorar essas qualidades no espaço, transformando-o em um refúgio seguro. A luz suave de lanternas solares ou velas protegidas em lamparinas convida à contemplação noturna, criando uma atmosfera mágica e introspectiva. Um banco simples posicionado sob a sombra de uma árvore transforma-se naturalmente em um altar de descanso e conexão com a natureza. Cada elemento, quando escolhido e colocado com intenção clara, transcende sua função física e transforma-se em um símbolo potente, carregado de significado.

Cuidar de um jardim é, em sua essência, uma prática espiritual disfarçada de tarefa cotidiana. Requer tempo dedicado, paciência para observar os ritmos lentos da natureza, e uma escuta atenta às necessidades silenciosas das plantas. Requer, sobretudo, a aceitação humilde de que haverá dias em que uma planta adoece inexplicavelmente, folhas caem antes do tempo, pragas surgem como desafios inesperados. A natureza não opera na lógica linear da perfeição estática; ela é processo dinâmico, impermanente. E o jardineiro, ao interagir com esse processo, aprende a acolher a impermanência com mais serenidade. Aprende a recomeçar após uma perda. Aprende a confiar na força intrínseca do renascimento. Aprende a oferecer amor e cuidado sem a garantia de resultados previsíveis.

O ato de molhar as plantas, seja pela manhã ou ao entardecer, configura um dos rituais mais simples e, ainda assim, mais potentes de conexão com o momento presente. Sentir a água fresca escorrer pelos dedos, ouvir o som suave das gotas tocando as folhas e a terra, perceber o cheiro característico da terra úmida que sobe ao ar. Cada gesto, quando realizado com atenção plena, torna-se uma oração silenciosa, um "obrigado" humilde à vida que insiste em crescer, apesar de todas as adversidades.

Para aqueles que, por diversas razões – viagens constantes, falta de luminosidade adequada, condições específicas de moradia – não podem ter plantas vivas em casa, existem outras formas criativas e eficazes de trazer a energia do jardim para dentro. Quadros com imagens evocativas da natureza – paisagens serenas, florestas exuberantes, rios sinuosos, campos floridos. Fotografias ampliadas que capturem a beleza de detalhes naturais. Arranjos de flores secas, que conservam a forma e a beleza das plantas mesmo após o fim de seu ciclo vital. Fontes de água de mesa que reproduzem o som relaxante da água corrente. Difusores com aromas naturais que remetem à floresta, como pinho, capim-limão ou eucalipto. Todos esses elementos podem evocar, mesmo que simbolicamente, a presença curadora e revitalizante do verde.

E existe, finalmente, o jardim interior. Aquele que não depende de espaço físico, mas que nasce da contemplação atenta e do cultivo da presença. Um canto tranquilo da casa onde se pode sentar e observar o ciclo das plantas que se tem, por menores que sejam. Um lugar onde se pode simplesmente olhar o céu pela janela, testemunhando a dança das nuvens ou o brilho das estrelas. Um espaço onde se acende uma vela e se respira fundo, voltando-se para o silêncio interior. Esse jardim é cultivado na alma, através da prática da atenção plena e da gratidão. E sua energia, sutil mas poderosa, transborda para a casa toda, impregnando-a de paz.

Manter um jardim vivo, seja ele físico ou interior, é fundamentalmente manter a relação consciente com a nossa própria natureza essencial. A natureza, em sua sabedoria intrínseca, funciona como um espelho do que somos em profundidade. As plantas não nos julgam, não nos cobram resultados imediatos, não nos apressam em nosso processo. Elas crescem em seu próprio tempo, seguindo um ritmo orgânico e perfeito. E, ao observá-las, somos gentilmente convidados a crescer também, a florescer sem a ansiedade da pressa, a soltar o que já não nos serve mais – como as folhas secas que caem para dar espaço ao novo – e a renascer com mais força e resiliência após cada inverno interior.

Um jardim vivo introduz no lar uma energia vibrante que nenhum objeto decorativo, por mais belo que seja, pode verdadeiramente substituir. Ele purifica o ar que respiramos. Equilibra a umidade do ambiente. Reduz a temperatura nos dias quentes. Atrai a presença benéfica de pássaros, borboletas e abelhas, criando um microecossistema de interdependência. Estabelece laços visíveis e invisíveis com o ambiente externo, lembrando-nos que não estamos isolados. Mas, acima de tudo, ele tem o poder de transformar profundamente a vibração da casa, tornando-a mais leve, mais amorosa, mais genuinamente habitável. Torna-a, enfim, um verdadeiro lar.

Que cada casa, por mais modesta que seja sua estrutura física, possa encontrar e cultivar seu canto verde. Que ali possam brotar não apenas folhas, flores e frutos, mas também silêncios férteis, orações sentidas e esperanças renovadas. Que o jardim transcenda a condição de mera paisagem para se tornar um companheiro fiel na jornada da vida. Que ele cresça em sintonia com o crescimento do ser que o cuida: com luz e sombra, com cuidado atento e com uma fé inabalável na força da vida. Porque no toque singelo entre a mão humana e a terra generosa, reside uma sabedoria profunda que nenhuma palavra pode conter completamente – apenas o gesto vivido conhece sua extensão. E é nesse gesto primordial de cultivo e conexão que o lar reencontra sua raiz mais profunda e verdadeira.

Capítulo 30
Saúde e Vitalidade

O lar é muito mais que um conjunto de paredes e um teto sobre nossas cabeças; ele funciona como uma segunda pele, uma extensão direta do nosso próprio corpo físico e energético. Aquilo que nos envolve externamente, a atmosfera que respiramos dentro de casa, os objetos que tocamos, a luz que banha os cômodos, tudo isso reverbera profundamente em nosso interior, influenciando nossa saúde, nosso ânimo e nossa vitalidade de maneiras que muitas vezes nem percebemos conscientemente. Uma casa que adoece, que acumula desordem, poeira, umidade ou energias estagnadas, tende a espelhar essa condição em seus habitantes. Não é incomum sentir um cansaço persistente sem causa médica aparente, um desânimo que se arrasta, dificuldade de concentração, noites mal dormidas, irritabilidade constante ou dores que vagueiam pelo corpo. Esses podem ser sinais sutis de que o próprio ambiente está desequilibrado, clamando por atenção e cuidado. Em contrapartida, um espaço que foi intencionalmente harmonizado, que respira livremente, que se mantém limpo e onde a energia flui sem impedimentos, torna-se uma fonte poderosa de nutrição, regeneração e vigor. A casa deixa de ser um cenário passivo e se transforma em uma aliada ativa na manutenção e promoção da saúde integral. Ela não apenas acolhe um corpo saudável, ela participa ativamente da sua construção, moldando-o, sustentando-o em seus processos de cura e fortalecimento diário.

O caminho para transformar o lar em um campo fértil para a saúde e a vitalidade começa com uma mudança de percepção, um despertar da indiferença. É preciso abandonar a visão limitada da casa como um mero espaço funcional, um depósito de objetos ou um palco para a rotina. É fundamental reconhecê-la como um organismo vivo, um sistema interconectado que responde, sente e pulsa em sintonia com seus moradores. Quando a tratamos com essa reverência, com esse reconhecimento de sua natureza sensível, ela se revela como uma parceira poderosa na jornada pelo equilíbrio físico, emocional e energético. Cada ajuste feito com consciência, cada cuidado dedicado a um canto esquecido, cada escolha que favorece o fluxo e a pureza, retorna como um presente de bem-estar.

A luz natural surge como uma das principais protagonistas nesse processo de cura ambiental. Sua influência vai muito além de simplesmente clarear os espaços. A luz solar é um nutriente essencial para a vida, regulando nosso relógio biológico interno, o chamado ciclo circadiano, que comanda funções vitais como o sono, o despertar, a produção de hormônios e até mesmo o nosso humor. A exposição adequada à luz do dia estimula a síntese de vitamina D, crucial para a saúde óssea e para o fortalecimento do sistema imunológico. Ambientes bem iluminados pelo sol tendem a elevar o ânimo, combater a letargia e aumentar a disposição geral. Uma casa que abre suas janelas para receber generosamente os raios solares é uma casa que se banha em energia vital, renovando-se a cada amanhecer. Gestos simples como manter as janelas desobstruídas, usar cortinas de tecidos leves que filtrem a luz sem bloqueá-la completamente, ou posicionar espelhos de forma inteligente para refletir a luminosidade para áreas mais sombreadas, amplificam exponencialmente o poder terapêutico do sol dentro do lar. A luz solar não apenas ilumina, ela purifica, energiza e equilibra.

Contudo, o cuidado com a luz não se encerra com o pôr do sol. A iluminação artificial desempenha um papel igualmente crucial na manutenção da saúde, especialmente durante a noite. A cultura moderna nos inundou com luzes brancas e frias, muitas vezes intensas, que, embora eficientes para certas tarefas, podem ser extremamente prejudiciais ao nosso ritmo biológico natural. Essas luzes estimulantes, ricas em espectro azul, enviam ao cérebro a mensagem de que ainda é dia, suprimindo a produção de melatonina, o hormônio indutor do sono, e prolongando o estado de vigília mental e física. Isso resulta em dificuldade para adormecer, sono fragmentado e uma sensação de cansaço ao despertar. Em contrapartida, as luzes de tonalidade quente – amareladas, âmbar, suaves – mimetizam a luz do entardecer e da fogueira ancestral, sinalizando ao corpo que é hora de desacelerar, relaxar e se preparar para o repouso. O uso estratégico de abajures com lâmpadas de baixa intensidade, luminárias com dimmer para regular o brilho, velas (usadas com segurança) ou fitas de LED de cor quente cria uma atmosfera acolhedora que convida ao descanso e respeita a fisiologia natural do sono. A casa, ao modular sua luz conforme o ciclo do dia, torna-se uma extensão da sabedoria do corpo, e este, sentindo-se compreendido e amparado pelo ambiente, responde com mais equilíbrio e vitalidade.

A qualidade do ar que respiramos dentro de casa é outro pilar fundamental da saúde, embora frequentemente subestimado. Passamos grande parte de nossas vidas em ambientes fechados, e o ar que circula nesses espaços pode estar carregado de poluentes invisíveis. Compostos orgânicos voláteis (VOCs) liberados por tintas, vernizes, móveis novos, produtos de limpeza; formaldeído presente em madeiras compensadas e alguns tecidos; ácaros, fungos (mofo), bactérias que proliferam em locais úmidos e mal ventilados; pelos de animais; poeira acumulada. Tudo isso contribui para uma atmosfera interna que pode desencadear ou agravar problemas respiratórios, alergias, dores de cabeça, fadiga e dificuldade de concentração. A cura, mais uma vez, começa com o básico: ventilação. Abrir as janelas diariamente, mesmo durante o inverno por alguns minutos, é essencial para renovar o oxigênio e dispersar os poluentes acumulados. Criar correntes de ar cruzadas, abrindo janelas em lados opostos da casa, potencializa essa renovação. Prestar atenção especial a áreas propensas à umidade, como banheiros e cozinhas, garantindo que tenham boa exaustão ou ventilação natural, é crucial para prevenir o crescimento de mofo, um conhecido gatilho para problemas de saúde. Além da ventilação mecânica, a natureza oferece seus próprios purificadores. Plantas como a Espada-de-São-Jorge (que libera oxigênio à noite), Jiboia, Clorofito, Lírio-da-Paz e Babosa são conhecidas por sua capacidade de filtrar certas toxinas do ar. A presença delas não apenas embeleza, mas contribui ativamente para um ambiente mais saudável. O uso de purificadores de ar com filtros HEPA pode ser considerado em casos de alergias severas ou alta poluição externa. Evitar produtos de limpeza com químicos agressivos e optar por soluções naturais (vinagre, bicarbonato de sódio, óleos essenciais) também diminui a carga tóxica no ambiente. Respirar um ar puro dentro de casa é um dos fundamentos para manter o corpo e a mente vibrantes.

O som, ou a ausência dele, também desempenha um papel significativo na nossa saúde e vitalidade. Vivemos imersos em uma cacofonia constante: o zumbido dos eletrônicos, o barulho do trânsito, as notificações incessantes dos celulares, a televisão ligada como ruído de fundo. Essa poluição sonora contínua, mesmo que nos acostumemos a ela, mantém o sistema nervoso em um estado de alerta sutil, elevando os níveis de cortisol (o hormônio do estresse), aumentando a pressão arterial e dificultando o relaxamento profundo. Uma casa que promove saúde é uma casa que também cultiva o silêncio ou, pelo menos, uma paisagem sonora harmoniosa. Identificar e minimizar fontes de ruído desnecessário é o primeiro passo. Desligar aparelhos da tomada quando não estão em uso, consertar eletrodomésticos barulhentos, utilizar fones de ouvido para atividades individuais. Para abafar ruídos externos, o uso estratégico de materiais absorventes como cortinas grossas, tapetes felpudos, estantes com livros e móveis estofados pode fazer uma grande diferença. Em alguns casos, investir em janelas antirruído pode ser uma solução mais definitiva. Introduzir sons curativos também é uma forma poderosa de equilibrar a energia sonora do lar. Músicas instrumentais suaves, sons da natureza (água corrente, canto de pássaros, chuva leve), mantras ou frequências específicas (como Solfeggio ou binaural beats) podem criar uma atmosfera de calma e foco. Pequenas fontes de água internas ou sinos de vento de som agradável (posicionados onde a brisa é suave) adicionam um toque de serenidade. O importante é que o som ambiente seja escolhido com intenção, transformando-se em uma ferramenta de bem-estar, uma melodia que acalma os nervos e eleva o espírito, em vez de uma fonte adicional de estresse.

A dimensão tátil, a experiência do toque, conecta-nos diretamente à sensação de segurança e conforto, influenciando nosso estado emocional e, por consequência, nossa saúde. Uma casa repleta de superfícies frias, lisas, duras ou sintéticas pode gerar uma sensação subliminar de distanciamento, de falta de aconchego. O corpo anseia pelo contato com o natural, com o macio, com o quente. Incorporar materiais como madeira natural (em móveis, pisos ou objetos), tecidos orgânicos (algodão, linho, lã) em mantas, almofadas, cortinas e roupas de cama, tapetes de fibras naturais (sisal, juta, lã) e elementos como pedras ou cerâmica artesanal cria uma riqueza sensorial que nutre o sistema nervoso. O simples ato de andar descalço sobre um piso de madeira ou um tapete macio pode ter um efeito de aterramento imediato. Enrolar-se em uma manta de lã em um dia frio, sentir a textura irregular de um vaso de barro, apoiar as mãos sobre uma mesa de madeira maciça – tudo isso são microdoses de conforto que comunicam ao corpo: "você está seguro, pode relaxar". Uma casa que cuida da saúde é uma casa que também acaricia seus habitantes através das texturas, transformando o ambiente em um ninho sensorial.

A ordem e a limpeza transcendem a mera estética; são pilares da vitalidade. Um ambiente cronicamente desorganizado, com objetos acumulados, superfícies empoeiradas, itens quebrados à vista ou cantos entulhados, gera um fardo mental constante. O cérebro humano busca padrões e ordem, e o caos visual exige um esforço cognitivo contínuo para ser processado ou ignorado, drenando energia que poderia ser usada para outras funções. A desordem física frequentemente espelha ou induz à desordem mental e emocional. Por outro lado, um espaço limpo, organizado, onde cada coisa tem seu lugar e o fluxo é desimpedido, promove clareza mental, calma e uma sensação de controle sobre o próprio ambiente. A prática regular de limpar e organizar, quando feita com presença e intenção, torna-se um ato meditativo, uma forma de colocar ordem não apenas na casa, mas também nos pensamentos e sentimentos. Liberar o que não serve mais (destralhar) abre espaço físico e energético para o novo, para a vitalidade circular. A energia economizada ao não ter que lidar com o caos se traduz diretamente em mais disposição e bem-estar.

A cozinha, como coração nutritivo do lar, exerce uma influência direta e poderosa sobre a saúde. Não é apenas onde preparamos nossas refeições, mas onde a energia dos alimentos é transformada e de onde emana a vitalidade que sustenta nosso corpo. Uma cozinha limpa, bem iluminada, organizada, com fácil acesso a alimentos frescos e saudáveis, funciona como um convite a hábitos alimentares mais conscientes. O estado do fogão, da geladeira e da despensa são reflexos diretos da nossa relação com a nutrição e, por extensão, com o autocuidado. Um fogão limpo e funcional simboliza a capacidade de transformar e nutrir; uma geladeira organizada com alimentos vivos representa a vitalidade disponível; uma despensa livre de excessos e itens vencidos mostra consciência e respeito pelo fluxo da abundância. O ato de cozinhar, quando realizado com calma, presença e intenção positiva, infunde nos alimentos uma energia curativa. O ambiente onde as refeições são consumidas também importa. Comer em um espaço agradável, à mesa, sem distrações como telas, mastigando devagar e apreciando os sabores, melhora a digestão e a absorção dos nutrientes, transformando a alimentação em um ritual de saúde e prazer. A cozinha harmonizada nutre o corpo e a alma.

Espaços dedicados ao movimento são igualmente essenciais para a vitalidade, mesmo em residências pequenas. O corpo humano foi feito para se mover, e a estagnação física frequentemente leva à estagnação energética e mental. Criar um pequeno canto que convide ao alongamento, à prática de yoga, à dança ou a qualquer forma de exercício físico é fundamental. Pode ser simplesmente um tapete que se desenrola na sala, um espaço livre no quarto, ou uma varanda adaptada. Ter esse espaço disponível e convidativo facilita a incorporação do movimento na rotina diária. O corpo que se move é um corpo que respira melhor, que circula energia, que libera tensões e que se mantém mais jovem e disposto.

    O descanso reparador, facilitado por um quarto tranquilo e harmonizado, é talvez um dos pilares mais críticos da saúde. Como já explorado, um ambiente escuro, silencioso, com temperatura agradável, livre de poluição eletromagnética e com elementos que convidem ao relaxamento (cores suaves, texturas naturais, aromas calmantes) é essencial para que o corpo realize seus processos noturnos de reparo celular, consolidação da memória, regulação hormonal e desintoxicação. Um sono de qualidade é a base sobre a qual se constrói a vitalidade do dia seguinte. Negligenciar o ambiente do quarto é negligenciar a própria capacidade de regeneração.

    Além dos aspectos físicos, a dimensão espiritual e emocional do lar é intrinsecamente ligada à saúde. Ter um espaço sagrado, um pequeno altar ou um canto dedicado à meditação, oração ou simplesmente à quietude, fortalece a conexão com o propósito de vida, com a paz interior e com a resiliência emocional. A saúde transcende o corpo físico; ela abrange o bem-estar mental, emocional e espiritual. Um lar que nutre o espírito oferece um refúgio seguro para processar emoções, encontrar clareza e recarregar as energias sutis. Sentir-se emocionalmente conectado ao lar, sentir que ele o representa, o acolhe e o apoia, cria um ciclo virtuoso de bem-estar. A casa torna-se um espelho positivo, refletindo e reforçando a sensação de pertencimento, amor e segurança.

    A saúde e a vitalidade, portanto, não são resultados de um único fator isolado, mas sim de uma sinfonia complexa onde o ambiente desempenha um papel crucial. O lar, quando cuidado com consciência e intenção, transforma-se em um maestro silencioso, orquestrando os ritmos da luz e da sombra, a qualidade do ar e do som, o conforto do toque, a pureza da nutrição, o convite ao movimento e ao repouso, e o acolhimento das emoções e do espírito. Ele se torna um campo de regeneração ativa, um santuário pessoal onde o corpo pode se curar, a mente pode se equilibrar e a alma pode florescer. Que seu lar seja esse território sagrado de força e bem-estar, um reflexo constante da vitalidade que pulsa dentro de você e um apoio inabalável na sua jornada por uma vida plena e saudável.

Capítulo 31
Criatividade Fluida

A casa onde habitamos não é apenas um palco para nossas vidas; ela participa ativamente da coreografia dos nossos pensamentos, sentimentos e, fundamentalmente, da nossa capacidade de criar. Ela pensa conosco, sussurra ideias nos cantos silenciosos, reflete nossa clareza ou nossa confusão nas superfícies que nos cercam. Uma casa que respira, que tem espaços abertos e energia circulante, torna-se uma aliada poderosa da mente, uma verdadeira incubadora onde a imaginação pode germinar, as ideias podem tomar forma e a criatividade pode fluir sem obstáculos. Longe de ser um dom reservado a artistas ou inventores, a criatividade é um impulso vital inerente a todos nós, manifestando-se na maneira como resolvemos problemas cotidianos, como nos expressamos no mundo, como reinventamos nossa rotina e como damos cor e sabor à existência. Cultivar um lar que nutre essa criatividade fluida é investir na própria capacidade de adaptação, inovação e expressão autêntica. O espaço físico, quando harmonizado com essa intenção, deixa de ser um mero recipiente para se tornar um catalisador do potencial criativo latente em cada ser.

A criatividade, em sua essência, anseia por liberdade. Ela não floresce em ambientes apertados, sobrecarregados de informação visual ou energeticamente estagnados. Precisa de ar para respirar, de espaço para se movimentar, de silêncio para ser ouvida. Por isso, o ingrediente primordial de uma casa que estimula a criatividade é, paradoxalmente, o espaço livre. Não se trata de minimalismo extremo ou de cômodos vazios, mas sim da ausência de barreiras que confinam o olhar e a mente. Uma sala onde a vista possa vagar sem tropeçar em excessos, uma mesa de trabalho com superfícies desimpedidas que convidem a espalhar materiais, uma parede em branco que se oferece como tela para um mural de inspirações, um quadro negro para esboçar ideias fugazes, um chão livre onde se possa sentar para refletir. O espaço físico aberto espelha e incentiva a abertura mental necessária para que o pensamento explore novos territórios, para que a intuição se manifeste sem ser sufocada pela desordem. A criatividade precisa desse vazio fértil para poder preenchê-lo com o novo.

 O segundo elemento crucial é o estímulo adequado, que difere radicalmente do excesso de informação. A criatividade não nasce do bombardeio sensorial, mas do encantamento sutil, da curiosidade despertada, da pergunta silenciosa que um objeto ou uma imagem podem evocar. Trata-se de uma curadoria cuidadosa de elementos que inspirem sem distrair. Um objeto de design intrigante sobre uma prateleira, uma almofada com uma textura inesperada que convida ao toque, um livro de arte ou poesia deixado estrategicamente aberto, um instrumento musical encostado na parede como um convite silencioso à melodia, uma caixa com lápis de cor e papéis variados, um tear com um trabalho em progresso, um pedaço de cerâmica inacabado. São faíscas visuais e táteis que acendem a imaginação, sugerindo possibilidades, convidando à interação, lembrando que o processo criativo é feito de experimentação e descoberta. Esses pontos de estímulo podem ter um lugar fixo, como um ateliê ou um canto de leitura, mas também podem ser dinâmicos, migrando pela casa conforme a necessidade ou a inspiração do momento. Um mural de referências que se atualiza com projetos ou estações do ano, um varal com ideias penduradas, uma coleção de pedras ou conchas que contam histórias de viagens, um quadro de visão onde os sonhos e metas são visualizados – tudo isso mantém a energia criativa em movimento, nutrindo a mente com novas perspectivas.

 A iluminação, essa escultora invisível de atmosferas, desempenha um papel vital na modulação do estado criativo. A luz natural, com sua riqueza de espectros e sua variação ao longo do dia, é incomparável. Ela tende a estimular um pensamento mais leve, expansivo, otimista. Trabalhar ou criar perto de uma janela, ter um espaço de leitura banhado pelo sol da tarde, transformar uma varanda ensolarada em um pequeno estúdio – tudo isso conecta o ritmo interno ao ritmo da natureza, favorecendo a clareza e a inspiração. A luz solar, especialmente pela manhã, parece despertar a mente para novas possibilidades. Quando a luz natural é escassa, a iluminação artificial precisa ser pensada com sensibilidade. Luzes quentes e suaves são geralmente mais propícias ao trabalho criativo prolongado e à introspecção, enquanto luzes um pouco mais claras podem ser úteis para tarefas que exigem detalhe ou para sessões de brainstorming que pedem mais energia. O ideal é ter opções: uma luz geral funcional, luminárias de mesa direcionáveis, abajures com luz âmbar para criar um ambiente mais íntimo e recolhido durante a noite. A capacidade de ajustar a luz permite que o ambiente acompanhe as diferentes fases do processo criativo, oferecendo o suporte luminoso adequado para cada momento, seja ele de expansão, foco ou reflexão.

As cores, com suas frequências vibracionais distintas, dialogam diretamente com nosso cérebro e nossas emoções, influenciando a disposição para criar. Não há uma fórmula única, pois a resposta às cores é também pessoal, mas algumas associações são frequentemente observadas. O amarelo é associado à clareza mental, ao otimismo, à geração de ideias. O laranja pode trazer entusiasmo e energia para iniciar projetos. O azul, em tons mais claros, favorece a imaginação, o pensamento expansivo e a comunicação, enquanto tons mais profundos convidam à introspecção e à intuição. O verde, cor da natureza, promove equilíbrio, calma e crescimento, sendo excelente para ambientes onde se busca concentração sustentada. O vermelho, cor da paixão e da ação, deve ser usado com moderação, talvez em detalhes, para fornecer um impulso de energia ou quebrar a monotonia, mas em excesso pode gerar agitação. O violeta ou púrpura estão ligados à intuição, à espiritualidade e à transformação, podendo ser inspiradores para trabalhos mais artísticos ou introspectivos. A chave é sentir qual cor ou combinação de cores ressoa com o tipo de criatividade que se deseja nutrir em cada espaço, usando-as em paredes, móveis, objetos ou obras de arte de forma a criar um ambiente visualmente estimulante, mas equilibrado.

A paisagem sonora do lar também modula a capacidade criativa. Para algumas pessoas e tarefas, o silêncio absoluto é o terreno mais fértil para a concentração profunda e a emergência de ideias originais. Para outras, um fundo musical pode ajudar a entrar em estado de fluxo (flow), aquele estado de imersão total na atividade. A escolha da música é crucial: trilhas sonoras instrumentais (clássica, jazz suave, ambient, eletrônica minimalista), sons da natureza (chuva, ondas do mar, floresta) ou até mesmo frequências específicas como os sons binaurais, podem favorecer diferentes estados mentais. Músicas com letras podem ser distrativas para tarefas que exigem foco verbal. O importante é experimentar e descobrir o que funciona melhor para cada indivíduo e cada tipo de trabalho criativo, usando o som como uma ferramenta consciente para moldar o ambiente mental, seja buscando o silêncio ou uma melodia que inspire e sustente o fluxo.

Um aspecto muitas vezes negligenciado, mas vital para a criatividade fluida, é a aceitação do processo, que inclui a desordem temporária. Um lar excessivamente rígido, onde qualquer sinal de "bagunça" é reprimido, pode sufocar a experimentação. O ato de criar frequentemente envolve espalhar materiais, testar combinações, rabiscar, errar, refazer. Um espaço verdadeiramente criativo acolhe essa fase intermediária. Isso pode significar ter uma mesa de trabalho resistente a manchas, superfícies fáceis de limpar, bom espaço de armazenamento para projetos *em andamento* (e não apenas para coisas finalizadas), ou simplesmente uma atitude permissiva em relação à desordem controlada e temporária. Permitir a "bagunça criativa" é validar o processo, não apenas o resultado final. Igualmente importante é a valorização do ócio e da contemplação. A criatividade não responde bem à pressão constante. As ideias mais brilhantes muitas vezes surgem em momentos de relaxamento, quando a mente consciente descansa e o subconsciente tem espaço para trabalhar. Por isso, criar "zonas de não fazer nada" na casa é paradoxalmente essencial para a produtividade criativa. Uma rede na varanda, uma poltrona confortável voltada para a janela, um banco no jardim, um canto tranquilo para simplesmente sentar e observar. Esses espaços convidam à pausa, ao devaneio, à incubação silenciosa de onde emergem os insights mais inesperados.

A criatividade também é uma experiência corporal. O corpo pensa, sente e expressa. Um lar que incentiva a criatividade fluida oferece espaço para o movimento. Uma sala onde se pode afastar os móveis para dançar, um corredor onde se pode caminhar enquanto se reflete, um canto com um espelho para experimentar posturas ou expressões, um tapete confortável para se espreguiçar. Incorporar elementos que estimulem o corpo, como uma bola de pilates, faixas elásticas, ou até mesmo instrumentos de percussão simples, pode liberar tensões e despertar novas formas de pensar através do movimento. Da mesma forma, a presença de materiais naturais e variados – argila, madeira, pedras, tecidos de diferentes texturas, papéis artesanais, tintas naturais – estimula os sentidos e conecta o processo criativo a uma experiência mais tátil e orgânica. Tocar, cheirar, sentir o peso e a temperatura dos materiais pode despertar associações e ideias que o pensamento puramente abstrato não alcançaria.

 Fundamentalmente, um lar criativo é aquele que reflete e reforça a crença do morador em sua própria capacidade de criar. É um espaço livre de julgamentos, onde a experimentação é bem-vinda e o "erro" é visto como parte do aprendizado. Decorar com as próprias criações (mesmo as mais simples), ter citações inspiradoras à vista, manter diários ou cadernos de ideias acessíveis, tudo isso funciona como um lembrete constante do potencial criativo inerente. A casa se torna um espelho que diz: "Aqui, você pode ser você mesmo. Aqui, suas ideias têm valor. Aqui, você é um criador." Quando o ambiente externo valida a voz criativa interna, a fluidez acontece naturalmente. A casa deixa de ser apenas um lugar para morar e se transforma em um ateliê da alma, um parceiro ativo na jornada de expressão, descoberta e realização. Que cada canto do seu lar possa ser um convite silencioso para que sua voz única se manifeste, transformando o cotidiano em uma obra de arte em constante evolução.

Capítulo 32
Equilíbrio Emocional

Existe uma ressonância profunda, uma conversa silenciosa e contínua entre o espaço que habitamos e o universo que carregamos dentro de nós. O lar e o coração funcionam como espelhos interligados; o estado de um inevitavelmente se reflete no outro. Aquilo que pulsa em nosso íntimo – nossas alegrias, medos, angústias e esperanças – encontra eco na atmosfera da casa, enquanto a vibração do ambiente, por sua vez, reverbera em cada célula do nosso corpo emocional, influenciando nosso humor, nossa resiliência e nossa capacidade de navegar pelas marés da vida. O equilíbrio emocional, essa busca constante por um centro estável em meio às flutuações da existência, não depende apenas de práticas internas como meditação, terapia ou autoconhecimento. Ele é profundamente influenciado e pode ser ativamente cultivado pelo ambiente que nos cerca. A casa, quando conscientemente harmonizada, transcende sua função de abrigo para se tornar um verdadeiro santuário emocional, um bálsamo invisível que nos ampara, regula e sustenta.

Um lar que vibra em equilíbrio não elimina as dificuldades da vida, mas oferece um continente seguro para processá-las. Ele funciona como aquela presença calma e constante de um amigo sábio, que não precisa oferecer soluções, mas cuja simples existência transmite segurança e serenidade. Nos dias de sol, ele celebra conosco; nos dias de tempestade, ele oferece refúgio e perspectiva. Ele sussurra ao ouvido da ansiedade: "Está tudo bem, você está protegido aqui". Essa sensação de segurança fundamental, proporcionada por um ambiente harmonioso, permite que o sistema nervoso relaxe, que as emoções fluam sem ficarem represadas e que a recuperação após momentos de estresse seja mais rápida e eficaz. A casa torna-se um regulador externo que ajuda a modular nossos estados internos.

    O primeiro passo para transformar o lar nesse santuário emocional é desenvolver uma escuta sensível, não apenas do espaço físico, mas principalmente de como nos sentimos nele. É preciso tornar-se um observador atento das próprias reações emocionais em diferentes cômodos ou situações dentro de casa. Há algum canto que consistentemente evoca irritação ou desconforto? Existe um lugar onde a respiração parece ficar presa, ou, ao contrário, onde se suspira com alívio? Quais áreas são negligenciadas, evitadas sem motivo aparente? Que emoções predominam na sala de estar versus no quarto? Esse mapeamento emocional do lar é crucial. Ele revela como nosso campo energético interage com o campo energético do ambiente, mostrando onde existem bloqueios, tensões ou, inversamente, pontos de força e harmonia. Ao trazer consciência para essa dinâmica, podemos começar a fazer ajustes intencionais que promovam um maior equilíbrio.

A luz, como vimos, é uma ferramenta poderosa para modular a atmosfera e, consequentemente, as emoções. Espaços cronicamente escuros ou mal iluminados podem intensificar sentimentos de tristeza, apatia, medo ou insegurança. A penumbra constante pode pesar sobre o espírito. Por outro lado, a luz excessivamente forte, branca e artificial pode gerar agitação, ansiedade e dificuldade de relaxar. O equilíbrio reside na capacidade de ajustar a luz às necessidades do momento e à função do espaço. A luz natural, sempre que disponível, traz vitalidade e otimismo. À noite, a transição para uma iluminação mais suave, quente e indireta sinaliza ao corpo e à mente que é hora de desacelerar, promovendo calma e introspecção. Usar dimmers, abajures com lâmpadas de baixa potência, velas ou luzes de sal pode criar ilhas de serenidade que convidam ao relaxamento emocional. A luz, usada com intenção, torna-se uma linguagem não verbal que comunica segurança e acolhimento.

 As cores que nos cercam atuam como notas em uma melodia emocional. Cada tonalidade carrega uma vibração específica que pode nos elevar, acalmar, energizar ou até mesmo perturbar. Tons terrosos (marrons, beges, ocres) promovem uma sensação de estabilidade, segurança e conexão com a terra, sendo ótimos para criar uma base de calma. Azuis, especialmente os mais claros e suaves, são conhecidos por seu efeito tranquilizante sobre a mente e o sistema nervoso, ideais para quartos ou espaços de meditação. Verdes, remetendo à natureza, trazem equilíbrio, frescor e uma sensação de renovação, funcionando bem em áreas de convívio ou trabalho. Rosas pálidos e tons pastel evocam suavidade, ternura e compaixão, podendo ser usados para criar ambientes mais acolhedores e afetivos. Amarelos e laranjas, em tons equilibrados, podem trazer alegria, otimismo e sociabilidade, mas em excesso podem ser estimulantes demais. O branco, embora neutro, pode tanto trazer clareza e pureza quanto frieza, dependendo de como é combinado com texturas e outros elementos. A escolha consciente das cores, seja nas paredes, nos móveis ou nos detalhes, permite afinar a vibração do ambiente para que ele sustente o estado emocional desejado.

Os aromas, com sua conexão direta ao sistema límbico – o centro emocional do cérebro –, são ferramentas incrivelmente eficazes para influenciar o humor e o bem-estar. Certos cheiros podem instantaneamente acalmar a ansiedade (como lavanda ou camomila), elevar o ânimo (cítricos como laranja ou bergamota), promover o foco (alecrim ou hortelã-pimenta) ou induzir a um estado de relaxamento profundo (sândalo ou ylang-ylang). Utilizar óleos essenciais em difusores, sprays de ambiente naturais, velas aromáticas de boa qualidade ou mesmo o aroma natural de flores frescas, ervas ou do preparo de alimentos pode transformar a atmosfera de um cômodo, criando um ambiente olfativo que apoia ativamente o equilíbrio emocional. Evitar odores artificiais e agressivos, que podem sobrecarregar o sistema nervoso, é igualmente importante. O perfume da casa torna-se uma assinatura sutil de cuidado e bem-estar.

Da mesma forma, a paisagem sonora do lar impacta profundamente nosso estado emocional. Ruídos constantes, agudos ou imprevisíveis geram estresse e tensão. O som da televisão ligada como ruído de fundo, discussões frequentes, alarmes estridentes – tudo isso contribui para uma sobrecarga sensorial que dificulta a manutenção da calma interior. Cultivar o silêncio, quando possível, é um bálsamo. Quando não, escolher sons que promovam a harmonia – música clássica suave, sons da natureza, mantras, frequências de cura – pode ajudar a neutralizar o estresse sonoro e a criar um ambiente mais pacífico. A qualidade do som que nos envolve é um fator determinante para a tranquilidade emocional.

A ordem e a organização física do espaço têm uma correlação direta com a sensação de ordem interna. Ambientes caóticos, desorganizados, com acúmulo de objetos ou sujeira, tendem a gerar uma sensação de sobrecarga mental e emocional. O cérebro interpreta a desordem externa como uma ameaça sutil, uma tarefa pendente, mantendo o sistema nervoso em um estado de alerta de baixo nível. Isso dificulta o relaxamento e a sensação de paz. Manter a casa razoavelmente organizada, com sistemas simples para guardar objetos, superfícies livres de entulho e uma rotina de limpeza básica, libera a mente desse fardo invisível. A clareza externa facilita a clareza interna, permitindo que as emoções fluam de maneira mais equilibrada.

Contudo, equilíbrio emocional não significa viver em um ambiente asséptico ou negar a complexidade da vida. Uma casa que apoia o bem-estar emocional é também uma casa que acolhe a vulnerabilidade. Precisa haver espaços onde seja seguro sentir e expressar toda a gama de emoções humanas – tristeza, raiva, medo, alegria. Um sofá confortável onde se possa chorar sem julgamento, uma cama que ofereça refúgio nos dias difíceis, uma janela onde se possa contemplar a chuva e sentir melancolia. O lar não deve ser um palco para a perfeição, mas um ninho que oferece segurança incondicional para sermos quem somos, com nossas luzes e sombras. A aceitação da imperfeição no ambiente reflete e permite a aceitação da nossa própria humanidade.

As imagens, obras de arte e símbolos que escolhemos para decorar nossa casa atuam como âncoras emocionais. Fotografias de momentos felizes, paisagens que evocam serenidade, citações inspiradoras, objetos que representam força ou resiliência – tudo isso pode reforçar estados emocionais positivos e servir como lembretes visuais de nossos valores e aspirações. É igualmente importante estar atento a objetos ou imagens que possam estar carregados com energias negativas ou associados a memórias dolorosas. Retirar do ambiente aquilo que não ressoa mais com nosso bem-estar presente é um ato de autocuidado emocional, liberando o espaço (e a nós mesmos) de fardos do passado.

O conforto tátil, proporcionado por materiais naturais e texturas agradáveis, é outra linguagem poderosa de acolhimento emocional. A sensação de segurança e bem-estar que experimentamos ao nos envolvermos em uma manta macia, ao sentirmos o calor da madeira sob as mãos ou ao pisarmos em um tapete felpudo, ativa o sistema nervoso parassimpático, responsável pelo relaxamento e pela recuperação do estresse. A casa, através do toque, pode oferecer um abraço constante, um colo invisível que nos conforta e estabiliza.

A conexão com a natureza, mesmo dentro de casa, é um restaurador emocional comprovado. Plantas, flores, a presença de água (em fontes ou aquários), pedras, madeira – todos esses elementos nos reconectam com os ritmos mais lentos e resilientes do mundo natural, ajudando a regular nossas próprias emoções. Cuidar de uma planta pode ser um ato terapêutico em si, ensinando sobre paciência, ciclos e a beleza da impermanência.

A incorporação de pequenos rituais diários ou semanais no espaço doméstico também ajuda a ancorar o equilíbrio emocional. Acender uma vela ao chegar em casa, tomar um chá em silêncio em um canto preferido, escrever algumas linhas de gratidão antes de dormir, dedicar alguns minutos à meditação no espaço sagrado – esses atos repetidos com intenção criam marcos de estabilidade e presença em meio à fluidez da vida, ajudando a centrar a mente e a acalmar o coração.

Finalmente, o lar em equilíbrio emocional é aquele que reconhece e sustenta os momentos difíceis. Ele não promete felicidade constante, mas oferece um refúgio seguro, um chão firme onde podemos processar a dor, a perda ou a confusão. Ele se torna um terapeuta silencioso, um continente amoroso que nos permite atravessar as tempestades internas sabendo que temos um porto seguro para retornar. A casa que cultivamos com consciência e presença torna-se, assim, muito mais do que um endereço físico; ela se transforma em um espelho da nossa alma e um poderoso instrumento de equilíbrio, cura e florescimento emocional.

Capítulo 33
Harmonia Duradoura

A jornada de transformação do lar, quando empreendida com consciência e coração, raramente nos devolve ao ponto de partida. Assim como uma longa caminhada por paisagens desconhecidas modifica o viajante, o processo de redesenhar o espaço que habitamos – com intenção, sensibilidade e presença – nos transforma profundamente. Ao final dessa exploração, o lar já não é o mesmo conjunto de paredes e objetos; ele se tornou um espelho mais nítido da nossa essência atual, uma expressão viva do presente e uma plataforma vibrante para o futuro que desejamos construir. A harmonia alcançada, no entanto, não é um troféu a ser guardado em uma estante empoeirada. A harmonia duradoura é uma dança, um estado de fluxo dinâmico e contínuo entre o ser que habita e o espaço que o acolhe, um diálogo silencioso que se adapta e evolui ao ritmo dos ciclos da vida.

Alcançar e, mais importante, sustentar essa harmonia é como desenvolver um novo nível de intimidade com a própria casa. A fase inicial, talvez marcada por um esforço mais consciente para reorganizar, limpar, destralhar e decorar com propósito, gradualmente dá lugar a uma naturalidade amorosa no cuidar. Passa a ser menos sobre "aplicar técnicas" e mais sobre "estar em relação". É como o jardineiro que, após preparar o solo e plantar as sementes, continua a observar, regar, podar e nutrir o jardim que floresceu, sabendo que ele precisa de atenção constante para se manter viçoso. É como os pais que veem os filhos crescerem, adaptando o cuidado às novas fases, oferecendo afeto, estabelecendo rotinas flexíveis e mantendo uma escuta atenta às suas necessidades em transformação. A casa, como um organismo vivo, não é estática; ela muda porque nós mudamos. E a harmonia que a permeia, para ser duradoura, precisa ser igualmente fluida e adaptável.

A chave mestra para essa permanência harmoniosa reside na prática da escuta contínua. Harmonizar o lar não é um evento único com um ponto final. É um processo cíclico. A casa pulsa em ressonância com as marés internas do morador: mudanças de humor, de saúde, de relacionamentos, de prioridades, de fases da vida. Cada uma dessas alterações sutis ou significativas pede ajustes no ambiente para que ele continue a servir como um suporte adequado. Manter vivo o hábito de "conversar" com a casa é essencial. Isso pode se traduzir em percorrer os cômodos periodicamente com um olhar renovado, sentar-se em diferentes cantos apenas para sentir a energia, perceber se há áreas que começaram a acumular desordem ou a parecer estagnadas, questionar se a função de um determinado espaço ainda corresponde à necessidade atual, ou simplesmente notar se algo clama por mudança, por renovação, por ser liberado.

Essa revisão pode ser ancorada nos ritmos da natureza, tornando-se um ritual sazonal. A cada mudança de estação, surge um convite natural para realinhar o lar. A primavera, com sua energia de expansão (elemento Madeira no Feng Shui), pode ser o momento ideal para uma limpeza profunda, para trazer mais plantas e cores vibrantes, para abrir as janelas e deixar o ar novo circular. O verão, com a predominância do elemento Fogo, convida a simplificar os ambientes, a favorecer a ventilação, a criar espaços de convívio ao ar livre. O outono, regido pelo Metal, é propício à introspecção e ao desapego – um ótimo período para organizar armários, doar o que não serve mais, preparar a casa para um recolhimento maior. O inverno, associado à Água, pede aconchego, calor, introspecção – é tempo de adicionar mantas, tapetes, iluminação suave, criar cantos de leitura e descanso. Alinhar o cuidado da casa com os ciclos da natureza (e, por extensão, com nossos próprios ciclos internos) ajuda a manter a harmonia de forma orgânica e intuitiva.

Em lares compartilhados, a harmonia duradoura depende intrinsecamente da participação e do respeito mútuo. Ela não pode ser imposta por uma única pessoa; precisa ser co-criada. Isso exige diálogo aberto sobre como cada um se sente no espaço, quais são suas necessidades e como o ambiente pode apoiar o bem-estar de todos. Definir zonas de responsabilidade compartilhada, estabelecer acordos sobre organização e limpeza, criar espaços pessoais respeitados e, talvez, realizar "reuniões de casa" focadas não em problemas, mas em como melhorar a sensação de lar para todos, são estratégias que fortalecem o vínculo e a harmonia coletiva. O cuidado com o espaço torna-se um ato de cuidado com as relações que ali florescem.

A incorporação de pequenos rituais de manutenção também ajuda a ancorar a energia harmoniosa no dia a dia. Pode ser algo simples como dedicar 15 minutos diários para arrumar a casa antes de dormir, escolher um dia da semana para uma limpeza mais consciente (incluindo aspectos energéticos como acender um incenso ou tocar uma música suave), ou ter um momento mensal para reorganizar um armário ou uma gaveta específica. Esses rituais transformam o cuidado com o lar de uma obrigação pesada em uma prática mindful, um gesto de carinho constante que impede que a desordem e a estagnação se instalem novamente.

A harmonia duradoura também floresce quando há abertura para o novo e para a mudança. Uma casa que permanece imutável por anos a fio, apesar das transformações internas de seus moradores, acaba se tornando um cenário obsoleto, um freio energético. Permitir que o lar evolua conosco é fundamental. Isso não significa consumismo desenfreado ou reformas constantes, mas sim a flexibilidade para fazer pequenas alterações que reflitam quem somos *agora*. Mudar um móvel de lugar pode alterar completamente a dinâmica de um cômodo. Introduzir uma nova cor em almofadas ou em uma parede pode trazer uma energia renovada. Substituir uma fotografia antiga por uma mais recente, ou um objeto que perdeu o significado por algo que inspire no momento presente, são gestos que mantêm a casa viva e alinhada com a jornada pessoal. O espaço deve ser um palco para o presente e um convite ao futuro, não um museu do passado.

    A sustentabilidade, nesse contexto, revela-se como uma parceira natural da harmonia a longo prazo. Fazer escolhas conscientes – optar por materiais duráveis e de origem responsável, preferir móveis de segunda mão ou restaurados, consertar objetos em vez de descartá-los imediatamente, reduzir o consumo geral, usar produtos de limpeza ecológicos – não apenas beneficia o planeta, mas também a energia do lar. Menos desperdício significa menos energia estagnada associada ao lixo e ao descarte. Escolhas conscientes carregam uma intenção positiva que se impregna no ambiente. Um lar que respeita os recursos da Terra tende a ter uma vibração mais equilibrada, estável e coerente.

    A prática regular da limpeza energética, como explorado anteriormente, é outro pilar essencial para manter a clareza vibracional da casa ao longo do tempo. Seja através da defumação com ervas, do uso de sons (sinos, tigelas, mantras), de sprays com óleos essenciais, da luz de velas com intenção ou simplesmente abrindo as janelas para o sol e o vento, é importante purificar o ambiente periodicamente. Isso remove resíduos energéticos acumulados de estresse, conflitos, doenças ou simplesmente da intensidade da vida cotidiana, garantindo que o Chi possa fluir livremente e que a atmosfera permaneça leve e revitalizante.

E, talvez o mais poderoso de todos os ingredientes para uma harmonia duradoura, seja a prática constante da gratidão. Agradecer pelo abrigo, pelo conforto, pela beleza, pela segurança que o lar proporciona. Agradecer a cada canto que nos acolhe, a cada objeto que nos serve, a cada refeição que nos nutre. Essa gratidão, expressa silenciosamente ou em voz alta, eleva a vibração do espaço de forma incomparável. Ela transforma a relação com a casa de uma posse para uma parceria, de um direito adquirido para uma bênção recebida. A gratidão é o cimento invisível que une todos os elementos e sustenta a estrutura energética do lar.

Quando se habita uma casa onde a harmonia se tornou um estado contínuo, a sensação transcende a mera beleza ou organização. Percebe-se um profundo assentamento, uma sensação de "estar em casa" que permeia cada célula. O tempo parece fluir de forma mais amigável. Há espaço para ser, para sentir, para criar, para amar, para descansar. A tensão não encontra lugar nos cantos, a energia parada não se esconde atrás das portas. Há vida pulsante, circulando como o ar, como a água, como a luz. E essa vitalidade se sustenta na presença atenta, no cuidado constante, no diálogo amoroso entre o morador e seu espaço. A casa, finalmente, revela-se não como um cenário passivo, mas como uma entidade viva que colabora, responde e cura. Que seu lar continue a ser esse espelho luminoso da sua essência em evolução, um jardim que floresce com você, sustentando seu caminho com beleza, simplicidade e uma harmonia profunda que, uma vez descoberta, reverbera por toda a sua vida.

Epílogo

Algumas viagens não exigem passaporte. Nem distância. Nem sequer malas. Elas pedem apenas silêncio, escuta e presença. E ao chegar ao fim desta leitura, talvez você perceba que já embarcou em uma dessas jornadas — não para fora, mas para dentro. Este não foi apenas um livro sobre casas. Foi uma travessia sobre pertencimento, consciência e renascimento.

Algo sutil mudou. Talvez você ainda não saiba nomear. Talvez seja um incômodo doce ao olhar para o sofá onde se senta todos os dias. Ou uma sensação de ternura ao passar pela entrada, agora consciente de que ela acolhe — ou afasta — tudo aquilo que chega. Talvez uma vontade inesperada de abrir janelas, de movimentar móveis, de esvaziar gavetas. Ou talvez algo mais profundo: a certeza silenciosa de que sua casa pode, sim, se tornar um reflexo curador da sua alma.

Este livro não trouxe promessas. Trouxe possibilidades. E a mais preciosa delas foi a de recuperar o elo perdido entre ambiente e essência. Entre forma e função. Entre o invisível e o tangível. A cada capítulo, fomos descobrindo que não existe objeto neutro, parede muda ou espaço inofensivo. Tudo vibra. Tudo comunica. Tudo molda — e nos molda.

Compreender o lar como um organismo vivo é mais do que metáfora: é um reencontro com o sagrado que se perdeu no excesso, na pressa, na mecanização do habitar. Redescobrir o valor da luz natural, da presença de plantas, da respiração dos materiais, da fluidez do Chi... é recordar que o mundo externo começa dentro. E que o espaço que ocupamos não é apenas nosso cenário — é o nosso espelho, nosso templo, nosso oráculo.

Talvez a transformação mais profunda proposta por esta obra seja justamente esta: trocar o automatismo pela intenção. Substituir o "deixar estar" pelo "cuidar de". Transformar rotina em ritual. E, assim, habitar a casa como se habita a própria história — com escuta, com reverência, com amor.

Se você chegou até aqui, algo dentro de você já se moveu. Já se desfez de antigas estruturas. Já começou, mesmo que discretamente, a fazer as pazes com o espaço que te abriga. E isso, por si só, é revolução. Porque transformar o lar é também assumir o papel de autor do próprio destino. É sair da condição de inquilino do caos para tornar-se jardineiro da energia. É declarar: "Aqui dentro, a vida floresce."

E a beleza desta transformação é que ela não exige perfeição. Ela não cobra um estilo ideal, um orçamento generoso, um ambiente instagramável. Ao contrário: ela nasce da imperfeição acolhida, do improviso com alma, do gesto simples que carrega intenção. Uma vela acesa com consciência ilumina mais do que um lustre exuberante. Um vaso com uma única planta, cuidada com presença, vibra mais do que uma estante repleta de objetos sem alma.

O verdadeiro Feng Shui — como revelado nestas páginas — não impõe fórmulas. Ele convida à escuta. Ele nos lembra que a vida pulsa com ritmos que não podem ser forçados, e que cada casa tem sua própria personalidade, sua história, seus silêncios. A sabedoria está em dançar com ela, em conversar com ela, em permitir que ela revele o que precisa ser visto.

E mais: este livro plantou a semente de uma ética mais ampla. Uma ética do cuidado. Porque quem aprende a cuidar do próprio espaço, naturalmente estende esse cuidado ao outro, ao bairro, à cidade, ao planeta. Ao reconectar-se com os ciclos da natureza dentro do lar, nasce também o desejo de proteger os ciclos da Terra. É assim que o pequeno gesto — abrir uma janela, retirar o excesso, colocar uma flor — se torna parte de um grande movimento.

Que este livro não termine aqui. Que ele reverbere em cada canto reorganizado, em cada ambiente revitalizado, em cada nova respiração que o seu lar inspira. Que você siga observando com olhos renovados, escutando com mais sensibilidade, criando espaços que sustentem a sua melhor versão. Porque a casa, agora você sabe, não é onde se mora. É onde se vive.

E viver com presença é o maior luxo que existe.

A jornada pela casa que cura não termina com a última página. Ela apenas começa. A cada nova escolha, a cada gesto consciente, a cada manhã em que você acorda e sente que aquele espaço o acolhe — ali, mais uma vez, a cura acontece.

Continue. O caminho está aberto. O espaço está vivo. A alma está em casa.

www.ingramcontent.com/pod-product-compliance
Lightning Source LLC
LaVergne TN
LVHW040040080526
838202LV00045B/3425